本书由2014年哈尔滨商业大学博士基金项目（项目编号：14RW14），2016年黑龙江省哲学社会科学研究规划项目（项目编号：16JYB14）

物流产业与区域经济协调发展机理与评价研究
——基于复合系统的视角

Research on Mechanism and Evaluation of Coordinated Development between Logistics Industry and Regional Economy
——Based on Composite System Perpective

赵 莉 / 著

经济管理出版社
ECONOMY & MANAGEMENT PUBLISHING HOUSE

图书在版编目（CIP）数据

物流产业与区域经济协调发展机理与评价研究：基于复合系统的视角/赵莉著. —北京：经济管理出版社，2019.7

ISBN 978-7-5096-7252-5

Ⅰ.①物… Ⅱ.①赵… Ⅲ.①物流—产业发展—关系—区域经济发展—协调发展—研究—中国 Ⅳ.①F259.2 ②F127

中国版本图书馆 CIP 数据核字（2019）第 163810 号

组稿编辑：杨　雪
责任编辑：杨　雪　邢丽霞
责任印制：黄章平
责任校对：董杉珊

出版发行：经济管理出版社
　　　　　（北京市海淀区北蜂窝 8 号中雅大厦 A 座 11 层　100038）
网　　址：www.E-mp.com.cn
电　　话：（010）51915602
印　　刷：北京玺诚印务有限公司
经　　销：新华书店
开　　本：710mm×1000mm /16
印　　张：14
字　　数：229 千字
版　　次：2019 年 7 月第 1 版　2019 年 7 月第 1 次印刷
书　　号：ISBN 978-7-5096-7252-5
定　　价：65.00 元

·版权所有　翻印必究·

凡购本社图书，如有印装错误，由本社读者服务部负责调换。
联系地址：北京阜外月坛北小街 2 号
电话：（010）68022974　　邮编：100836

前　言

随着经济全球化和区域经济一体化进程的不断加快，物流产业作为一种融运输、装卸、搬运、包装、货代、流通加工、配送、信息处理等在内的新兴复合型产业，已成为国民经济发展的动脉和全球新的经济增长点，对推动区域经济发展具有不可忽视的作用，是区域经济运行中的必要纽带。世界各国物流产业的实践历史表明，现代物流与区域经济之间存在着深刻的联系，两者相互促进、协同发展，破坏了它们之间的平衡，都将对其中一方产生抑制作用。近几年来，随着国家各项利好政策及区域经济发展战略的逐步实施，我国的物流产业已经取得了长足的发展。但是仍存在总体规模偏小、运作模式落后、物流供给与物流需求失衡等问题，这些问题直接导致了物流产业与区域经济的不协调发展。因此，系统地研究物流产业与区域经济的协调发展机制，分析各区域的协调性差异，从区域一体化的角度对现代物流产业进行统筹规划和分类指导，对于优化资源配置，提升区域物流服务能力，推动区域产业结构的优化与升级，实现物流产业与区域经济的持续、健康、协调发展具有重要的理论价值和现实意义。

本书在借鉴物流理论、经济增长理论、区域经济理论、产业经济理论以及系统科学等相关学科成果的基础上，采用规范分析与实证分析相结合、定性与定量分析相结合等方法，以美国、欧洲、日本等发达国家的成功经验为借鉴，分析了我国物流产业的发展现状及特点，同时对物流产业与区域经济的相互作用关系进行了深入剖析，进一步探讨了物流产业与区域经济协调发展的机制，并从系统科学的视角构建了二者协调发展的理论框架。同时在理论框架的指导下，通过构建物流产业与区域经济协调发展的评价指标体系及测度模型对我国东部、中部、西部、东北四大区域的协调度及发展度进行测度和综合评价，进而提出促进我国物流产业与区域经济协调发展的总体思路和政策建议，旨在为我国区域物流产业的发展提供政策参考和决策依据。

本书创新之处在于：

第一，研究角度的创新。①在研究物流产业与区域经济的相关性方面，突破了以往的研究视角和思路，从物流产业贸易效应的角度对二者的相关关系进行评价，并指出物流产业可以通过降低省际贸易壁垒、提高贸易效率、优化贸易结构以促进区域经济的发展。②本书以系统科学的理论与方法为指导，从复合系统的角度诠释了物流产业与区域经济协调发展的内涵、特征及演化机理，并提出复合系统持续协调发展的理想目标模式；同时，运用协同学和耗散结构理论对二者协调发展机制进行了深入探究，指出协同效应是物流产业与区域经济系统协调发展的内在动因，负熵流入是二者协调发展的外部条件。以此构建物流产业与区域经济协调发展的理论框架。

第二，研究方法的创新。①本书运用聚类分析方法对物流产业和区域经济评价指标进行选取，并运用复合系统序参量协调度评价模型对物流产业和区域经济子系统内部协调度进行测算。②本书运用主成分、回归拟合以及灰色关联集成的方法构建物流产业与区域经济复合系统协调发展水平的评价模型，并采用模糊积分法对二者的协调发展度进行综合评价，避免了选取综合评价指标和权重的主观性、不合理性等问题。

第三，研究内容的创新。以往的研究成果缺乏从系统角度的研究，或者单纯从某个省份出发，对物流产业与区域经济的协调发展情况进行分析，对国家层面的研究和各区域之间的比较较为鲜见。本书以复杂系统理论为指导，构建了物流产业与区域经济复合系统协调发展的测度模型，指出复合系统协调发展的评价应该从协调度和发展度两方面来衡量，同时运用面板数据对我国东部、中部、西部和东北地区物流产业与区域经济的协调发展情况进行综合评价，通过横向和纵向的比较，找出区域间的协调性差异；同时，针对各区域的实际情况及产业发展特点，提出各自的发展重点及路径，为促进我国物流产业与区域经济的协调发展提供政策参考和决策依据。

本书在撰写的过程中，得到了哈尔滨商业大学的王彪教授、宋国宇教授、孙庆莉博士、邱泽国博士等多位老师、同事的指导、支持和帮助，研究生邱嘉禹同学也做了大量的数据搜集和整理工作；同时，还参考了许多专家学者的文献，在此一并向各位表示诚挚的谢意。由于笔者水平有限，编写时间仓促，本书难免存在诸多不足之处，恳请广大读者批评指正。

赵 莉

2019 年 5 月于哈尔滨

目　录

第一章　绪　论 (1)
第一节　选题背景及问题的提出 (1)
第二节　研究目的和意义 (3)
一、研究目的 (3)
二、研究意义 (4)
第三节　国内外研究文献综述 (5)
一、国外研究文献综述 (5)
二、国内研究文献综述 (9)
三、文献述评 (13)
第四节　研究思路、内容与方法 (14)
一、总体思路与技术路线 (14)
二、研究内容 (15)
三、研究方法 (17)
第五节　研究的创新点 (19)

第二章　概念界定及相关基础理论 (21)
第一节　基本概念界定 (21)
一、物流概述 (21)
二、物流产业的界定与特点 (25)
三、区域经济相关概念的界定 (28)
第二节　相关基础理论 (30)
一、现代物流理论 (30)
二、经济增长理论 (33)
三、区域经济理论 (35)
四、系统科学理论 (36)

第三章　中国物流产业的发展现状及国际经验借鉴 (40)

第一节　中国物流产业发展的现状及存在的问题 (40)
一、中国物流产业发展现状与特征 (40)
二、中国物流产业发展中存在的问题 (52)

第二节　国际经验借鉴与启示 (60)
一、美国物流产业发展状况及特点 (60)
二、欧洲物流产业发展状况及特点 (62)
三、日本物流产业发展状况及特点 (63)
四、发达国家物流产业发展的经验借鉴及启示 (64)

第四章　物流产业与区域经济互动作用分析 (66)

第一节　物流产业与区域经济互动作用的定性分析 (66)
一、物流产业对区域经济发展的促进作用 (66)
二、区域经济对物流产业发展的推动作用 (69)

第二节　物流产业与区域经济发展的相关性评价 (72)
一、指标选取与数据来源 (73)
二、实证分析及结果 (77)
三、回归分析 (79)

第三节　区域经济与物流产业发展的协整分析 (82)
一、协整理论 (82)
二、协整检验计量模型 (83)
三、实证分析及结果 (90)

第五章　物流产业与区域经济协调发展的理论模型 (101)

第一节　"物流产业—区域经济"复合系统分析 (101)
一、"物流产业—区域经济"复合系统的内涵界定及构成 (101)
二、"物流产业—区域经济"复合系统的特征 (107)
三、"物流产业—区域经济"复合系统演化机理 (109)

第二节　"物流产业—区域经济"复合系统协调发展的内容解析 (113)
一、"物流产业—区域经济"复合系统协调发展的内涵 (113)

二、"物流产业—区域经济"复合系统协调发展的目标和
　　　　特征 …………………………………………………………… (116)
第三节　"物流产业—区域经济"复合系统协调发展机理……… (118)
　　一、复合系统协调发展的内部动因——协同效应 …………… (119)
　　二、复合系统协调发展的外在条件——负熵流入 …………… (120)

第六章　物流产业与区域经济协调发展评价体系的构建 ………… (125)
第一节　评价思路 ………………………………………………… (125)
第二节　评价指标体系的构建 …………………………………… (126)
　　一、评价指标体系构建的功能与基本原则 …………………… (126)
　　二、评价指标体系构建 ………………………………………… (128)
　　三、指标的降维与指标权重的赋值 …………………………… (131)
　　四、指标标准化处理 …………………………………………… (135)
第三节　物流产业与区域经济协调度测算模型与评价方法 …… (136)
　　一、协调度测算模型评述 ……………………………………… (136)
　　二、物流产业与区域经济协调发展评价模型 ………………… (142)

第七章　中国物流产业与区域经济协调发展的实证研究 ………… (148)
第一节　中国各区域经济系统发展现状 ………………………… (148)
　　一、经济总量情况 ……………………………………………… (148)
　　二、经济结构情况 ……………………………………………… (153)
　　三、经济效益情况 ……………………………………………… (154)
第二节　中国各区域物流产业发展现状 ………………………… (155)
　　一、物流产业发展规模 ………………………………………… (156)
　　二、物流投入情况 ……………………………………………… (156)
　　三、物流产出情况 ……………………………………………… (159)
第三节　实证分析 ………………………………………………… (162)
　　一、物流产业子系统内部协调度评价 ………………………… (162)
　　二、区域经济子系统内部协调度评价 ………………………… (165)
　　三、物流产业系统与区域经济系统之间协调度评价 ………… (168)
　　四、物流产业与区域经济协调发展的综合评价 ……………… (178)
　　五、物流产业与区域经济协调发展中存在的问题 …………… (180)

第八章　中国物流产业与区域经济协调发展的对策建议 …………（183）
 第一节　总体思路 …………………………………………………（183）
 第二节　各区域发展物流产业的路径选择 ………………………（184）
  一、充分考虑各区域的基础、资源和特色 ……………………（184）
  二、各区域发展物流产业的路径 ………………………………（184）
 第三节　促进中国物流产业与区域经济协调发展的对策建议 …（187）
  一、深化管理体制改革，加快制度建设 ………………………（187）
  二、完善物流产业市场机制 ……………………………………（188）
  三、保证区域物流供需结构的平衡 ……………………………（188）
  四、加强物流管理，实现区域经济的整体效益 ………………（189）
  五、加强各区域物流产业的合作互动 …………………………（190）
  六、加快物流人才的培养和引进 ………………………………（191）

研究结论 ………………………………………………………………（192）

参考文献 ………………………………………………………………（195）

附录1 …………………………………………………………………（206）

附录2 …………………………………………………………………（209）

第一章

绪　论

第一节　选题背景及问题的提出

当前,随着经济全球化的进程不断加快和区域经济一体化趋势的日益增强,已经呈现出全球、国家和区域共同发展的局面。随着区域经济一体化的加强,跨区域的物流、商流、信息流和资金流也日益频繁,这就使地区间的市场竞争变得更加激烈,而物流供应链已经成为竞争的关键环节。因此,现代物流产业在世界各国越来越受到重视,并成为市场前景广阔的新兴产业。物流产业在降低企业物资消耗、提高企业生产率及推动经济发展方面发挥了巨大作用,其发展水平通常被作为衡量一个国家或地区总体经济实力和现代化程度的风向标。

作为一种融运输、装卸、搬运、包装、货代、流通加工、配送、信息处理等在内的新兴复合性服务行业,世界各个国家对现代物流产业在社会经济发展中的重要作用都已经达成了共识,它已成为国民经济发展的动脉和全球新的经济增长点,对推动区域经济发展也具有不可忽视的作用。可以说,中国的物流产业起步较晚,自从1979年"物流"这个新名词从日本引入我国,随着国民经济的飞速发展,物流产业的市场需求持续扩大。特别是进入21世纪,在国家陆续加强和改善宏观调控政策的影响下,中国物流行业保持着较快的增长速度,物流体系不断完善,行业运行日益成熟和规范。根据国家发展和改革委员会、国家统计局和中国物流与采购联合会的统计,2017年我国社会物流总额为252.8万亿元,同比增长6.7%;从物流费用水平来看,我国社会物流总费用为12.1万亿元,同比增长9.2%,社会物流总费用与 GDP 的比率为 14.6%。从物流产业贡献率来看，2017 年我国物流产业增加值为 0.9 万亿元，物流产业总产值占 GDP 的 9.4%，占第三产业总产值的 23.2%。由此可见，作为生产性服务业，物流产业已发展成为我国国民经济的支柱产业之一。2009 年 3 月，国务院颁发了《物流产业调整和振兴规划》，物流产业作为唯一的生产性服务业被列入十大"产业振兴"规划，体现了党中央国务院对物流产业的重视，是我国物流产业发展的重要标志。2011 年，我国国民经济和社会发展"十二五"规划中明确指出："大力发展现代物流产业，加快建立社会化、专业化、信息化的现代物流服务体系，大力发展第三方物流，有限整合和利用现有物流资源，加强物流基础设施的建设和衔接，提高物流效率，降低物流成本。" 2012 年以来，我国物流产业的利好政策频频出台。5 月，国家出台了《关于鼓励和引导民间投资进入物流领域的实施意见》，明确支持民间资本进入物流产业重点领域和物流基础设施领域。8 月，国家又发布了《关于深化流通体制改革和加快流通业发展的意见》，提出加强用地、金融、税收支持，降低流通环节费用等措施。2014 年，国务院根据党的十八大、十八届三中全会精神和《中华人民共和国国民经济和社会发展第十二个五年规划纲要》《服务业发展"十二五"规划》等制定了《物流业中长期发展规划（2014—2020年)》，大力发展物流业。以上充分表明了物流产业在促进经济发展中的作用越发重大，已经成为拉动经济增长的新型主导力量。

作为区域经济的重要组成部分和发展的主导力量，物流产业与区域经济之间存在着深刻的内在联系，它们相互依存、协同发展，这在世界各国物流产业的发展中得到了很好的证明。一方面，物流产业的发展是区域经济发展的基础，并对区域经济发展的速度和效益产生影响，从而决定了区域经济竞争力的强弱。物流产业的健康发展，可以降低区域经济运行成本，从而使经济效益得到提高。同时，物流产业对于优化生产力布局和资源配置方式，促进区域经济结构的优化和产业升级也起着至关重要的作用。另一方面，区域经济环境中的产业结构、产业规模及政策等要素，对物流产业的发展也会产生反作用。这一结论在我国物流产业的发展中得到了验证。长三角、珠三角以及京津唐环渤海地区是我国物流产业发展最快的地区，这些地区地理位置优越、发展环境良好，具有较好的制造业和流通业基础，从而促进了物流能力的快步提升；同时，较快发展的物流产业也为区域经济的发展提供了有力支持。

近几年来，我国 GDP 的年均增长幅度已超过 8%，对外贸易总额的年均增长幅度也在 15% 以上，这说明我国处于经济快速发展的时期，与发达国家的差距呈缩小趋势，但物流总费用与发达国家相比还是居高不下。世界银行的估算结果显示，我国物流费用所占比例为 16.8%，摩根士丹利估算的这一比例则高达 20%。这一指标比美国高出 6.4%，比日本高出 5.5%，超过英国的 6.8%。如果不考虑其他影响因素，仅就物流费用一项而言，我国的经济发展成本就远远高出发达国家，因此，我们可以认为物流能力已经成为制约我国经济发展的重要因素[①]。

虽然近几年来，我国物流产业已经得到长足发展，但是，仍存在总体规模偏小、运行效率低、物流基础设施能力不足以及地区间发展不平衡等问题。就目前我国各区域物流产业发展的现状来看，各区域的地方政府纷纷规划发展本地区的物流产业，但并未能从本区域的实际情况出发，从整个经济区域的范围进行统筹规划，同时，在我国经济发展较快的一些地区，物流供给不能满足物流需求的状况成为区域经济快速发展的"瓶颈"；而在另一些地区，则出现了物流供给过剩的现象，物流产业与区域经济经常表现为不协调发展。因此，如何促进物流产业与区域经济的协调发展成为国家和政府迫切需要解决的问题。

第二节　研究目的和意义

一、研究目的

本书准备回答并重点解决以下几个基本问题。

（1）我国物流产业发展水平与特点如何，国际经验能给我国物流产业发展提供怎样的借鉴与启示？这是对中国物流产业发展进行研究必须弄清楚的首要问题。

（2）我国物流产业与区域经济的相互关系如何，如何对二者之间的相

---

① 资料来源：根据历年统计年鉴整理获得。

互作用进行测算与评价？这些问题的解决是分析物流产业与区域经济协调发展的基础。

（3）物流产业与区域经济协调发展的作用机理是什么？如何构建二者的复合系统？内部动因和外部因素分别有哪些？如何构建一个综合的评价指标体系和评价模型对两个系统内部以及二者之间的协调度进行综合评价，并对中国四大区域进行实证计算分析。

（4）针对我国物流产业与区域经济协调发展存在的问题，我国应如何根据区域经济的增长方式及区域发展战略，确定区域物流产业的发展模式，从而制定出积极的、适宜的、适合"区情"的物流产业政策和发展战略，实现区域物流产业与区域经济的协调发展。这是本书所要实现的目标。

二、研究意义

经济学理论告诉我们，对于任何国家或经济区域，只有流通活跃，才能使经济充满活力。作为流通环节的重要组成部分，物流活动贯穿生产和消费的全过程，已经成为区域经济运行中的必要纽带。纵观世界各国物流产业与经济发展的实践历程，无一例外，物流业与区域经济之间存在着相互影响、相互促进的作用。物流产业与区域经济的协调发展已成为两者"双赢"的必由之路。物流产业与区域经济的协调发展不仅需要理论体系的指导，同时还要以实践为依托。我国对于物流产业与区域经济协调发展的研究尚处于起步阶段，主要基于宏观和中观层面，侧重于研究物流产业与区域经济发展的相互作用机理、物流产业对经济增长的贡献等，对物流产业与区域经济发展的协调发展机制、如何协调，及各地区协调性差异研究较为鲜见。因此，本书具有重要的理论意义和现实意义。

1. 理论意义与学术价值

本书以物流理论和区域经济理论为基础，立足于中国区域经济发展现状，从中观层面考察物流产业与区域经济的协调发展情况，并结合各区域实际差异。运用管理科学、系统科学等理论分析物流产业与区域经济之间相互作用及协调发展机制。采用计量经济学方法，评价物流产业与区域经济发展的相关性与长期均衡关系。同时，在物流产业与区域经济协调发展机制的基础上，运用聚类分析、主成分分析以及灰色关联分析等方法对物流产业、区域经济系统内部协调度以及二者复合系统的协调发展度进行定量测算，并作结果对比、分析与评价。内容上弥补了以往忽视区域经济对物流产业发展的影响研究，以及两者协调发展的研究；方法上弥补了以往定性研究为主、定量研究不足、方法单一、重复等缺陷。从而有助于丰富物流经济学方法与理论，深化物流产业与区域经济协调发展的认识，同时也为政府产业部门和决策机构制定适合区域经济发展的物流规划、物流产业政策提供理论依据。

2. 现实意义与实践价值

协调发展已经成为国家、区域、城市、产业及企业共同追求的目标。本书对各区域物流产业与经济协调发展进行研究，揭示目前我国各区域物流产业与经济协调发展中存在的问题，有利于国家及各地区政府能够从区域一体化的角度对发展现代物流产业进行统筹规划和分类指导，对于优化资源配置，全面提升区域物流服务能力，推动区域产业结构的优化与升级，建立物流产业与经济波动的监控和预警机制，实现物流产业与区域经济的持续、健康、协调发展具有重要的现实意义和实践价值。

第三节 国内外研究文献综述

近些年来，物流问题一直受到国内外学者与专家的普遍关注，他们对于物流产业与经济发展的研究侧重点各异。通过查阅国内外相关文献，本书着重从物流产业与区域经济的关系及协调发展的理论与方法两个视角对其以往研究进行梳理。

一、国外研究文献综述

1. 关于物流与经济相关性的研究

1776年，亚当·斯密在《国富论》中提到，"一国商业的发达，全赖有良好的道路、桥梁、运河及港湾等公共工程"，"经济的发展，需要有良好的物流基础设施作为支撑，整个流通过程才能得以顺利进行"。[①]

---

① 亚当·斯密. 国富论 [M]. 长沙：中南大学出版社，2003.

马克思在《资本论》中也提到,"物流活动渗透于生产、分配、交换、消费者四大社会大生产的环节。从生产过程来看,生产资料的装卸、搬运、储存等物流活动无不一一参与了资本价值的增值过程;同时,从流通过程来看,商品的价值中又包含了物流活动产生的各种费用,如运输费用、仓储费用等"。[①] 这些充分反映出物流与经济之间存在着密切的联系。

韦伯的工业区位论是最早记载物流与区域经济的理论。该理论第一次提到了物流系统的规模和效率会对区域经济发展产生影响。这一理论的局限性在于仅研究了交通因素及由此产生的运输费用对产品成本产生的影响,而并未对物流与经济之间的作用关系展开研究。直到20世纪50年代以后,越来越多的学者开始研究区域物流系统的经济效益与社会效益。

研究的内容主要涉及如下几个方面。

(1) 对运输与区域经济之间关系的研究。美国学者 Bloton (1995) 的研究成果表明,经济发达地区的物流运输会比较繁荣,而交通运输发达的地区经济也相对发达,两者之间是相辅相成的。Keith G. Debbage (1999) 和 Kenneth Button、Samantha Taylor (2000) 对航空运输与区域经济发展的关系进行了研究。Mudit Kulshreshtha (2001) 利用 1960~1995 年的数据,采用时间序列分析和多元共交向量自回归模型量化分析了印度铁路货物运输需求的长期结构关系,从而证实了印度铁路运输物流对经济增长的巨大影响。Hee Joo Ham 等 (2000) 通过建立分析模型,对区域之间的货物流动和多重运输网络对区域经济所产生的直接与间接影响进行了综合评价,并得出其对规模与范围也存在着影响作用。Joseph Berechman (2002) 运用运输经济学与区域经济学的理论,对罗马公路发展的运输和所产生的经济问题进行研究。Wei-Bin Zhang (2007) 侧重于研究交通运输条件对经济增长的影响。研究结果显示,作为物流中心最重要的环节,运输与区域经济之间存在密切相关性。

(2) 在区域物流基础设施对区域经济发展的作用方面,Talley Wayne (1996) 建立了区域交通基础设施投资和区域经济的关系模型,运用该模型研究得出区域交通基础设施投资所产生的空间可达性和服务质量对区域经济生产和运输服务有重大影响。Melendez O. 和 Maria Femanda (2002) 对拉丁美洲物流基础设施与区域经济发展进行了研究。研究指出,低水平的物

---

① 马克思,恩格斯,斯大林,列宁. 资本论(第二卷)[M]. 北京:人民出版社,1975.

流基础设施并不是导致物流效率低下及区域内部经济活动发展缓慢的主要原因，而滞后的区域经济制度环境才是症结所在。

（3）对城市物流与城市经济关系的研究。城市物流的概念最早是由日本学者 Eiichi Taniguchi（1999）提出的，他认为城市公共物流节点对缓解交通堵塞具有一定的作用，通过各个物流节点的功能来降低成本、节约能源，从而促进城市经济的发展。Ramokgopa（2004）分析城市物流系统对于城市可持续发展的重要作用，并且定性分析和评价了区域物流与区域经济协调发展的影响因素，从而阐释城市物流系统对城市经济所起到的重要作用。Kouvelis 和 Rosenblatt（2005）利用公共经济学、福利经济学和博弈论等工具分析了在全球经济一体化的条件下，政府的法规和城市交通规划以及企业物流设施投资之间具有互动关系。Raluca Raicu 等（2005）认为，城市物流发展的重要载体是城市道路交通运输网络，并运用可靠性矩阵仿真模型，研究了城市道路交通运输网络的可靠性与城市物流业运作可靠性的关系。Benjelloun 等（2008）以城市物流为研究对象，通过对城市物流的模型、概念、规划问题进行论述，并结合城市中大量著名成功的项目进行分析总结，预测了城市物流的发展方向以及解决城市物流"瓶颈"的合理途径。

（4）对物流产业与区域经济相互关系的研究。Donald J. Bowersox（1999）研究了区域经济一体化与物流产业发展之间相互影响、相互促进的关系。研究结论表明，经济发展促进区域物流产业的发展，同时其增长方式和产业结构也会受到物流产业的影响。Pardmor（2001）认为，现代物流的"扩散效应"和"回流效应"促使企业外部规模经济形成区域产业集群，加速区域劳动力市场扩大、技术外溢、行业创新，进而实现区域经济一体化；同时还指出区域物流发展在结构、动力和自适应性 3 个方面具有动态复杂性特征。Melendez O.（2002）在分析拉美一体化的进程时，发现区域物流一体化和基础设施网络为区域一体化做出了巨大的贡献。Carruthers R.（2004）研究了中国香港和新加坡的物流产业对经济发展的拉动作用，并提出对物流加大投资力度，可以提高物流活动的效率，并最终导致区域经济的快速发展。Leonard（2003）和 IAkonmbe（2005）对区域经济发展的研究结果表明，物流设施网络和物流区域一体化的建设对当地区域经济发展具有巨大的拉动作用，但区域经济一体化的整合过程不仅需要政府相关政策的引导和推动，更需要借助现代物流产业的发展来强化依托市场机制配置生产要素的功能，来促进区域产业和市场整合、培育和发展联合市场。Jose

Tongzont 和 Nguyen H. O. (2009) 运用可计算的一般均衡 (Computable General Equilibrium) 模型对中国经济增长与澳大利亚物流产业发展的关系进行研究, 认为中国经济的增长带来中国国家贸易的增长, 进而对澳大利亚的航空和海运物流产业产生积极的影响。A. Maciulis (2009) 对物流产业基础设施投入与经济增长之间进行了定性分析, 确定了物流产业基础设施投入对经济增长的正向推动和"负向阻碍效应", 最后提出了物流产业基础设施投入和经济协调增长的可行性策略。

除此之外, Peter Claus (2009) 认为一国的物流支出与国家财富呈正相关关系。随着全球经济一体化进程的不断加快, 物流已成为提升财富的重要条件。这在美国、荷兰、丹麦、爱尔兰等富裕国家可充分体现出来, 在这些国家里, 物流支出和其他国家相比相对较高, 而相对贫穷的国家, 则刚好相反; 在欠发达国家发展过程中, 对物流能力和高科技物流活动的需求也在不断地增加。

对于物流产业与经济之间关系的研究, 国外相关文献着重从物流与资本、商品价值增值的关系、物流基础设施与经济之间的关系、物流手段与经济增长的关系以及物流支出与国家财富增加之间的关系等角度展开研究。总体来说, 这些研究都侧重于互动关系研究, 可以成为物流产业与经济之间协调发展的研究参考。但现有的研究也存在一定的空白地带, 即缺少对两者协调机制及协调手段的研究, 这就为本书提供了空间。

2. 关于物流产业与区域经济协调发展的相关研究

国外学者对于物流产业与经济协调发展的研究侧重于方法, 主要采用向量自相关方法、DECD 模型等计量经济学方法。

Heijden (2000) 以城市作为研究对象, 从经济和环境为研究视角, 研究物流交通线路设计和网络优化问题, 并利用计算机模拟仿真技术建立了城市物流交通网络模型, 对城市物流进行定量研究, 分析城市的运输需求, 以及城市交通拥挤与城市宏观经济增长之间的长期均衡关系, 研究结论具有一定的借鉴作用; Basarab (2001) 利用世界银行的数据, 计算了 42 个国家物流产业与经济发展的影响因子。通过回归分析得出结论, 物流产业的发展与该国经济有较强的关联性。

Jose Tongzon (2009) 对中国和澳大利亚两国的物流产业发展与两国间经济贸易的相互作用进行了研究。研究结果表明, 中国经济的快速增长及两国间贸易的增长促进了澳大利亚经济的快速增长, 从而间接地促进澳大利亚物流产业的优化与发展。

Neuyen（2008）使用计量经济学中的向量自相关模型，对中国贸易与澳大利亚物流产业发展的因果关系进行了系统研究。研究结果表明，两国的贸易发展是澳大利亚物流产业发展的格兰杰原因，但澳大利亚物流产业的发展并不是两国贸易增长的格兰杰原因。

Hooi Hooi Lean（2014）采用计量经济学中的动态关系分析方法，较为系统和全面地实证分析了中国物流产业发展与经济发展两者之间的互相作用关系，Grange 因果检验的结果指出中国经济增长是物流输出的 Grange 原因，反映出经济发展将引致物流需求增加，进而促进物流产业的发展[1]。

二、国内研究文献综述

对于国内的研究文献，也是围绕研究对象和研究方法展开，即从物流产业与区域经济的相关性和协调性两个方面进行梳理如下。

1. 对物流产业与区域经济相关性的研究

（1）对物流产业与区域经济相关关系的定性研究。张文杰（2002）依据区域经济理论与交易理论对物流产业与区域经济的关系进行了研究。他指出，现代物流产业的发展能够拉动经济增长，有助于改变区域经济的增长方式和产业结构的优化；区域经济为物流产业的快速发展提供支撑和保障，二者是相互推动、相互促进的关系。鞠颂东和徐杰（2003）系统地研究了区域经济发展对物流需求的影响。他们的研究成果指出，作为重要的外部环境，区域经济的发展严重影响该地区的物流需求。海峰（2004）主要分析了发展区域物流对提高区域经济活动的效率进而促进区域产业结构升级。刘秉廉（2004）提出了区域经济与区域物流的互动机制。唐建民（2005）论述物流产业对区域经济所起的作用，通过分析两者之间的相关性，得到的结论是，物流业的发展是区域经济发展的前提和基础，并对区域经济发展产生了支撑性作用。姜华（2006）提出区域经济作为区域物流产生和发展的前提，对区域物流业的发展具有决定性作用。明小波（2006）提出区域产业调整和优化可以通过物流产业的发展得以实现，电子商务和

---

[1] Hooi Hooi Lean, Wei Huang, Jun Jie Hong. Logistics and economic development: Experience from China [J]. Transport Policy, 2014（32）: 96–104.

现代物流业的结合发展会促进区域经济范围的合理化。朱坤萍（2007）对区域经济与区域物流之间的关系研究是以区域经济理论和区域交易理论为基础的。研究结果表明区域经济的发展水平、发展层次和结构决定了区域物流的发展水平、发展层次和结构，而现代物流产业又促进了区域产业机构的升级。郭湖斌（2008）认为交通运输、邮电通信和仓储配送等行业的快速发展应得益于区域经济的快速增长，区域经济可为其提供物质保障和政策支持。马倩（2013）认为现代物流产业是区域经济发展的主要动力源，在现代物流产业得以大力发展的基础上，发展区域经济，才能更好地优化资源配置，提高区域整体经济实力。①

（2）对物流产业与区域经济作用关系的定量研究。国内学者对物流产业与区域经济相关性的定量研究方法与角度各异，主要以计量经济学方法和协同学等其他方法为主。

李莉等（2003）以货运量、GDP 和物流成本为评价指标，运用最小二乘法构建物流产业发展趋势模型、货运量与 GDP 回归模型，以此验证物流产业与经济之间的关系得出：物流产业与经济整体水平具有很强的相关性。李文顺等（2004）利用面板数据，采用协整和误差修正模型研究了 1952~2002 年我国物流增长和 GDP 增长的动态关系，通过验证得出结论：物流产业增量与 GDP 增量之间存在正相关关系。刘明菲、李兰（2007）以武汉市为研究对象，通过构建多重线性回归模型，对物流产业发展与地方经济的活动机理进行系统研究。李超峰（2007）使用菲德两部类模型，对物流产业对经济产生的影响进行分析，并证实了广东省物流产业发展对经济的带动作用。黄虎（2008）运用计量经济学中的协整理论，构建了基于协整理论的需求模型，并分析了区域物流产业与区域经济发展的相互作用。杨志梁（2009）利用中国各省的物流发展水平和国内生产总值的年度数据，根据协整性检验和 Grangger 因果关系检验等计量方法，对全国经济水平存在显著差异的东部、中部、西部三类地区进行实证分析。邵扬（2009）在对我国物流产业与经济发展现状的定性分析基础上，为进一步验证物流与经济之间的关系，又进行了定量的研究：首先运用了投入产出法分析我国物流产业对其他产业的"关联效应"和"波及效应"，然后运用计量经济学中

---

① 马倩. 现代物流产业与区域经济竞争力提升的关系研究 [J]. 物流技术，2013（5）：143-145.

的有关算法来研究我国物流产业与经济增长之间的关系。李娜（2017）以吉林省的 8 个市为研究对象，选取了 2007~2014 年的数据，运用计量经济学模型和方法，对吉林省 8 个市的物流需求和供给进行了研究，指出吉林省物流产业对经济发展影响很大，经济发展对物流产业的影响作用也很明显[①]。

基于协同学的研究方法，徐青青（2003）依据地理经济学和区域经济学等理论，创建了区域系统物流理论体系，并将协同效用评价方程引入其中，对区域物流系统的协同问题进行了研究。门修波等（2005）使用结构方程模型，对物流产业与区域经济协调发展的关系进行了研究，并得出结论，物流运作能力的提高有助于区域经济竞争力的提高。周君（2006）使用 Logistic 模型对区域物流产业与区域经济增长之间的关系进行了定量分析，并引入了边际经济分析方法，测算了区域物流产业发展所带来的地区经济增长。刘艳（2009）运用数据包络分析法，分析了区域物流供求关系，并量化了区域物流对区域经济产生的"规模效应"。

国内的研究大多以某个省或某个区域为研究对象，研究重点多是物流产业对区域经济的影响、物流产业与其他产业部门之间的关系等，并以这些研究结果来揭示物流产业与经济系统之间的内在联系。这些研究可为本书的研究开阔思路，同时能为物流产业与区域经济协调发展的对策与建议提供决策依据。

2. 关于物流产业与区域经济协调发展的相关研究

目前，主要采用定量分析来研究物流产业与区域经济的协调发展。综观国内外的研究成果，主要采用投入产出法、隶属度函数、区间值判断法及灰色关联度模型来度量协调度。

宋则、常东亮（2008）运用投入产出法，选取了 2002 年的物流产业、第一产业、第二产业及剔除了物流产业的第三产业的投入产出表终端数据，计算出物流产业在国民经济中所占的比重，从而确定了物流产业在国民经济中的地位。肖青、张彩凤、姜俞竹（2009）利用投入产出法，测算了辽宁省物流产业对经济的影响度，并提出了解决对策。塞令香（2004）分析了物流产业对经济的直接贡献率与间接贡献率，并对不同年份贡献率进行了对比分析。

使用复合系统协调等其他方法的主要有：王伟（2010）以复杂系统理

---

① 李娜，刘岩，王西. 吉林省物流与经济发展关系研究 [J]. 价格月刊，2017（4）：87-90.

论为指导，构建了区域物流与经济基于协同学理论的协调度评价模型与评价指标体系。张毅、陈圻（2010）采用复合系统模型计算了全国 30 个省份的物流产业子系统与经济子系统的有序度，得出全国与东部、中部、西部三大地区的复合系统协调度，在此基础上进一步分析了环渤海地区、长三角经济区、海峡西岸经济区和珠三角经济区的协调度在研究时段内的变化情况。苏开拓（2010）以 2000~2007 年数据为基础，运用 TOPSIS 方法计算了物流产业发展水平与经济增长之间的协调系数，并评价了城市物流与城市经济发展的协调性。余沛、杜文、池茂儒（2010）以河南省为例，运用 GM（1，N）灰色动态协调模型对铁路运输与区域经济间的协调性进行了实证分析；宋学锋、张中强（2008）通过构建物流基础与经济基础协调发展评价指标体系，利用协调度模型对二者的协调发展进行评价；巩建国（2010）根据带有 AHP 约束锥的数据包络分析模型，建立了区域物流与区域经济之间协调度的评价模型，并以姜堰市为研究对象，利用 1999~2008 年数据对二者的协调性进行综合评价。崔晓迪（2009）运用数据包络分析、复合系统协调性评价方法对区域物流供给与需求的协调发展效果进行了实证研究。董秀月、张梅青（2011）从复杂系统的角度出发，指出区域物流系统由主体子系统、客体子系统、环境子系统和载体子系统四部分构成；并以环渤海经济区为例，构建了区域物流系统协调发展评价指标体系及模型，对其物流系统与区域经济协调发展进行综合评价，得出区域物流的综合发展度会直接影响二者的协调发展度。

除此之外，系统间协调性在其他领域中的应用主要有：①运用数据包络分析方法对两个系统相互作用的有效性进行评价，进而分析两者之间的协调性。王晓兰（2007）依据协调发展理论，从静态和动态两个方面分析了江苏省交通建设与区域经济的协调发展，并运用数据包络分析方法对两者的动态协调性进行量化分析。吴少雄（2016）以 2014 年福建省 9 个城市为研究对象，采用 DEA 的 CCR 模型和 CCGSS 模型，实证研究了 2014 年福建省物流产业与经济发展的协调关系。②运用相对离差系数构建协调发展度的测算模型。生延超（2009）运用物理学中的耦合度函数和相对离差系数，建立了旅游业与区域经济发展的协调度模型。③运用隶属度函数描述静态协调度与动态协调度。顾占波、李松庆（2014）通过回归拟合和隶属度模型，对制造业 2001~2011 年的协调性进行了定量测算和分析。① ④从复合系统协调的角度建立评价模型。罗铭、陈艳（2008）等基于复合系统理论，结合模糊数学中的隶属度概念和 DEA 方法，构建了交通——土地利用复合系统协调度模型；汤玲、李建平（2010）在总结各种模型共同之处的基础上，引入欧式距离公式，建立了距离协调度模型，并以中国的经济与科技系统为评价对象，进行了实证研究。苏娜（2010）利用协同学中的序参量，并结合主成分分析、回归拟合、灰色关联方法构建了高技术产业与区域经济协调度测算模型，并利用模糊综合评价法建立了二者协调发展的综合评价模型，并对我国八大经济区域经济进行实证分析和测算。张梅青、周叶、周长龙（2012）应用共生理论对物流产业与区域经济协调发展的共生关系进行深入分析，并分别构建了物流产业与区域经济发展在协调与不协调时的互惠共生模型，通过对模型均衡条件稳定点的解析，指出物流产业与区域经济是相互促进的，其间的不协调主要是由于二者发展的不同步，从而导致供需的不对称。李军（2017）选取 2006~2015 年我国 31 个省级区域为研究对象，选择采用系统协调发展度模型，并先对 31 个省份的物流产业和区域经济发展情况进行评价，最后分析两者的耦合协调度②。吴薇（2017）在选取指标、构建评价指标体系上，物流产业发展情况选取了物流产业从业人员、货物周转量、货运量、物流产业增加值等指标，区域经济发展水平选择财政收入、地区生产总值、地区进出口贸易情况等指标，采用共生系统模型，分析了物流产业与区域经济共生活动关系，并对协调发展水平进行了研究③。

三、文献述评

国内外研究人员对于物流领域的相关问题做了大量研究，丰富了物流经济领域的研究理论与方法，也为深入分析物流产业与区域经济的协调发展奠

---

① 顾占波、李松庆. 基于隶属度的制造业与物流业协调性分析——以珠三角为例 [J]. 商业时代，2014（8）：122-123.
② 李军. 物流产业与区域经济发展的耦合协调机理及其实证研究 [J]. 工业技术经济，2017（7）：15-18.
③ 吴薇. 共生理论下物流产业与区域经济协调发展研究 [J]. 商业经济研究，2017（16）：89-91.

定了理论和实践基础，但从总体来看，国内外相关研究还存在以下不足：

从研究内容上看，国内外众多关于研究物流产业与区域经济关系的文章，多数都是侧重于研究物流产业对区域经济增长的推动和促进作用，并以此作为研究的重心和出发点，而忽视了区域经济对物流产业发展的支撑作用，特别是关于物流产业与区域经济协调发展的内涵、形成机理、运行机制等研究更是相对匮乏，对其相互作用的规律认识不够，缺乏理论指导，而且对这一部分无论是现象研究还是理论研究，重复研究较多，观点基本一致，缺乏创新，使得协调发展的战略难以落实到制度层面，难以有效支持国家和地方政府对物流产业与区域经济协调管理的决策。

从研究方法上看，国外对于物流产业与区域经济关系的定性研究分析较多，定量分析较少；而国内目前对物流产业与区域经济的大多数研究由于影响因素较多，指标选择与数据收集困难等原因，也仍旧偏重于定性分析且研究深度不够，现有文献较少从实证角度定量分析区域经济对物流产业发展的支撑作用，而对于各个省份二者协调性的测度、综合评价以及差异性比较更是鲜见，从而导致无法了解区域间物流与经济协调变化的特点。同时，由于我国还没有一个完整的物流统计体系。因此，在评价指标的选择上，许多研究资料中都以货运量、货物周转量和公路里程等来代表物流产业发展水平，以GDP代表经济发展水平，指标选取单一，得出的结论一般也仅限于区域物流的某个指标与区域经济某个指标之间的数量关系，分析结果不够全面，评价结果缺乏客观性和准确性。因此，有必要构建一个较为完善的评价指标体系及测算模型，对物流产业与区域经济的协调发展关系进行综合评价，进而提出促进二者协调发展的政策建议，从而增强对物流产业发展理论分析的科学性和实践的可操作性。

第四节 研究思路、内容与方法

一、总体思路与技术路线

物流产业与区域经济协调发展是一个复杂的系统工程。从研究对象上看，涉及物流和经济两个系统，同时又包含了许多复杂的组成要素，系统内部各要素和系统之间相互影响、相互制约，因此，很难用现成的理论来解释二者协调发展这一现象。本书在借鉴物流理论、经济增长理论、区域经济理论、产业经济理论以及系统科学等相关学科成果的基础上，采用规范分析与实证分析相结合、定性与定量分析相结合等方法，以美国、欧洲、日本等发达国家的成功经验为借鉴，分析了我国物流产业的发展现状及特点，同时对物流产业与区域经济的相互作用关系进行了深入剖析，进一步探讨了物流产业与区域经济协调发展的机理，并从系统科学的视角构建了二者协调发展的理论框架。在理论框架的指导下，通过构建物流产业与区域经济协调发展的评价指标体系及测度模型对我国东部、中部、西部、东北四大区域的协调度及发展度进行测度和综合评价，进而提出促进我国物流产业与区域经济协调发展的总体思路和政策建议，旨在为促进我国物流产业与区域经济的协调发展提供政策参考和决策依据。研究的总体框架如图1-1所示。

二、研究内容

根据总体思路，本书的主要内容是：分析了我国物流产业的发展现状、特点及存在的问题，在对理论文献进行分析以及国外经验借鉴的基础上，确定物流产业与区域经济协调发展的可行性，同时深入探讨了物流产业与区域经济的相互作用关系，并结合系统科学与协调发展理论，探究二者协调发展机理并构建物流产业协调发展的评价指标体系及测度模型，实证评价我国各区域物流产业与区域经济的协调发展度，最后提出促进物流产业与区域经济协调发展的总体思路和政策建议，为我国物流产业的发展提供科学的理论指导和政府决策参考。论文的总体结构安排如下。

第一部分（第一章）是绪论。首先介绍了论文的研究背景、目的与意义；然后综述了国内外的研究现状，以及本书的研究思路与技术路线、研究内容与结构安排、研究方法以及创新点。这部分是本书写作的指南。

第二部分（第二章）是概念界定与相关基础理论介绍，这是整本书的理论基础。对本书中的相关概念做必要的解释说明和界定，通过系统性地梳理现代物流理论、经济增长理论、区域经济理论及系统科学理论，为下文的研究做好理论基础铺垫。

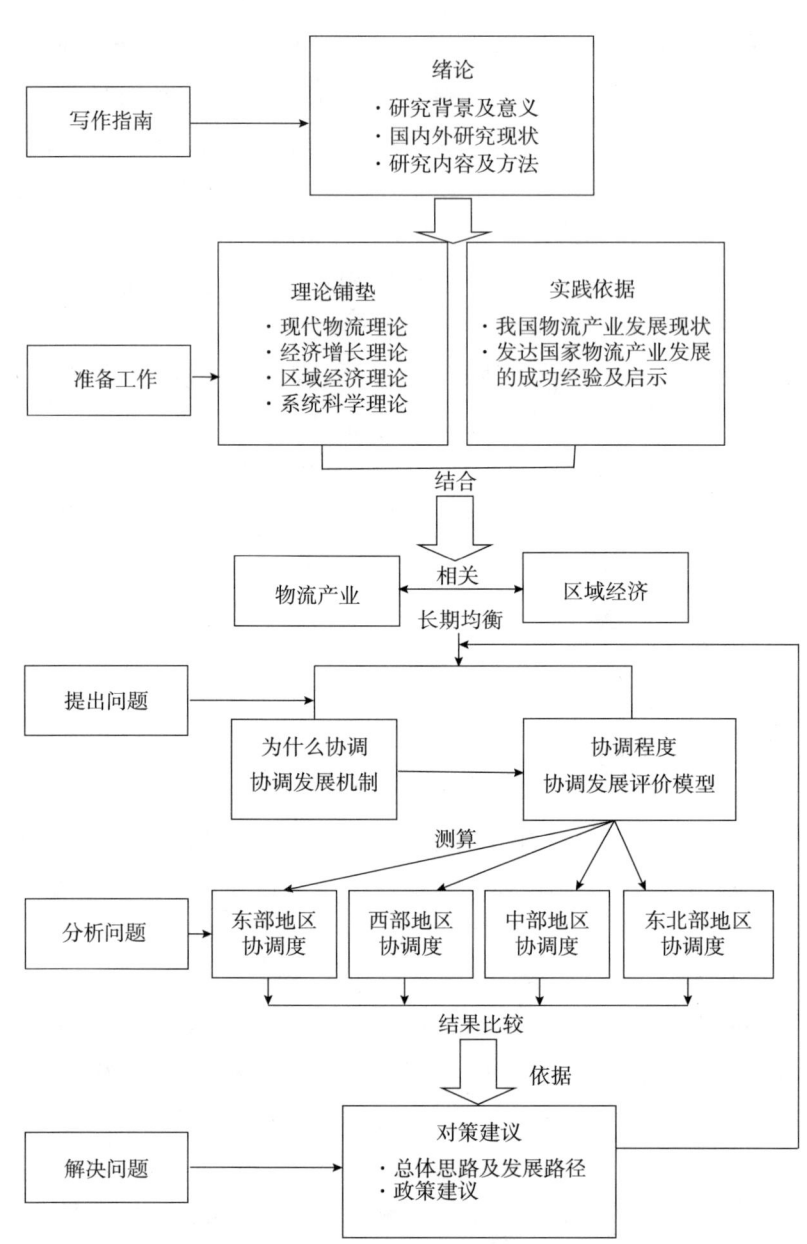

图1-1 总体思路与技术路线

第三部分(第三章)是中国物流产业的发展现状及国际经验借鉴。首先介绍了我国物流产业的发展现状,并分析其特点,指出目前我国物流产业发展过程中存在的问题,通过对美国、欧洲、日本发展现代物流产业的实践介绍,总结其发展的成功经验与启示。

第四部分（第四至第七章）是本书的核心与主体部分。

第四章是物流产业与区域经济互动作用分析。首先，定性分析了物流产业对区域经济的促进作用以及区域经济对物流产业的支撑作用；然后利用相关分析和回归分析评价二者的相关性；同时运用协整理论分析二者之间是否存在长期均衡关系。

第五章是物流产业与区域经济协调发展的理论模型。本章以系统科学的理论和思想为基础，构建了物流产业——区域经济的复合系统，界定和分析了其内涵和特征；利用 Logistics 曲线深入剖析复合系统的演化特征，并运用协同学理论和耗散结构理论分析了物流产业与区域经济协调发展的内部动因与外部条件，进而构建了二者协调发展的理论框架，为下文进行物流产业与区域经济协调发展评价研究奠定了基础。

第六章是物流产业与区域经济协调发展评价体系的构建。基于"物流产业—区域经济"复合系统的特征及二者协调发展机理，尝试建立一套科学的、严密的、便于操作的综合评价指标体系，并通过对以往各领域协调度评价模型的梳理，以复杂系统理论为指导，构建出适合于我国物流产业与区域经济复合系统协调发展的综合评价模型，为后文物流产业与区域经济系统协调发展的评价提供理论依据。

第七章是中国物流产业与区域经济协调发展的实证研究。根据所构建的物流产业与区域经济协调发展指标体系和测度模型，运用协同学中的序参量、主成分分析、回归拟合、灰色关联法以及模糊综合评价等方法对我国东部、中部、西部和东北四大区域的物流产业与区域经济的协调度和发展度进行综合评价，为我国各区域物流产业与经济协调发展的管理决策提供现实依据。

第五部分（第八章）是中国物流产业与区域经济协调发展的对策建议，通过以上分析，系统地提出我国物流产业与区域经济协调发展的总体思路，在此基础上针对各区域的实际情况及产业发展特点，提出各自的发展路径与政策建议，为促进物流产业与区域经济协调发展提供有效的决策借鉴。最后对全文进行总结，并指出研究不足与未来的研究方向。

三、研究方法

物流、经济的发展具有很强的区域性、系统性和复杂性，因而对于物流产业与区域经济协调发展的研究必须从理论和方法上进行不断创新。本书采用的研究方法如下。

1. 归纳分析法和比较分析法

本书充分运用了归纳分析法和比较分析法，搜集和查阅了大量的国内外文献和相关资料，进行整理、归纳，概括出美国、欧洲和日本三国物流产业发展的特征，并与我国物流产业发展现状进行了比较分析。为我国物流产业发展提供经验借鉴与启示，对研究物流产业与区域经济协调发展具有重要的借鉴意义。

2. 定性分析和定量分析相结合

定性分析是定量分析的基础，是对事物的内在联系进行分析和判断，并揭示事物内部及相互间的作用关系，从现象中把握事物的本质特征；定量分析是指利用数学关系或模型分析事物的性质和特征，同时对其进行抽象和简化，以展现系统要素之间内在联系的分析方法。同时，任何事物的发展都包含着量变和质变，物流产业和区域经济的发展也是量和质的组合及比例变化过程。本书首先对物流产业与区域经济的相互作用关系进行了定性分析，而后又运用相关分析、回归分析、协整分析等计量经济学方法对其进行定量分析，从质和量的统一去研究和把握发展过程中的影响和变化，保证了本书的客观性和科学性。

3. 理论分析和实证分析相结合

理论分析是在对调查资料进行搜集、整理和统计分析的基础上，利用抽象思维对资料进行加工和制作，以揭示事物的本质和内在联系；实证分析是从假说前提出发，通过构建理论模型，利用具体的样本数据进行计量和检验，从而得出现象是什么、具体有哪些特点、会发生什么样的变化以及变化的结果等规律性的结论。本书运用协同学理论和耗散结构理论对物流产业与区域经济协调发展的内容进行了解析，深入探讨了二者协调发展的内部动因与外部条件，并提出适应于二者协调发展的理论框架。同时，应用协同学中的序参量、聚类分析、主成分分析、灰色关联度及回归拟合分析法构建物流产业与区域经济协调发展的评价指标体系和协调发展度的测算模型，以我国东、中、西、东北四大区域作为研究对象，并采用模糊综合评价法对其协调发展度进行评价，对我国物流产业与区域经济的协调发展具有重要的理论价值和实践指导意义。

第五节 研究的创新点

研究的创新点如下：

第一，研究角度的创新。①在研究物流产业与区域经济的相关性方面，突破了以往的研究视角和思路，从物流产业"贸易效应"的角度对二者的相关关系进行评价，并指出物流产业可以通过降低省际贸易壁垒、提高贸易效率、优化贸易结构以促进区域经济的发展。②本书以系统科学的理论与方法为指导，从复合系统的角度诠释了物流产业与区域经济协调发展的内涵、特征及演化机理，并提出复合系统持续协调发展的理想目标模式；同时，运用协同学和耗散结构理论对二者协调发展机制进行了深入探究，指出"协同效应"是物流产业与区域经济系统协调发展的内在动因，负熵流入是二者协调发展的外部条件。以此构建物流产业与区域经济协调发展的理论框架。

第二，研究方法的创新。①本书运用聚类分析方法对物流产业和区域经济评价指标进行选取，并运用复合系统序参量协调度评价模型对物流产业和区域经济子系统内部协调度进行测算。②本书运用主成分分析法，回归拟合以及灰色关联集成方法构建物流产业与区域经济复合系统协调发展水平的评价模型，并采用模糊积分法对二者的协调发展度进行综合评价，避免了选取综合评价指标和权重的主观性、不合理性等问题。

第三，研究内容的创新。以往的研究成果缺乏系统角度的研究，或者单纯从某个省区出发，对物流产业与区域经济的协调发展情况进行分析，对国家层面的研究和各区域之间的比较较为鲜见。本书以复杂系统理论为指导，构建了物流产业与区域经济复合系统协调发展的测度模型，指出复合系统协调发展的评价应该从协调度和发展度两个方面来衡量，同时运用面板数据对我国东部、中部、西部和东北地区物流产业与区域经济的协调发展情况进行综合评价，通过横向和纵向的比较，找出区域间的协调性差异；同时，针对各区域的实际情况及产业发展特点，提出各自的发展重点及路径，为促进我国物流产业与区域经济的协调发展提供政策参考和决策依据。

　　研究难点在于：由于物流产业与区域经济的协调发展受到多方面综合因素的影响，加之相关指标数据资料的缺乏等给定量分析带来的困难，在一定程度上限制了本书的研究深度和结论的可靠性。

第二章

概念界定及相关基础理论

第一节　基本概念界定

一、物流概述

物流是社会经济发展到一定阶段的产物，其发展经历了漫长的历史过程。20世纪以前，人们对物流活动的认识还停留在较低的层次，并未对其进行科学的概括。直到20世纪初，人们才将物流活动进行了总结和升华，系统地提出了物流的概念。最早提出"物流"这一概念的是美国，早期使用的英文单词为"Physical Distribution"，后来随着人们对物流活动认识的不断深化，逐渐演变为"Logistics"。由于物流所包含的活动纷繁多样，加之人们观察、分析、认识物流活动的角度不同，导致了每个国家对物流内涵的理解也存在一定的差别。

1. 物流概念的界定

物流的产生和发展随着社会经济的进步而不断深化和延伸。物流活动涉及社会经济生活的方方面面。物流的内涵非常丰富，外延也非常广阔。由于每个国家引入物流概念的时间不同，各自对物流的理解也存在差别。随着时间的推移，经济的发展也在不断地赋予物流新的含义。下面介绍不同国家对物流所下的定义。

（1）美国物流协会的定义。1963年，美国国家物流管理协会（National Council of Physical Distribution Management，NCPDM）给物流所下定义为

"物流是对货物、服务及相关信息从起源地到消费地有效率、有效益的流动和储存进行计划和控制,以满足顾客需要的过程,该过程包括进向、去向、内部和外部的移动以及以环境保护为目的的物料回收等"。

1985年,美国国家物流管理协会(NCPDM)正式更名为物流管理协会(The Council of Logistics Management,CLM),对物流定义进行了调整,将"Physical Distribution"替换为"Logistics"并对其进行了重新定义:"物流是一个有效的流动和存储规划,实施和控制,以满足客户需求的商品、服务和相关信息、从原产地到消费地的过程。"2000年,该协会对物流定义又进行了更新,认为"物流是供应链程序的一部分,它是为满足客户需求对货物、服务和相关信息从原产地到消费地的高效、正向及反向流动和存储进行的规划、实施和控制的过程"。2001年,进一步修订为"物流是供应链过程的一部分,它是对商品、服务及相关信息在起源地到消费地之间有效率和效益地正向和反向移动,其目的是满足客户要求"。

2005年,美国物流管理协会正式更名为供应链管理专业协会(Council of Supply Chain Management Professionals,CSCMP),其对物流的定义不断更新。2007年,该协会做出了如下解释:"物流管理是供应链管理的一部分,以满足客户需求为目的,对货物、服务和相关信息在原产地和消费地之间的正向和反向流动与存储进行规划、实施和控制。"

(2)日本对物流的定义。20世纪60年代末,物流理论思想开始向日本、加拿大、欧洲等国传播。日本迅速成为物流发展的后起之秀,尤其对物流的内涵和物流经济价值的研究方面,比美国更深入。日本的物流概念是1956年直接从英文的"Physical Distribution"翻译而来的,日本人最初把它翻译成"物的流通",是实物流通的简称,后来由日本著名学者平原直接改为"物流"。日本日通综合研究所在1982年给出的物流定义为"物流是把货物从供应者向需求者之间的物理位移,在这样转移的经济活动中创造了时间价值和场所价值。从物流的领域来看,包括包装、装卸、存储、库存管理、流通加工、配送和其他活动"。

(3)欧洲对物流的定义。欧洲物流协会(European Logistics Association,ELA)在《物流术语》(Terminology in Logistics)中对物流的定义是:"物流是在一个指定的系统内对人员或货物的运输、安排和相关的支持活动的规划、实施和控制,以此达到特定目的的一系列活动。"可以说,这是一个在欧洲大陆比较有代表性的定义,目前已经被欧洲标准化委员会(European

Normalization Committee）正式采用。

（4）中国对物流的定义。20世纪70年代末至90年代初，"物流"这个词分别从日本和欧美传入我国，在我国的物资经济领域采用。1997年，我国国家标准《物流术语》（GB/T18354—2006）对物流（Logistics）的解释为："物流是货物或商品从供应地向消费地的实体流动过程。根据实际需要，将运输、保管、装卸搬运、包装、流通加工和信息处理等基本功能实施有机结合，以实现用户要求的过程。"

通过以上对物流定义的梳理，可以得出：不同国家由于研究的时期以及研究角度的不同，对物流的定义也有所不同，但从大体上来看，还是存在着一定的共同点，如：首先，物流概念的形成和发展与社会化大生产、劳动分工以及产品市场营销、企业管理的不断进步密切相关；其次，无论是"Physical Distribution"还是"Logistics"，不同国家都强调"实物的顺畅流动"这一核心内涵；最后，强调物流的核心功能主要包括运输、仓储、装卸搬运、包装、流通加工、配送、信息处理七大功能。而本书强调的物流是一个系统，同时是经济系统中的一个子系统，主要在于物流解决的问题是生产诸阶段之间以及生产与消费之间的时间和空间上的分离问题。

随着社会的进步和知识经济的到来，人们对物流的认识还会进一步深化，会赋予物流更丰富、更深层次的内涵概念。

2. 物流的基本职能

物流的基本职能是指为了有效地达到最终的经济目的，物流活动所具备的基本能力，通过物流活动的有效组合，能够最大限度地发挥物流的总体功能，以满足客户的需求。就物流本身而言，具有自然和两种社会属性：一方面受生产力的影响和制约；另一方面又受到生产关系、社会制度性质的影响和制约。物流的具体职能主要包括如下内容。

（1）运输。运输职能主要是实现物质实体的供应方向需求方的空间移动，克服供需之间的空间距离，创造商品的空间效用。运输时物流的中心环节，被称为国民经济的动脉和现代物流产业的支柱。运输主要提供产品转移和产品临时储存两大功能。

（2）仓储。仓储也是现代物流的重要职能之一，其主要设施就是仓库，它具备调节供需衔接的功能。从生产和消费两方面来看，不同类型的产品有不同的产销规律，生产节奏和消费节奏也不可能完全保持一致。有的产品是生产和消费均衡同步的,有的产品生产节奏与消费节奏不对称,生产是均衡的,消费是不均衡的;或者生产是有间隔的,消费是无间隔的,这就需要仓储加以调节,协调生产与消费之间的关系。

(3)装卸/搬运。装卸/搬运是指在同一地域范围内为改变物质的存放状态和空间位置而进行的活动,包括对输送设备的装入、装上和取出、卸下作业,也有对固定设备的出库、入库作业。一般来说,装卸侧重于原地的物质移动;而搬运则侧重于有一定距离的活动,如从卸车地到垛位的短距离运输。装卸搬运时输送和储存物资过程中必要的物流活动。

(4)包装。包装最重要的作用就是保护商品在物流作业过程中不受损伤。商品在流通领域存在购进、运输、储存、销售等环节,要进行数量的交接、搬运、堆码和零售工作,若无适当的包装,势必会增加困难。包装还具有传递信息的功能,新颖别致的包装设计与造型,以及具有独特风格的美术装饰,是一种广告宣传的特殊"语言"。

(5)配送。配送是现代物流的一个最重要的职能,是指从物流据点至用户的一种送货形式,配送环节处于支线运输,灵活性、适应性和服务性都较强,能将支线运输与小搬运统一起来,使运输过程得以优化和完善。采取配送方式,可以将各种商品配齐集中起来向用户发货和将多个用户小批量商品集中在一起发货等方式,以提高物流经济效益。通过配送,生产企业可以集中库存、降低成本,用户只需要向配送中心订购,就能达到多处采购的目的,减少订货等一系列费用开支。

(6)流通加工。流通加工是指商品从生产者向消费者流通的过程中,通过增加产品的附加值以方便消费、促进销售而进行简单的组装、剪切、贴标签等作业。流通加工主要是为了弥补生产过程中加工能力的不足,使其产品能够满足顾客或本企业的需要,衔接产供双方,将加工在物流过程中完成,成为流通过程中的重要组成部分。

(7)信息处理。物流信息和运输、仓储、配送等各个环节都有密切的联系,在物流活动中起着神经系统的作用。对物流中的各项活动进行预测、动态分析时,离不开商品的数量、质量以及作业管理等相关信息,只有准确把握了这些信息,才能使物流活动通畅化和定量化,才能保证物流活动能有效进行。因此,建立一个有效的物流信息系统对现代物流企业来说是非常必要的。

二、物流产业的界定与特点

1. 物流产业的内涵界定

"产业"的概念是伴随着18世纪后半期资本主义大机器工业的出现而产生的，其概念边界相当模糊，其定义和划分是为特定的经济目的而服务的。在产业经济学中，产业的定义为"国民经济中以社会分工为基础，在产品和劳务的生产经营上，具有某些相同特征的企业或单位及其活动的集合构成一个产业"[①]。但就物流产业的概念而言，国际上没有统一的标准，学术界也没有达成共识，存在较大分歧。在我国现行的国民经济行业分类管理中，还没有把物流产业作为一个独立的产业看待，但事实上物流产业已经客观存在。众所周知，产业分类的调整肯定落后于产业本身的发展。随着社会经济的发展，一些老的行业消失了，一些新的行业产生了，这是经济社会客观发展的规律。对于物流产业的界定，国内外不同的学者和研究机构持不同的观点：

美国物流协会（The Council of Logistics Management，CLM）指出"物流产业包括上游供货业、运输代理业、铁路行业、物流咨询行业、水运行业、航空业、海运业、小包裹运输业、仓储业、港口业、第三方物流产业、多式联运业、包装业等[②]"。

李学工（2003）在《论物流产业对国民经济的贡献》一文中，将物流产业定义为："以专门从事将商品或服务由起始地到消费地发生空间位移，对其进行高效率与高效益流动及储存为经营（活动）内容的营利性事业组织的集群。"

中国物流与采购联合会常务副会长、研究员丁俊发在《正确认识物流、物流产业等概念》一文中提出，"物流产业是物流资源产业化而形成的一种复合型或聚合型产业，物流资源包括运输、仓储、装卸、搬运、包装、流通加工、配送信息平台等，这些资源产业化就形成了运输业、仓储业、装卸业、包装业、加工配送业、物流信息业等"。这个定义是比较有代表性，也是比较权威的。

---

① 戴伯勋，沈宏达. 现代产业经济学 [M]. 北京：经济管理出版社，2001.

② Arthur, D. Little, Inc. and Penn State University. Logistics in Service Industries, The Council for Logistics Management, Oak Brook, IL, 1991.

天津市统计局《物流相关产业统计报表制度》（2006）从物流统计实践的角度，将物流产业定义为"国民经济各个领域的物流经济实体从横向构成了物流产业"。这个产业由铁道、公路、水运、空运、仓储、托运等行业为主体组成，同时包含了商业、物资业、供销、粮食、外贸等行业中的部分领域，还涉及机械、电气业中的物流装备生产行业和国民经济所有行业的供应、生产、销售中的物流活动。

马天山（2006）在《我国物流产业发展战略研究》中认为物流产业应由交通运输业、仓储业、邮政业、批发和零售业组成。楚岩峰等（2007）在《我国物流产业研究现状分析》中认为物流产业主要包括货物运输业、仓储业、包装业等。王艳等（2008）在《从产业融合的角度看物流产业》中认为物流产业包括运输、仓储、邮政、通信等产业。

田青、郑力等（2010）认为"物流产业是指专门从事将商品或服务由起始地到消费地发生空间移动，对其进行高效率、低成本、高效益流动及储存为经营（活动）内容的以盈利为目的的事业组织的集群。物流产业包括交通运输业、邮电通信业、国内国外贸易业、物资供销业及仓储业等"。

综合以上观点，可以看出：物流活动几乎涵盖了国民经济的各个环节，涉及第一、第二、第三产业等大部分经济部门。本书认为，物流产业是由专门提供物流服务的企业所构成的集合。在产业融合的基础上，将运输、仓储、装卸、加工、整理、配送、信息等方面有机结合，形成完整的供应链，为用户提供多功能、一体化的综合性服务的新型跨行业、跨部门、跨区域、渗透性强的复合型产业。具体包括铁路运输、道路运输、水上运输、装卸搬运及其他运输服务业、仓储业、批发业、零售业。

2. 物流产业的基本特征

物流产业是一个涉及运输业、包装业、配送业、仓储业、物流咨询服务业、物流研究和物流装备制造业的综合性服务产业，应属于第三产业的范畴，同时还兼具第二产业的特征。虽然物流活动存在已久，但在现代经济中，物流产业及其所提供的物流服务，与传统的物流活动或者生产、流通部门从事的物流活动已经有了本质上的区别。其表现在如下几个方面。

（1）网络化。物流服务是在一个更加开放的大系统、大网络中运作，并趋于实用统一的技术标准和技术装备。为了保证对产品促销提供快速、全方位的物流支持，现代物流需要有完善、健全的物流网络体系，网络上点与点之间的物流活动保持系统性、一致性，这样可以保证整个物流网络有最优的库存总水平及库存分布，运输与配送快速、机动，既能铺开又能收拢。分散的物流单体只有形成网络才能满足现代生产与流通的需要。计算机及网络技术的突飞猛进提高了物流活动的运营效率，物流和交通以及信息技术紧密结合，物流企业可以参与到社会再生产中从原材料供应、生产到销售全国的各类物流服务。

（2）专业化。物流产业是一个新兴产业，通过对各种物流要素的优化组合和合理配置，最大限度地发挥各种物流要素的作用，实现物流活动效率的提高和物流总成本的降低。它具有特殊的技术基础：如机械电子技术、精密加工技术、交通运输技术、立体库技术、网络配送技术、物流标识与跟踪定位技术等；同时还采用了世界上最先进的物流系统，运用了全球卫星定位系统、卫星通信、射频识别装置、机器人，实现了自动化、机械化、无纸化和智能化。通过集成化的物流服务网络快速、准时、低成本地向客户提供保值增值服务的产业。物流产业作为重要的新兴产业，可以最终决定商品生产和流通的速度、效率、成本和效益，最终影响到普通消费者消费需求的实际形式、消费质量和档次。在市场经济的运行中，物流的内涵不断被赋予新的内容，成为信息流、商流和资金流的物资基础。

（3）信息化。物流信息化是指物流企业对物流过程中产生的全部或部分信息进行采集、汇总、分类和跟踪等一系列处理活动，以实现对各个环节中物资流动的控制、降低成本、提高效率的管理活动。在物流产业飞速发展的今天，物资在流通领域的各种信息，包括每种物资到达每个地点的时间和数量、离开每个地点的时间和数量等，对企业整个生产过程的管理和控制都将起到至关重要的作用。而目前由于计算机信息技术的广泛应用，大大降低了物流过程中的风险，如送货不及时、延期交货以及库存积压等问题，同时也加强了对物流过程各个环节的配合与控制。

（4）标准化。物流标准化是指将物流作为一个大系统，制定内部设施、机械装备、物流信息标准，形成全国标准以及同国际标准接轨的体系。我国物流产业发展得比较晚，尽管近些年来我国的标准化工作取得了一定的进展。但是由于不同类型的物流企业不断进入市场，且各个企业的背景不同，以及对物流的认识不同，产品也呈现出不同的特征，我国尚未形成基本统一的服务标准。与此同时，我国物流市场尚处于一个无序竞争的状态，各公司追求服务产品质量的改进，增加服务特色，进入新的细分市场，服务产品尚未完全成熟，在货物的仓储、装卸和运输等过程缺乏统一的规划、标准化落后，采用国际化标准的比例较低，这些都成为我国物流标准化进程中的一大阻碍。因此，加快推进我国物流产业的标准化是我国物流产业发展的重要任务。

（5）集约化和协同化。现代物流的全球化运作使企业扩大规模势在必行，而仅仅依靠内部扩张是难以实现这一目标的，而物流企业的集约化和协同化是现代物流发展的一个鲜明趋势，具体做法是通过大力建设物流园区、物流企业的兼并与合用来实现。物流园区是不同类型的物流企业、物流设施在空间上的集中布局，形成了具有一定规模和综合服务功能的物流场所。物流园区的建设一方面有利于提高物流企业的竞争程度，促进物流企业的规模化发展；另一方面能够发挥互补优势和整体优势；同时不同类型的物流企业通过专业化分工与协作，可以有效提高物流服务的专业化水平，通过实现产业运作的配套化和系统化来提高物流行业的资源利用效率，实现物流的集约化。

三、区域经济相关概念的界定

1. 区域的概念及划分

区域（Region）是一个客观存在的空间概念，没有严格的边界以及确切的方位，地球表面的任何一部分、一个地区、一个国家乃至几个国家均可称为一个区域。区域的概念有很多，目前比较有代表性的是美国区域经济学家胡佛（E. M. Hoover）于1970年给出的"区域是基于描述、分析、管理、计划或者制定政策等目的而作为一个应用性整体加以考虑的一片地区。它可以按照内部的同质性或功能一体化原则划分"。除此之外，我国学者林德全（1986）认为："区域就是具有内聚力和同质性的地区，经济上有密切的相关性、协调运转的整体性、相互交叉的渗透性。"程必定（1989）提出"所谓区域，即人的经济活动所造就的具有经济中心、经济腹地和经济网络三大构成要素的不可无限分割的经济社会综合体"。郝寿义、安虎森（2015）认为"区域指便于组织、计划、协调、控制经济活动而以整体加以考虑的，并考虑行政区划基础上的一定的空间范围，它具有组织区域内经济活动和区域外经济联系的能力，常由一个以上以高级循环占重要比重的中心城市、一定数量的中小城镇及广大乡村地区组成"①。

综合以上内容，本书认为区域指以自然地域为划分依据，把具有较强经济联系以及社会发展需要的区域相整合而形成的区域性联合体，它在空间上是有限的、在政策协调上具有一致性和连贯性、在资源禀赋上又区别于其他区域的明显特征，是社会经济活动专业化分工与协作在空间上的体现。

对于区域的划分，应该以地理和经济特征为基础，关于中国自然和经济地理特征的分析有大量论著。北京大学胡兆量教授在《中国区域发展导论》中就有比较系统的分析。他认为：南北差异是我国最重要的地区差异，以秦岭淮河作为我国划分南北的主要界线，淮河以北和淮河以南，无论是自然景观还是人文景观都存在着明显的差别。同时我国地貌西高东低，形成东部、中部、西部三大阶梯。在东西差异中，最突出的一条是东部比较发达，西部相对欠发达。可以说，我国是世界上社会经济发展不平衡程度最大的国家。东西之间差幅大，反差强。关于区域的划分，20世纪50年代以来，我国政府和学术界提出了许多中国区域划分的方法和方案。如新中国成立初期的沿海和内地两分法、出于国防考虑的"三线"划分、以自然地理为主要基础的东部、中部和西部的三大地带划分、以经济地理为主要基础的六大经济区（东北、黄河中下游、长江中下游、东南、西南和西北）、七大经济区（东北、西北、华北、华中、华东、华南和西南）、八大经济区（东北、环渤海、黄河中游、长三角、长江中游、东南、西南和西北）划分等。2003年，国务院发展研究中心李善同和侯永志研究员等完成的"中国（大陆）区域社会经济发展特征分析"报告，提出中国内地的31个省（自治区、直辖市）划分为八大经济区域，分别为东北地区、北部沿海地区、东部沿海地区、南部沿海地区、黄河中游地区、长江中游地区、西南地区和西北地区。

而本书采用的是2011年6月由国家统计局根据《中共中央、国务院关于促进中部地区崛起的若干意见》《国务院发布关于西部大开发若干政策措施的实施意见》以及党的十六大报告的精神，提出的综合经济区域划分设想，把内地的31个省（自治区、直辖市）划分为四大综合经济区域，分别为：东部地区（北京、天津、河北、上海、江苏、浙江、福建、山东、广东和海南）；中部地区（山西、安徽、江西、河南、湖北和湖南）；西部地

---

① 郝寿义，安虎森. 区域经济学（第三版）[M]. 北京：经济科学出版社，2015.

区（内蒙古、广西、重庆、四川、贵州、云南、西藏、陕西、甘肃、青海、宁夏和新疆）；东北地区（辽宁、吉林和黑龙江）。这样的划分既配合了我国实行区域协调发展战略，又便于实施具有针对性的区域政策。

2. 区域经济相关概念的界定

（1）区域经济的概念。任何经济活动都是在特定的空间进行的，无论其发展水平如何，最终都可以在某一特定空间找到自己的位置，这种经济活动与特定空间的结合，就产生了区域经济（Regional Economy）。区域经济是社会经济活动专业化分工与协作在空间上的反映，是一个综合性的经济发展概念，即"按照自然地域、经济联系以及社会发展需要而形成的经济联合体，随着经济的全球化、区域经济的发展正在加快。区域经济既可以是国家与国家之间的经济联合体，也可以是一个国家内各地区结成的经济联合体"。

（2）区域经济一体化的概念。区域经济一体化是20世纪下半叶以来，国际经济生活中出现的一大潮流。区域经济一体化是指"两个或两个以上的国家或地区，通过相互协商制定经济贸易政策和措施，并缔结经济条约或协定，在经济上结合起来形成一个区域性经济贸易联合体的过程"[①]。按照贸易壁垒的强弱，可分为特惠贸易协定、自由贸易区、关税同盟、共同市场、经济同盟和完全的经济一体化等几种形式。

本书就是以区域为研究对象，研究其中的所有产业部门（物流产业除外）的经济实力、产业结构等，旨在分析该区域物流产业的发展与整个区域经济的发展能否协调、是否协调以及如何协调等问题。

第二节　相关基础理论

一、现代物流理论

近些年来，随着物流理论的不断完善和发展，国内外学术界从"物流"的内涵中演化出许多理论来指导物流企业的专业服务和系统整合发展。纵

---

① 方士华. 国际贸易理论与实务 [M]. 大连：东北财经大学出版社，2003.

观现代物流理论的发展进程，其核心思想可分为如下几个方面。

1. 商物分离学说

商物分离是物流学科赖以存在的先决条件。所谓商物分离，是指流通中的两个组成部分商业流通和实物流通各自按照自己的规律和渠道独立运动。社会进步使流通从生产中逐渐分离出来，但是并没有结束分工的进一步深化。第二次世界大战以后，商流和物流出现了更明显的分离，从不同形式逐渐变成了两个有一定独立运动能力的不同运动的过程。

2. 黑大陆和物流冰山说

著名的管理学权威P.F.德鲁克曾经讲过"流通是经济领域里的黑暗大陆"，德鲁克泛指的就是流通，但是，由于流通领域中物流活动的模糊性尤其突出，是流通领域中人们更认识不清的领域，所以，"黑大陆"说法现在主要针对物流而言。

"物流冰山说"是日本早稻田大学西泽修教授提出来的，他专门研究物流成本时发现，现行的财务会计制度和会计核算方法都不可能掌握物流费用的实际情况[1]，因而人们对物流费用的了解是一片空白，甚至有很大的虚假性，他把这种情况比作"物流冰山"。冰山的特点是大部分沉在水下，而露出水面的仅是冰山的一角。物流便是一座冰山，其中沉在水面以下的是我们看不到的黑色区域，而我们看到的不过是冰山一角——物流的一小部分。

3. 物流"效益悖反说"

物流领域中主要存在这样一种现象：物流的各个功能要素之间存在着交互损益的时段，此消彼长、此盈彼亏。在物流系统中的某一个功能要素的优化升级和利益发生冲突的同时，在系统的另一个或另几个功能要素必然会存在利益上的损失，反之也是如此。这就是著名的物流"效益悖反说"，也被称为"二律悖反"，主要反映了物流领域内部之间的矛盾。人们通过细分物流活动的功能要素，找出物流的各项功能，如运输、包装、仓储、保管之间的内在联系，来有效地解决"效益悖反"，从而达到总体最优的效果[2]。

4. 物流"中心说"

物流"中心说"主要包括物流成本"中心说"和物流服务"中心说"。

---

[1] ［日］西泽修. 物流成本［M］. 东京：白桃书房，1999.
[2] 桂寿平. 物流基础理论［M］. 广州：华南理工大学出版社，2004.

物流成本"中心说"是指在企业战略中，物流作为企业成本的重要产生点，只对企业的营销活动成本产生影响。要解决物流成本过高的问题，就要通过对物流的一系列活动进行管理来降低成本。以欧美学者为代表的物流服务"中心说"认为"为企业节约消耗、降低成本或增加利润并非是物流活动的最大作用，企业对物流活动的管理应注重提高服务水平，进而提高企业的市场竞争力"。

5. 供应链学说

Peter Kraljic 和 Roy D. Shapiro 于 20 世纪 80 年代最早提出了供应链的概念，最初的供应链理论关注企业与外部环境之间的关系管理，如寻求运输、库存同生产能力之间的匹配，目的是获得竞争优势。随着经济的全球化和信息化的发展，消费者需求的个性化和多样化趋势进一步增强，供应链的内涵也得到进一步深化和扩展，马士华教授对供应链的定义就反映了这种发展。他认为，供应链是围绕核心企业，通过对信息流、物流、资金流的控制，从采购原材料开始、制成中间产品以及最终产品，最后由销售网络把产品送到消费者手中的将供应商、制造商、分销商、零售商，直到最终用户连成一个整体的功能网络结构模式。供应链管理（Supply Chain Management，SCM）是指在满足一定客户服务水平的条件下，为了使整个供应链系统成本达到最小而把供应商、制造商、仓库、配送中心和渠道商等有效地组织在一起来进行的产品制造、转运、分销及销售的管理方法，以此达到最大限度地提高顾客满意度的目标。

6. 绿色物流理论

绿色物流是建立在可持续发展、生态经济学、生态伦理学和循环经济等理论的基础上的一门新学科[①]。为了协调生产、分配、消费三大领域，绿色物流强调要克服物流研究中的"阻塞"现象，即将原来开环形物质单向流动模式（资源—产品—废气物排放）改变为闭环型物资流动系统（资源—产品—再生资源）。因此，出现了"逆向物流"的概念。尽管绿色物流的理念非常新颖，但是这方面的研究进展不是很大，仅仅局限于物流系统某些环节的单项技术，缺乏整体思想的指导。

7. 逆向物流理论

物流领域为了顺应可持续发展的需要，开始重视废弃物品和回收物品

---

① 王长琼. 绿色物流 [M]. 北京：化学工业出版社，2004.

的作业流程，从目前经济领域中"资源—产品—废弃物排放"的开环形物质单向流动模式转向"资源—产品—再生资源"的闭环形流动模式，逆向物流是闭环系统建立的重要组成部分，其实质是通过回收、再制造、再利用等手段对已售出产品的回流过程进行专业化物流管理、恢复废弃产品或缺陷产品的使用价值，有助于企业节约生产中的原材料消耗、降低社会废品的处置能力、提高企业客户的满意度和树立企业绿色形象[①]。

二、经济增长理论

经济增长是现代经济研究的重点和核心，主要研究有哪些因素可以推动经济增长，以及如何推动经济增长。经济增长理论不仅可以用于解释经济增长，而且可以应用于产业发展的研究。

1. 古典经济增长理论

经济增长理论的思想渊源可以追溯到亚当·斯密（1776）在《国富论》中首次把工人技能的增强视为经济进步和经济福利增长的基本源泉，指出专业化知识和技术对经济增长的贡献，并首次论证了人力资本投资和劳动者技能对人均收入和工资结构的影响。大卫·李嘉图（1817）阐述了经济增长过程的理论，认为社会总产品是土地、资本和劳动三者的结合，伴随着资本积累、技术进步和人口增长要进行一场竞赛，技术进步会推迟资本主义经济进入静止阶段，但由于"收益递减规律"占据上风，资本主义经济最终会出现零增长。马歇尔（1928）进一步深化了斯密关于专业化分工、技术进步和经济增长的思想，论述了专业化对经济增长的长期影响。并把专业化分工、技术创新视为一个完全内生的、自我演进的过程，它们具有递增的生产力，进而推动经济的持续增长。美国经济学家西蒙·库兹涅茨（1958）认为一国的经济增长集中表现在经济实力的增长，即商品和劳务总量的增加，实现经济增长的必要条件是技术进步，经济增长的充分条件是制度与思想意识的调整，即只有社会制度与意识形态适合于经济增长的需要，技术进步才能发挥作用，才可能实现经济增长。库兹涅茨对各国经济增长历史经验进行高度的概括，体现了经济增长的实质。英国经济学家哈罗德和美国经济学家多马将凯恩斯的有效需求理论长期动态化以后，使凯

---

① 刘永清. 逆向物流系统研究评述 [J]. 经济学动态，2009（5）：121-125.

恩斯主义得到进一步发展和补充，成为现代经济增长理论的开端。

2. 新古典经济增长理论

20世纪50~70年代，出现了以索洛、斯旺、卡尔多和拉姆齐—卡斯—库鲁曼斯等模型为代表的新古典增长理论。索洛以柯布—道格拉斯生产函数为基础，把资本、劳动和技术看成是影响经济增长的主要因素，对技术进步贡献率进行估计，并将技术进步解释为经济增长的主要原因，并相应建立了新古典经济增长模型。但索洛模型把技术进步作为外生变量，给进一步揭示经济增长机理带来了困难，特别是由收益递减造成的困难。

3. 新经济增长理论

内生经济增长理论是继新古典经济增长理论之后，关于经济增长的主流理论。自20世纪80年代中期以来，以罗默（Paul Romer, 1990）、卢卡斯（Robert Lucas, 1988）和格罗斯曼（Gene M. Grossman）等为代表的"新增长理论"把技术进步、创新能力看成是促进经济增长的重要因素，强调知识、技术对经济增长的推动作用。把新古典经济增长模型中的"劳动力"的定义扩大为人力资本投资，即人力不仅包括绝对的劳动力数量和改进所处的平均技术水平，而且还包括劳动力的教育水平、生产技能训练和相互协作能力的培养等，这些统称为"人力资本"，在理论上第一次提出了技术进步内生增长模型，主要包括罗默的知识驱动模型、卢卡斯的人力资本模型、斯科特模型和格罗斯曼的研究开发模型等。

在罗默模型中，生产要素的收益问题是经济增长的一个重要因素，特殊知识和专业化的人力资本是经济增长的主要因素。知识和人力资本不仅能自身形成递增的收益，而且能使资本和劳动要素投入产生递增收益，从而使整体经济的规模收益呈现递增。递增的规模收益是保证经济长期增长的必要条件。罗默（2000）认为，长期的经济增长是由技术进步（含制度变迁）推动的，而短期的经济增长是由资本和劳动等要素投入的增加推动的。卢卡斯的人力资本模型将人力资本作为一个独立的因素纳入经济增长模型，把舒尔茨的人力资本概念和索洛化的技术进步概念具体化为"每人的""专业化的"人力资本。斯科特模型认为资本投资决定技术进步从而对经济增长起决定性的作用，更加强调资本投资的作用，在经济增长中知识和技术对劳动力质量和劳动力效率有重要影响。

从经济增长的理论和现实可以看出：在技术不变或虽有变化但影响较小时，经济增长主要取决于劳动、资本和土地等生产要素投入量的有效增加，其中技术进步是长期经济增长的最重要、最关键的因素。当经济发展到一定程度，无论是资本还是劳动的投入都是有限的，所以产业的发展要由粗放型转向集约型，即主要依靠生产要素投入量的增加向主要依靠技术进步来促进经济增长。

三、区域经济理论

区域经济理论是 20 世纪 20~40 年代建立的新型科学，是以经济学的观点研究"资源不均匀分配且不能完全自由流动的实践中，各经济区域的差异以及各地区间的关系的科学"。比较有代表性的有如下理论。

1. 梯度推移理论

梯度推移理论是把工业的生命循环周期理论引用到区域经济发展中，认为产业结构、新技术与生产力等遵循由高梯度地区向低梯度地区转移的规律。同时，在特定范围内，经济技术的发展存在着差异，且这种差异呈现出多层次的梯度推移。这种状况既是经济技术发展不平衡的结果，也是经济技术高度化的基础。这种经济发展水平的变化与推移样式，已经在一定程度上得到实践的证明。我国一些学者把全国东、中、西三大经济地带看成三个不同的梯度区，认为通过梯度推移，西部地带在产业技术加速转移中会逐渐缩小与沿海地区经济发展的差距。

因此，梯度推移理论强调不同的区域存在技术等方面的差距，各区域应按综合经济实力选择与自己相适合的产业，通过区域之间分工与协作，逐步缩小区域间的经济技术梯度，从而实现区域经济均衡发展。

2. 增长极理论

增长极理论最初是由法国经济学家弗朗索斯·佩鲁在 20 世纪 50 年代提出来的。该理论概括和总结了空间经济发展不平衡的原因，借助了物理学中的"磁极"概念，认为受力场的经济空间中存在着若干个中心或极，产生类似"磁极"作用的各种离心力和向心力，每一个中心的吸引力和排斥力都产生相互交汇在一定范围的"场"。这个增长极可以是部门的，也可以是区域的。该理论主要观点是，区域经济发展主要依靠条件较好的少数地区和少数产业带动，应把少数区位条件好的地区和少数条件好的产业培育成经济增长极，充分发挥其"极化效应"和"扩散效应"。"极化效应"即指"增长极以其较强的经济技术实力和优越条件将周围区域的自然及社会经济潜力吸引过来，如矿产资源、原材料、劳动力、投资、地方工业或企业；"扩散效应"即增长极对周围地区投资及其他经济技术支援，形成附属企业或子公司，为周围地区初级产品提供市场，吸收农业剩余劳动力等"。

增长极理论从两个方面打破了传统的经济均衡，为区域经济发展理论提供了新的研究思路。一是增长极理论不提倡区域经济发展的均衡增长；二是引入了空间变量，丰富了经济内容。增长极理论强调区域经济发展的非平衡性增长，区域经济在发展过程中，根据本地区特点将稀缺资源尽可能地集中投入，以提高少数地区的投资效益和发展潜力，并强化其经济实力，使其与周围区域形成差异性，最终通过市场机制的传导来使整个区域经济得到发展。

3. 空间扩散理论

在对扩散问题进行不同角度的研究中，较为著名的是缪尔达尔的极化—扩散理论。其主要观点是，"区域间的不平衡性，是在市场经济作用下，区域经济增长不均衡的扩散而逐渐演变的"。例如，某一区域形成优势积累率先发展起来后，就会不断吸引周边较不发达地区的人才和资金向优势区域流动，从而导致这些地区的经济滞后，形成"极化效应"。而当核心区有较高的经济发展水平时，技术和资金就会由核心区向周边区域扩散，推动周边区域的经济发展，形成"扩散效应"。这种"极化效应"和"扩散效应"形成了核心区域和周边区域之间的互动关系。

空间扩散理论为区域经济发展和"扩散效应"提供了科学的理论依据。在具有比较优势的中心城市区域，由于"扩散效应"，使周边较为落后经济逐渐转化为快速发展的经济状态，从而迅速提升整个区域的经济水平。由于区域间要素禀赋及发展水平的差异，区域经济学不仅要研究区域内的资源配置、产业结构及其变动和经济发展战略等，而且由于区域作为一国的空间组成部分，还要研究区域间的经济联系，才能促使其协调、均衡发展。

四、系统科学理论

1. 协同学及其基本思想

协同学（Synergetics）是20世纪70年代由德国斯图加特大学教授，著名物理学家赫尔曼·哈肯（H. Haken）在多学科基础上创建的一门交叉学科，它与法国著名数学家托姆的突变理论和比利时学者普利高津的耗散结构理论一起被人们誉为20世纪的前沿理论。

（1）协同学的内涵。"协同"一词源于古希腊语，本意为合作，即协同作用，哈肯称协同学为"协调合作之学"（Science of Cooperation），它是研究开放系统通过内部子系统间的协同作用而形成有序结构机理和规律的学科，是自组织理论的重要组成部分。

（2）协同学的基本思想。"协同"在本质上是指"协同作用"。这种作用所产生的结果可以称为"协同效应"，这种效应是指开放系统中大量子系统相互作用而产生的整体效应或集体效益，而这种整体效应是子系统层次所不具备的。协同学从统一的观点处理一个系统各部分之间的相互作用，导致宏观水平上结构和功能的协作。协同学的理论核心是自组织理论（研究自组织的产生与调控等问题），实际上就是系统内部各要素或各子系统相互作用和有机整合的过程。在此过程中强调系统内部各个要素（或子系统）之间的差异与协同，强调差异与协同的辩证统一必须达到的"1+1>2"的整体效应等。不论是在自然界中还是在社会系统中，都存在结构千差万别的系统。不管在系统间还是在系统内部，均存在协同作用。绝对没有协同作用的系统在客观上是不存在的。在外来能量的作用下或物质的聚集态达到某种临界值时，子系统之间的协同作用能使系统在临界点发生质变，从无序变为有序，从混沌中产生某种稳定结构。这种转化过程反映着自然界和社会系统不断演化与发展的机制。

按照协同学的思想，协同的实质在于强调事物或系统在发展过程中其内部各要素或各子系统之间保持合作性、集体性的状态和趋势，它强调系统中诸要素或子系统间在操作、运行过程中的合作、协调和同步。它包括两层含义：一是指事物或系统内部各要素之间的相互配合；二是指事物或系统从一种无序状态到另一种有序状态的转化过程，其内部要素的相对独立性而产生的无规则运动变为各要素之间的相互作用，从而产生新的质变的过程。协同有助于整个系统的稳定和有序，能从质和量两个方面放大系统的功能，创造出局部所没有的整体功能。可以说，协同学为研究经济学、社会科学以及管理科学等诸多领域的协同问题奠定了理论基础。

2. 耗散结构理论

耗散结构理论（Dissipative Structure Theory）是由比利时布鲁塞尔学派创始人、诺贝尔奖获得者普利高津（Prigogine）于20世纪70年代在"理论物理和生物学"国际会议上提出的,普利高津在谈到简单性和复杂性问题时提出科学研究需要从简单向复杂转化的观点,并由此提出耗散结构理论。耗散结构的概念是相对于平衡结构的概念提出来的。普利高津认为,一个复杂系统应当由大量互相作用的基本单元组成。这个系统(不论其是力学的、物理的、化学的、生物的系统,还是社会的、经济的系统)应当是开放的,可以与外界环境不断进行物质、能量和信息的交换,在外部条件变化达到某一特定阈值时,量变可能引起质变,就可能从原来的无序状态转变为一种时间、空间或功能的有序状态,这种远离平衡态的、稳定的、有序的结构称之为"耗散结构"。这种学说回答了开放系统如何从混沌走向有序的问题。

耗散结构是在远离平衡区的非线性系统中所产生的一种稳定化的自组织结构。在一个非平衡系统内有许多变化着的因素,它们相互联系、相互制约,并决定着系统的可能状态和可能的演变方向。一个典型的耗散结构的形成与维持至少需要具备四个基本条件:第一,系统必须是开放系统,孤立系统和封闭系统都不可能产生耗散结构。第二,系统必须处于远离平衡的非线性区,在平衡区或近平衡区都不可能从一种有序走向另一种更为高级的有序。第三,系统中必须有某些非线性动力学过程,如正负反馈机制等,正是这种非线性相互作用使得系统内各要素之间产生协同动作和"相干效应",从而使系统从杂乱无章变为井然有序。第四,系统从无序向有序演化是通过随机的涨落来实现的。普利高津指出,一个开放系统可以从外界吸收负熵流来抵消自身的熵产生,使系统总熵逐步减少,从而实现从无序到有序,从简单到复杂的演化。耗散结构理论证明,系统在平衡态和近平衡态都不可能产生新的有序结构,只有处于远离平衡态才有可能向有序、有组织、多功能方向发展。因此,普利高津指出"非平衡是有序之源"。由于耗散结构理论的建立,过去被看作对整体行为偏差的涨落干扰在不稳定性中可以成为建设性因素。

3. 复杂适应系统(CAS)理论

复杂适应系统(Complex Adaptive System,CAS)理论是霍兰(Holland)于1994年提出的。复杂适应系统理论的提出对于人们认识、理解、控制、管理复杂系统提供了新的思路。其基本思想是:系统中的个体(元素)被称为主体(Agent),主体是具有自身目的性与主动性,有活力(Active)和适应性的个体。主体可以在持续不断地与环境以及其他主体的交互作用中

"学习"和"积累经验",并且根据学到的"经验"改变自身的结构和行为方式,正是这种主动性及主体与环境的、其他主体的相互作用,不断改变着它们自身,同时也改变着环境,才是系统发展和进化的基本动因。其基本思想用一句话概括就是"适应性造就复杂性"。值得注意的是,适应性是产生复杂性的机制之一,而不是复杂性的唯一来源。

综上所述,复杂适应系统理论,就是把系统的成员看作是具有自身适应性与主动性的个体,而这种主动性以及与环境反复的、相互的作用,促进了整个系统的发展和进化。该理论的创立为人们深刻认识、理解、研究、分析、设计、管理一大类复杂系统提供了新的思路,而且已经在经济、生物、生态、社会等相关领域获得了一定的应用。

第三章

中国物流产业的发展现状及国际经验借鉴

第一节　中国物流产业发展的现状及存在的问题

一、中国物流产业发展现状与特征

1. 物流产业规模不断扩大，物流需求持续增长

近些年来，随着我国国民经济快速稳定的发展，以及国家各项利好政策的推行，我国物流产业取得了长足的发展，总体规模不断扩大，服务水平显著提高，发展的环境和条件也在不断改善。从我国社会物流总额[①]的数量上看，近20年来我国社会物流总额一直呈现逐步上升的趋势，由1997年的124138亿元到2017年的2528000亿元，增长了20倍还多。2017年，全国物流产业增加值为3.7万亿元，物流产业增加值占GDP的比重为1.1%，占服务业增加值的比重为2.12%。根据历年统计年鉴有关数据测算，我国的物流需求系数[②]一直呈现上升的趋势，从1997年的1.57上升到2017年的

[①] 社会物流物品总额是指在一定时期内，初次进入需求领域，产生从供应地向接受地实体流动的物品的价值总额。主要包括以下五个方面的内容：①进入社会物流领域的农产品物流总额；②工业品物流总额；③进口货物物流总额；④再生资源物流总额单；⑤单位与居民物品物流总额。包括铁路、航空运输中的行李、邮递业务中包裹、信函、社会各界的各种捐赠物、单位与居民由于搬家迁居形成的物品装卸搬运与运输等。

[②] 物流需求系数指社会物流总额与GDP的比值。

3.05，反映了物流总额对每单位 GDP 的支撑作用也在逐年增加，这也充分表明我国工业化、城镇化、国际化、市场化的发展及社会经济的发展，对于现代物流产业的发展有较大的依赖性，并且依赖程度趋于增强。从我国物流需求的收入弹性①来看，近20年来均是大于1的，说明其是富有弹性的，说明 GDP 的变动情况受物流总额的变化情况影响较大，在一定程度上说明我国物流产业是国民经济中重要的产业部门，如表3-1和图3-1所示。

表 3-1 1997~2017 年我国 GDP 及社会物流总额变动情况

单位：亿元

年份	国内生产总值（GDP）	社会物流总额	物流产业增加值	物流需求系数	物流需求收入弹性
1997	78973.04	124138	5398	1.57	2.05
1998	84402.28	129388	5858	1.53	2.11
1999	89677.05	139717	6416	1.56	2.07
2000	99214.55	171427	6887	1.73	1.87
2001	109655.17	195442	7429	1.78	1.81
2002	120332.69	233597	7927	1.94	1.66
2003	135822.76	296596	9112	2.18	1.48
2004	159878.34	385038	10776	2.41	1.34
2005	184937.37	481983	12271	2.61	1.24
2006	216314.43	595976	14120	2.76	1.17
2007	265810.31	752283	16891	2.83	1.14
2008	314045.43	899907	19965	2.87	1.13
2009	340902.81	966500	23100	2.84	1.14
2010	397983.15	1254130	27310	3.15	1.03
2011	471564	1584000	32000	3.36	1.34
2012	538579.95	1773000	36000	3.29	1.23
2013	592963.23	1978000	39000	3.34	1.16
2014	641280.57	2135000	35000	3.33	1.20
2015	685992.95	2192000	36165	3.20	1.12
2016	740060.8	2297000	36786	3.10	1.14
2017	827122	2528000	37245	3.05	1.08

资料来源：根据1998~2018年《中国统计年鉴》和中国国家统计局网站数据整理。

① 物流需求收入弹性，指物流总额变动的百分比与 GDP 变动的百分比的比值。

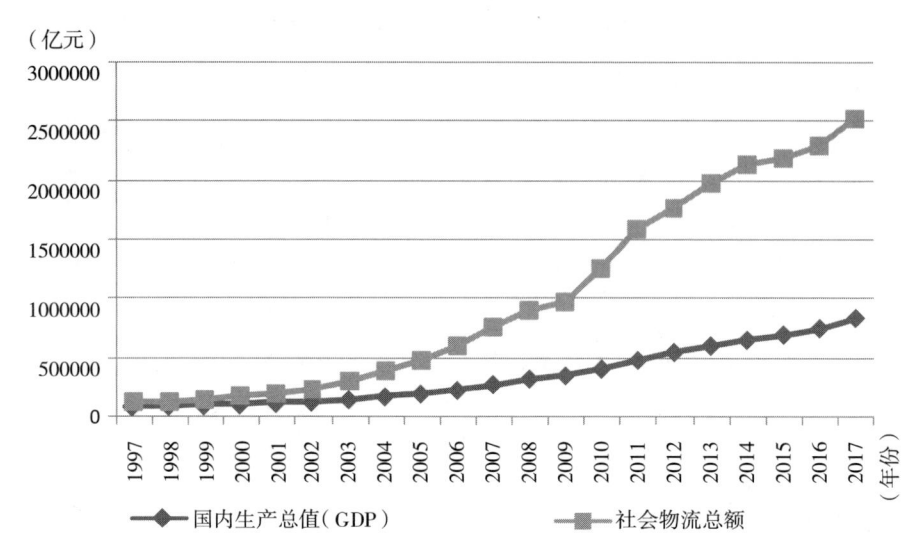

图 3-1　1997~2017 年我国国内生产总值与社会物流总额变动趋势

从社会物流总额的构成上看，各组成部分近 20 年来一直保持着明显的上升趋势。其中工业品物流总额所占的比重最大，明显高于其他组成部分。2017 年，我国工业品物流总额为 234.5 万亿元，按可比价格计算，同比增长 6.6%，占社会物流总额的比重为 92.8%，已经成为推动我国物流产业发展的中坚力量。进口货物物流总额为 12.5 万亿元，同比增长 8.7%，增长比上年提高 1.3 个百分点。农产品物流总额与居民物流总额同比增长 3.9% 和 29.9%，再生资源物流总额同比下降 1.9%（见表 3-2 和表 3-3）。

表 3-2　1997~2017 年我国社会物流总额构成情况　　单位：亿元

年份	工业品	农产品	进口货物	再生资源	单位与居民物品	合计
1997	102501	8996	11817	746	78	124138
1998	107688	9160	11626	827	86	129388
1999	115827	9138	13736	917	98	139717
2000	142000	9634	18660	1017	116	171427
2001	163739	10291	20159	1127	126	195442
2002	196799	10986	24431	1249	132	233597
2003	249570	11261	34193	1385	187	296596
2004	324876	11970	46467	1535	190	385038

续表

年份	工业品	农产品	进口货物	再生资源	单位与居民物品	合计
2005	413161	12748	54093	1776	205	481983
2006	516864	13546	63267	2059	240	595976
2007	660878	15949	72627	2436	493	752283
2008	798622	18638	78603	2529	562	899907
2009	873716	19330	68621.5	2899.5	1933	966500
2010	1131031	22355	94305	4464	1975	1254130
2011	1436000	26000*	112000	6000*	2000*	1584000
2012	1620000	28000*	115000	7000*	2800*	1773000
2013	1815000	31000*	121000	8000*	3500*	1978000
2014	1969000	33000	120000	8455	3696	2135000
2015	2040000	35000	104000	8616	5078	2192000
2016	2140000	36000	105000	9000	7000	2297000
2017	2345000	37000	125000	11000	10000	2528000

注：由于 2012~2014 年物流年鉴中没有给出农产品物流总额、再生资源物流总额和单位居民物流总额的确切数值，故按照上年数值估计计算得出。

表 3-3 2017 年我国社会物流总额构成及增长变动情况

项目	同比增长（%）	在物流总额中所占比重（%）
农产品物流总额	3.9	1.5
工业品物流总额	6.6	92.8
进口货物物流总额	8.7	4.9
再生资源物流总额	-1.9	0.4
单位与居民物流总额	29.9	0.4

资料来源：中国物流与采购联合会。

2. 社会物流总费用占 GDP 的比重稳中有降，物流运行效率有所提高

近 20 年来，我国对物流产业的投入不断增加。我国社会物流总成本一直保持逐年上升的趋势。从物流总费用的构成上看，运输费用所占的比例最大，这说明用于运输功能的物流得到的投入是最多的。但是我国社会物流总费用占 GDP 的比重却呈现逐年下降趋势，表明我国物流活动的运行效率是不断提高的，具体情况如表 3-4 和图 3-2 所示。

表 3-4　1997~2017 年我国物流总费用情况　　　　　单位：亿元

年份	运输费用	保管费用	管理费用	社会物流总费用	国内生产总值（GDP）	物流总费用占GDP的比重（%）
1997	8218	5820	2629	16667	78973.04	21.11
1998	8668	5625	2728	17021	84402.28	20.17
1999	9533	5344	2937	17814	89677.05	19.87
2000	10070	5975	3185	19230	99214.55	19.38
2001	10813	6458	3348	20619	109655.17	18.8
2002	12000	7281	3460	22741	120332.69	18.9
2003	14068	8057	3570	25695	135822.76	18.92
2004	16932	8981	4089	30002	159878.34	18.77
2005	18639	10632	4590	33860	184937.37	18.31
2006	21018	12331	5066	38414	216314.43	17.76
2007	24708	14943	5755	45406	265810.31	17.08
2008	28669	18928	6945	54542	314045.43	17.37
2009	33600	19955	7244	60826	340902.81	17.86
2010	38321	24044	8619	70984	397983.15	17.84
2011	44000	29000	10000	84000	471564	17.81
2012	49000	33000	12000	94000	538579.95	17.45
2013	54000	36000	13000	102000	592963.23	17.2
2014	56000	37000	13000	106000	641280.57	16.53
2015	58000	37000	14000	108000	685992.95	15.74
2016	60000	37000	14000	111000	740060.8	15
2017	66000	39000	16000	121000	827122	14.63

资料来源：根据 1997~2018 年《中国统计年鉴》整理。

2017 年全国社会物流总费用为 12.1 万亿元，同比增长 9.2%。其中，运输费用 6.6 万亿元，同比增长 10.9%，比上年提高 7.6 个百分点，占社会物流总费用的比重为 54.5%；管理费用 1.6 万亿元，同比增长 8.3%，占社会物流总费用的比重为 13.2%，同比提高 2.7 个百分点；保管费用 3.9 万亿元，同比增长 6.7%，增幅比上年提高了 5.4 个百分点，占社会物流总费用的比重为 32.23%，2017 年社会物流总费用与 GDP 的比率为 14.63%，同比基本持平，社会经济运行的物流成本仍然较高。具体情况如图 3-3 所示。

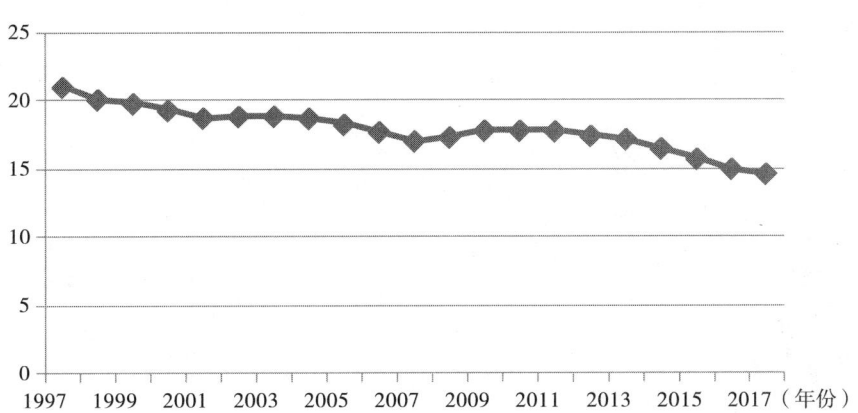

图 3-2　1997~2017 年我国社会物流总费用占 GDP 比重变动趋势

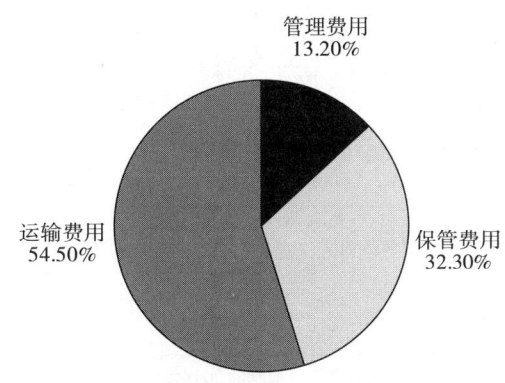

图 3-3　2017 年社会物流总费用构成情况

3. 物流产业固定资产投资快速增长，基础建设投资速度加快

近 20 年来，我国物流产业的固定资产投资额一直保持逐年上升的趋势，从 1997 年的 2367.2 亿元上升到 2017 年 42028.2 亿元，增长了接近 20 倍，可见我国物流产业发展速度之快。从固定资产投资的构成上来看，无论是对交通运输业、仓储业、批发零售业、流通加工包装业，还是邮政业一直保持着逐年上升的趋势，并且对交通运输业的投资占对物流产业投资的比例最高，充分说明交通运输也是国民经济的"先行官"，同样也是发展物流产业的基础，如表 3-5 所示。

表 3-5　1997~2017 年我国物流产业固定资产投资额　　单位：亿元

年份	交通运输业	仓储业	批发零售业	流通加工、包装业	邮政业	物流产业合计
1997	2113.2	52.2	149.2	6.8	45.8	2367.2
1998	3082	69.9	185	6.5	58.1	3401.6
1999	3164.7	130.6	185.8	6.4	46	3533.5
2000	3194.6	95.3	194.5	7.7	62.7	3554.7
2001	3589.4	91.4	202.2	8.7	64.6	3956.4
2002	4154.9	115.5	231.7	12	39.4	4553.6
2003	4861	161.5	510.2	23.5	38.3	5594.4
2004	6319.6	341.1	838.7	34.2	36.9	7570.6
2005	7749.6	356.5	1103.8	45.5	37.9	9293.1
2006	9774.9	469.8	1827	57.8	39.9	12169.4
2007	10972	748	2444	75	42	14281
2008	13122	1122	3166	97	—	17508
2009	19000	1766	4451	—	—	26000
2010	23221	2238	5216	—	—	30675
2011	25395.7	2896	7439.4	—	99	35731.1
2012	26000	3843.7	6448.4	—	127.5	36419.6
2013	20080.7	—	8308.2	—	—	28388.9
2014	25088.7	—	11695.2	—	—	36783.9
2015	29471.5	—	15296.7	—	—	44768.2
2016	25037.8	—	12986.2	—	—	38024
2017	29645.4	—	12382.8	—	—	42028.2

注：数据主要根据历年《中国统计年鉴》（1998~2018 年）整理，由于从 2013 年开始，统计口径发生变化，流通加工、包装未做单独统计，年鉴中将交通运输业、仓储业、邮政业合并在一起，故表格中以交通运输业代表整体数值。

随着物流产业固定资产投资的持续较快增长，物流基础设施的条件得到明显改善。主要表现在，我国铁路、公路、内河、民航和管道历程呈逐年上升趋势（见表 3-6）。截至 2017 年，全国铁路营业里程达到 12.7 万公里，其中高铁运营里程达到 25040 公里，居世界第一位[①]，铁路货运运力的"瓶颈"得到了缓解。全国的公路里程达到 477.35 万公里，其中高速公路里程达到 13.64 万公里[②]。全国内河行道里程达到 12.7 万公里，沿海港口深

---

① 资料来源：中国轨道交通网（www.rail-transit.com）资料。
② 资料来源：中国公路网（www.chinahighway.com）《2017 年交通运输行业发展统计公报》。

水泊位6209个,通过能力达86.55亿吨①。同时,铁路物流中心建设不断推进,物流园区(基地、中心)等物流设施发展较快。截至2017年,我国已建成了9个物流中心,从而扩大了物流市场的规模和覆盖范围。从运输方式上看,逐步形成了铁路、公路、航空、港口和海运有机结合的态势。有效促进区域间资源流动,提高物流运行效率。

表3-6 1997~2017年我国交通基础设施建设发展情况　　单位:万公里

年份 指标	铁路营业里程	公路线路里程	内河航道里程	民航航线里程	管道输油(气)里程
1997	5.76	122.64	10.98	142.50	2.04
1998	5.76	127.85	11.03	150.58	2.31
1999	5.79	135.17	11.65	152.22	2.49
2000	5.87	140.27	11.93	150.29	2.47
2001	7.01	169.8	12.15	155.36	2.76
2002	7.19	176.52	12.16	163.77	2.98
2003	7.3	180.98	12.40	174.95	3.26
2004	7.44	187.07	12.33	204.94	3.82
2005	7.54	334.52	12.33	199.85	4.40
2006	7.71	345.7	12.34	211.35	4.81
2007	7.80	358.37	12.35	234.3	5.45
2008	7.97	373.02	12.28	246.18	5.83
2009	8.55	386.08	12.37	234.51	6.91
2010	9.12	400.82	12.42	276.51	7.85
2011	9.32	410.64	12.46	349.06	8.33
2012	9.76	423.75	12.5	328.01	9.16
2013	10.31	435.62	12.59	410.6	9.85
2014	11.18	446.39	12.63	463.72	10.57
2015	12.1	457.73	12.7	531.72	10.87
2016	12.4	469.63	12.71	634.81	11.34
2017	12.7	477.35	12.7	748.3	11.93

资料来源:根据历年《中国统计年鉴数据》(1998~2018年)整理。

4. 交通运输能力有了显著提升

交通基础设施的增加带来了交通运输能力的提升。截至2017年,全国的

---

① 资料来源:中国产业信息(www.chyxx.com)。

货物运输量为480.5亿吨，比2016年增长了9.5%，其中，铁路货物运输量为36.9亿吨，比上年增长10.7%；公路货物运输量为368.7亿吨，比2016年增长了10.3%；水路货物运输量为66.8亿吨，比上年增长了4.6%；航空货运数量为705.9万吨，比上年上升了5.7%；管道货物运输量为8.1亿吨，比2016年增长了9.76%。

1997~2017年，我国货物运输量有了较大的提升，总增长幅度为275.9%，平均年增幅为13.8%。其中，增幅最快的是水路运输，年增幅达到24.45%，其次为航空运输，年平均增幅为23.3%，增长幅度最低的是铁路运输，年平均增幅仅为5.71%，如表3-7和图3-4所示。

表3-7 1997~2017年我国货物运输量变化　　　　　　　　单位：万吨

年份	货运量总计	铁路	公路	水运	民航	管道
1997	1278218	172149	976536	113406	124.7	16002
1998	1267427	164309	976004	109555	140.1	17419
1999	1293008	167554	990444	114608	170.4	20232
2000	1358682	178581	1038813	122391	196.7	18700
2001	1401786	193189	1056312	132675	171	19439
2002	1483447	204956	1116324	141832	202.1	20133
2003	1564492	224248	1159957	158070	219	21998
2004	1706412	249017	1244990	187394	276.7	24734
2005	1862066	269296	1341778	219648	306.7	31037
2006	2037060	288224	1466347	248703	349.4	33436
2007	2275822	314237	1639432	281199	401.8	40552
2008	2585937	330354	1916759	294510	407.6	43906
2009	2825222	333348	2127834	318996	445.5	44598
2010	3241807	364271	2448052	378949	563	49972
2011	3685000	393000	2813000	423000	552.8	54000
2012	4100436	390438	3188475	458705	545	62274
2013	4098900	396697	3076648	559785	561.3	65209
2014	4167296	381334	3113334	598283	594.1	73752
2015	4175886	335801	3150019	613567	629.3	75870
2016	4386763	333186	3341259	638238	668	73411
2017	4804850	368865	3686858	667846	705.9	80576
总增幅	275.9%	114.27%	277.54%	488.9%	466.08%	403.54%
年平均增幅	13.8%	5.71%	13.88%	24.45%	23.3%	20.18%

资料来源：根据历年《中国统计年鉴》（1998~2018年）及中国统计局网站数据整理。

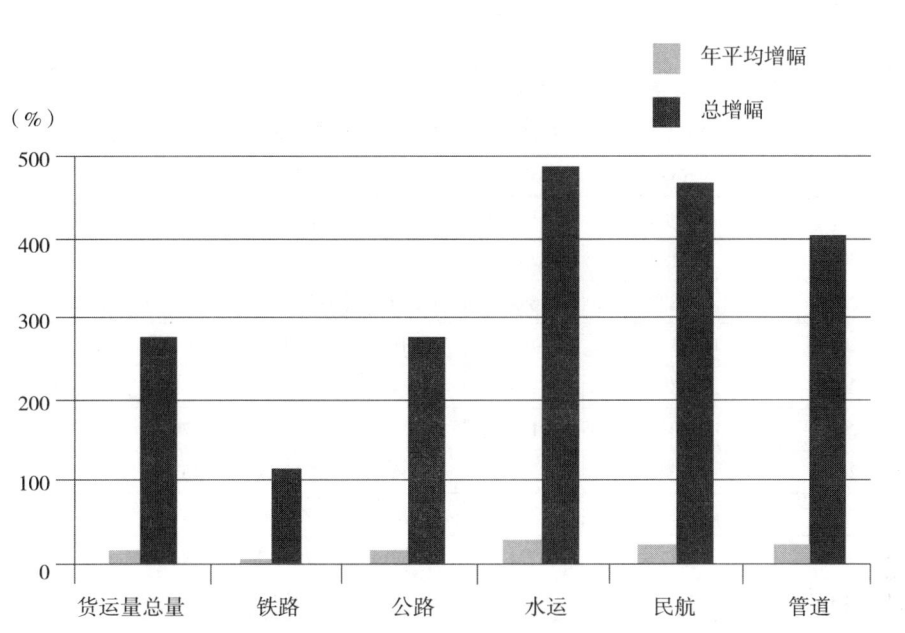

图 3-4　1997~2017 年我国货物运输量增长率情况

1997~2017 年，我国货物运输周转量也以较快的速度增长，全社会总的货物运输周转量年平均增幅为 20.7%，其中增长最快的是公路货物运输周转量，年平均增幅为 58.34%；其次为民航运输周转量，年平均增幅为 36.85%；增长最慢的是铁路运输周转量，年平均增幅仅为 5.16%。如表 3-8 和图 3-5 所示。

表 3-8　1997~2017 年我国货物运输周转量变化　　单位：亿吨，公里

年份	货物周转量总计	铁路	公路	水运	民航	管道
1997	38385	13269.9	5271.5	19235	29.1	579
1998	38089	12560.1	5483.4	19405.8	33.45	606
1999	40568	12910.3	5724.3	21263	42.34	628
2000	44321	13770.5	6129.4	23734.2	50.27	636
2001	47710	14694.1	6330.4	25988.9	43.72	653
2002	50686	15658.4	6782.5	27510.6	51.55	683
2003	53859	17246.7	7099.5	28715.8	57.9	739
2004	69445	19288.8	7840.9	41428.7	71.8	815
2005	80258	20726	8693.2	49672.3	78.9	1088

续表

年份	货物周转量总计	铁路	公路	水运	民航	管道
2006	88840	21954.4	9754.2	55485.7	94.28	1551
2007	101419	23797	11354.7	64284.8	116.39	1866
2008	110300	25106.3	32868.2	50262.7	119.6	1944
2009	122133	25239.2	37188.8	57556.7	126.23	2022
2010	141837	27644.1	43389.7	68427.5	178.9	2197
2011	159014.1	29465.8	51333.2	75196.2	171.7	2847.2
2012	173804	29187.1	59534.9	81707.6	163.89	3211
2013	168014	29173.9	55738.1	79435.7	170.29	3496
2014	181668	27530.2	56846.9	92774.6	187.77	4328
2015	178356	23754.3	57955.7	91772.5	208.07	4665
2016	186629	23792.3	61080.1	97338.8	222.45	4196
2017	197373	26962.2	66771.5	98611.2	243.55	4784
总增幅	414.19%	103.18%	1166.7%	412.67%	736.94%	726.25%
年均增幅	20.7%	5.16%	58.34%	20.63%	36.85%	36.31%

资料来源：根据中国统计局网站数据及历年《中国统计年鉴》（1998~2018年）计算整理。

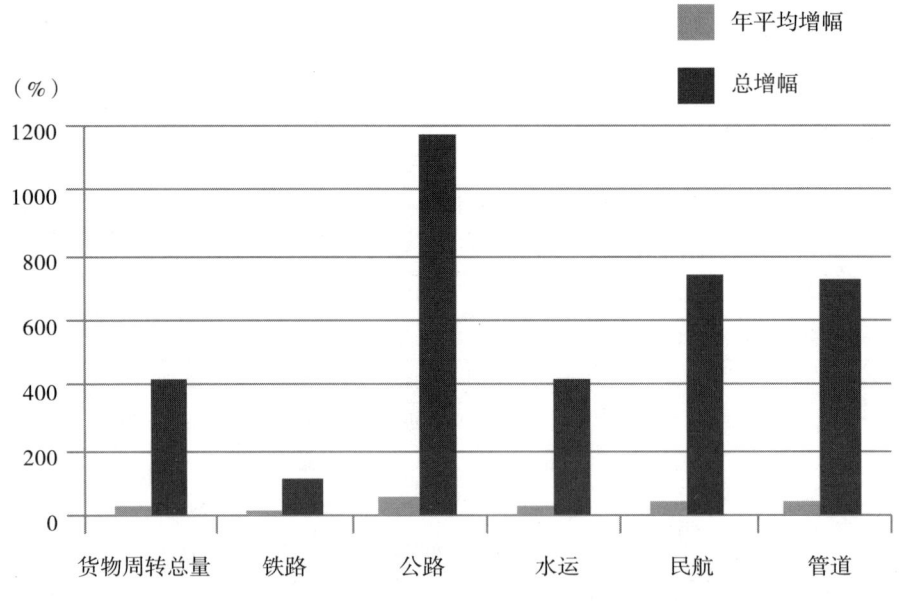

图3-5 1997~2017年我国货物运输周转量增长率

5. 物流企业快速成长，物流市场更加开放

随着我国物流产业不断加快对外开放与国际市场接轨的步伐，物流企业快速成长，基本上形成了由多种所有制、不同经营规模和服务模式构成的物流企业群体。2017年全国重点企业物流统计调查显示，2017年前50家物流企业（可见附录1）2016年主营业务收入达8299亿元，同比增长6.9%，其中，中国远洋运输总公司主营业务收入超过1000亿元，中国外运长航集团有限公司等19家企业主营业务收入超过100亿元，其余37家物流企业主营业务收入都超过20亿元。从前50家物流企业的入围门槛看，呈现逐年提高的趋势，由2004年的2亿元提高到2017年的28.5亿元。2017年排名前10位的物流企业主营业务收入占比为6.57%，显示出市场集中度有所提升。2017年，主营业务收入前50家物流企业中，国有企业21家，占比42%，私营企业25家，占比50%，外资企业4家，占比8%。从类型上看，运输型、仓储型物流企业43家，占比超过80%。若按地域来看，前50强物流企业中，东部地区所占比重为82%，中部地区所占比重为14%，而西部地区只占13%，可见物流产业的发展水平与区域经济存在一定的相关性。

6. 区域物流布局调整转移

近年来，中西部地区承接东部地区产业转移趋势明显，带动物流需求持续旺盛，区域物流布局加快向中西部倾斜。从规模来看，我国东部地区物流需求远远高于其他区域，整体物流规模大、物流基础设施较为完善、物流企业发展水平较高。但是，中西部地区和东北地区凭借承接产业转移带来的巨大物流增量，无论是物流需求，还是基础设施都保持了较快的增长速度。2017年，四川省交通建设投资共完成1200亿元，同比增长29.2%，高于全国平均增幅22个百分点，成为全国首个年度交通建设完成投资突破千亿元的省份；全年完成公路货运量15.82亿吨，货物周转量1677亿吨公里，同比分别增长8.32%和7.16%[①]。湖北省交通建设投资完成805亿元，高速公路总里程突破6252千米；在建港航项目总投资达到150亿元，港口货物吞吐量达到3.69亿吨[②]。

7. 物流的信息化建设取得成效

物流信息系统是物流系统的灵魂。2000年以来，物流信息化加快发展，

---

① 根据《2018四川交通年鉴》《2018四川统计年鉴》资料整理。
② 根据《2018湖北统计年鉴》资料整理。

根据工业和信息化部推进司发布的物流信息化动态分析报告，截至2010年，已有70.5%的企业进行了信息化投资，建立了企业管理信息系统。主要有电子订货系统、销售时点系统、仓储管理、运输管理、采购管理、货运代理、客户关系管理等、网上支付系统、物品跟踪与查询等，企业资源计划和供应链管理软件应用也开始普及。通过这些软件的应用，物流企业可以与客户进行信息共享、流程对接，加快了融入客户供应链体系的进程，在很大程度上提高了物流的信息化水平。

物流信息平台建设取得突破。2011年，交通运输部已经明确提出在试点示范的基础上，把浙江省物流信息公共平台建设成国家交通物流信息共享平台。该信息平台实现了与浙江电子口岸、宁波电子口岸、顺丰快递等信息系统互联；完成了与中国电信的手机定位链接；中远物流、中远集运开始接入平台以推动其与上下游客户的数据对接。黑龙江、内蒙古、福建、安徽、湖北等省区也启动区域平台的实质性对接。

二、中国物流产业发展中存在的问题

1. 物流运行效率偏低，物流运作成本高

目前，物流产业已成为我国重要的产业部门，其降低物耗、促进经济发展的作用早已被广大学术界所接受。但是我国物流产业整体运行效率偏低，物流运作成本高，主要表现在我国物流总费用占GDP的比重一直居高不下，虽然近几年也呈现下降的趋势，但是与美、日等发达国家相比仍然高出1倍左右。美国、日本和中国的物流总费用及其占各自国家GDP的比重情况（见表3-9和图3-6）。中国物流信息中心的数据显示，2010年，我国的物流费用率[①]为9.9%，而日本仅为4.8%[②]，造成我国物流运营成本偏高的原因很多，如油价上涨、仓储资源稀缺等。2017年，我国货物运输总量达480.49万亿吨，77%由公路承担，所支付的路桥费占到了运输成本的20%以上。高价的路桥费给物流产业的发展带来了沉重的负担。

---

① 物流费用率为物流费用与物流物品价值之间的比值。
② 资料来源：戴定一，《经济半小时：聚焦物流顽症之二——顽强的买路钱》。

表 3-9　2007~2011 年美国、日本和中国物流总费用对比

年份	美国		日本		中国	
	物流总费用（万亿美元）	占 GDP 的比重（%）	物流总费用（兆日元）	占 GDP 的比重（%）	物流总费用（万亿元）	占 GDP 的比重（%）
2007	1.39	9.9	46	8.9	4.5406	17.1
2008	1.34	9.4	44.2	8.9	5.4542	17.4
2009	1.10	7.8	—	—	6.0826	17.9
2010	1.21	8.3	—	—	7.0984	17.8
2011	1.28	8.5			8.4	17.8

资料来源：相关数据根据历年《中国统计年鉴》和《中国物流年鉴》《22 次美国物流年鉴》（2012）《日本物流调查书》统计整理，由于近几年美、日数据未获得，故未做对比。

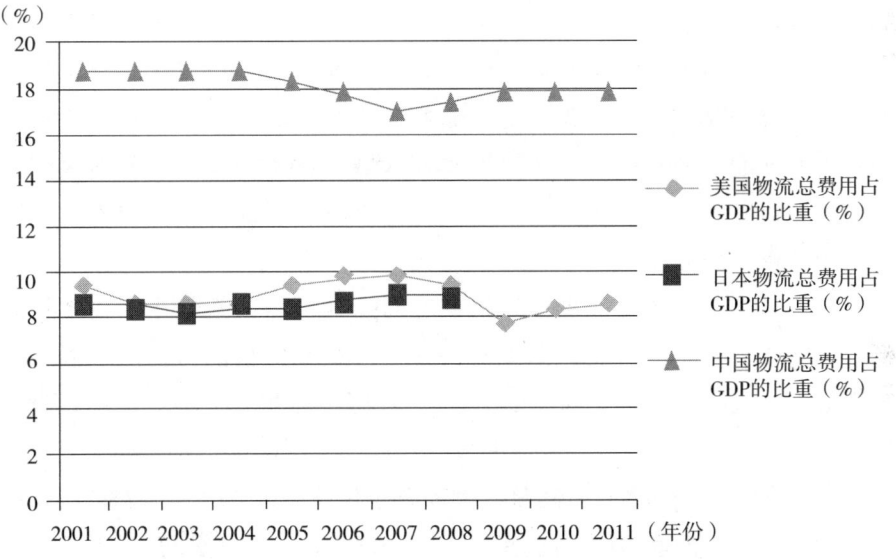

图 3-6　美国、日本、中国物流总费用占 GDP 的比重

从表 3-9 可以看出，美国 2007~2011 年的物流费用一直保持下降的趋势，2008 年的下降幅度较大，主要是由于当时国内的金融危机导致其对物流产业的投入相对减少，但是下降的趋势并没有保持很长时间，到 2010 年又有所回升，2011 年达到 1.28 万亿美元。而日本近些年来物流总费用也是保持缓慢下降的趋势，但是上升的幅度相对较小，主要是因为近些年来，日本政府采取了一系列监督和控制成本的措施，并取得了一定的成效。对于我国来说，物流总费用一直保持上升的趋势。

从图 3-6 可以看出，在三个国家当中，我国物流总费用占 GDP 的比重是最高的，其次是美国，而日本在各个历史时期都处于最低水平，说明我国与美国、日本等发达国家相比还存在一定的差距，总体物流运行效率相对较低，这就要求我国要加快转变经济增长方式，使经济增长从依赖投资、建设和出口转向依赖科技进步。

2. 物流基础设施能力不足，物流中心发展滞后

物流供给和需求的不对称是造成各区域物流产业和经济系统不协调发展的最主要原因。第一，由于受传统计划经济的影响，我国大多数物流企业经营粗放，且条块分割严重、缺乏统一的布局和规划，这些物流企业基本上都是从传统的物资和商业储运企业，以及港口、码头等转运代理点转变过来的，交通运输能力低下，致使物流需求得不到满足。第二，由于我国目前的铁路、公路、水运、航空、管道运输五大运输方式相互之间竞争激烈，还没有形成相互协作、有效配合的局面，而且没有从综合运输体系的角度合理配置资源，导致主要运输通道供求矛盾突出，远远不能适应区域经济发展的需要。第三，交通运输业区域发展不均衡，东部地区交通基础设施相对完善，中西部及东北地区基础设施相对缺乏，部分跨区域通道能力短缺仍十分突出。

物流基础设施能力不足还体现在交通运输网络依然偏小、技术等级偏低、网络覆盖的广度与通达深度有待进一步提高。目前，我国运输网络密度还远远低于发达国家，截至 2017 年，按国土面积和人均数量计算我国铁路的线路网络密度为 126.04 公里/万平方公里，仅为美国的 44%、日本的 23.8%、德国的 12.9%，铁路复线率和电子化率超过 50%；公路的线路网络密度为 4972.36 公里/万平方公里，人均公路里程 34.34 公里/万人，仅为美国的 58%、日本的 13%、德国的 22%。构成我国综合交通网骨干网络的国省干线公路结构不合理，等级偏低，二级以上公路仅占 13%，仍有 0.61% 和 1.65% 的乡镇和建制村未通水泥路①；同时，内河高等级航道等级偏低，这些问题严重制约了我国物流产业的发展。

我国的区域物流中心和物流基地建设同物流基础设施建设一样，同样存在滞后问题，满足不了巨大的物流市场需求，严重阻碍了区域物流产业

---

① 资料来源：中国轨道交通网（www.rail-transit.com）、中国产业信息网（www.chyxx.com）、中国公路网（www.chinahighway.com）资料整理。

的发展。虽然各地区已经规划和建成了不少规模较大的物流园区和场站，但是由于缺乏相关资源，导致其发展过程中问题不断涌现，物流效率低下。就物流园区来看，我国物流园区的建设缺乏全国范围内统一的布局和规划，依然按照行政区域划分，条块分割严重，各自为政的现象尤为突出，这就导致跨地区物流资源整合难以实现。同时，由于各行政区域之间缺乏必要的沟通，难以在建设规模上达到合理化，从而造成资源的浪费。另外，对现有的运输场站和仓储设施利用不充分，造成严重的重复建设现象，大幅提高了物流成本。

3. 物流产业集中度低，物流企业竞争力不强

目前，我国物流产业集中度低。2017年全国重点企业物流统计调查显示，2017年排名前50位的企业物流产业业务收入共达8299亿元，占全国物流相关行业总收入的0.94%。依照贝恩的产业结构衡量标准，可以将我国物流市场判定为产业集中度较低的微粒市场。以零担货运业为例，全国最大的三家零担货运公司占全部市场份额还不到2%，企业难以形成规模效益。

物流企业服务能力不足、竞争力不强。大多数物流企业只是简单地提供仓储和运输服务，而在库存管理、流通加工、物流成本控制、物流信息服务等增值服务方面，尤其是物流方案设计以及全程、一体化物流服务等更高层次的服务方面还没有全面开展。如图3-7所示，2014年，中国现代物流市场调查结果显示，我国物流企业的主要业务仍然是运输、装卸、仓储等传统物流业务，而新兴的物流咨询与系统设计、物流金融及物流地产等高附加值的业务所占比例非常小。中国现有的物流运作供给能力已经超过物流市场需求，而且物流企业的经营能力和服务水平差别并不十分明显，竞争对手之间模仿相对容易。因此，物流企业要想生存，并能发展壮大，就必须不断提高自己的核心竞争能力，提高物流总体服务质量水平。

4. 物流市场成熟度不足，缺乏强有力的物流市场主体

目前，我国的物流市场机制不健全，存在条块分割的现象，物流供求矛盾突出，尤其是中西部地区，在总体上还未形成一个成熟的市场。主要表现在：一是物流市场主体不成熟。物流企业"小、散、乱、弱"问题突出，"大而全""小而全"的工业与商业运作模式低下；同时，物流企业总体规模偏小，资源分散服务功能单一，且发展水平与区域经济社会的发展要求还不适应，与东部地区差距较大。二是物流资源没有完全市场化，没有做到可以自由流动。三是由于缺少必要的法律、标准，导致物流市场运

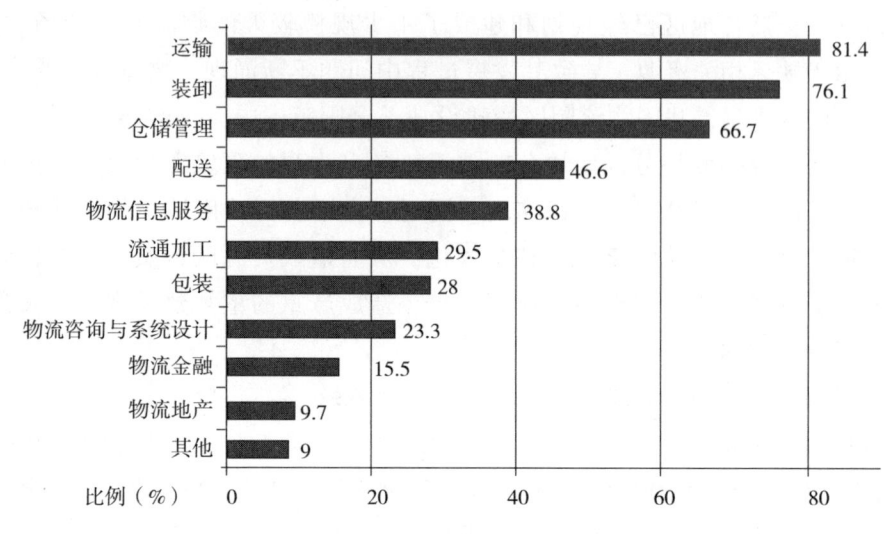

图 3-7 2014 年我国物流企业的业务范围

资料来源：国家发展和改革经济运行调节局、南开大学现代物流研究中心．中国现代物流发展报告 2015 [M]．北京：北京大学出版社，2015.

作极其不规范，同时物流的管理体制不顺、政出多门、形不成合力。此外物流的中介组织也不发达。作为一个成熟的物流市场，应该是一个商流、物流、资金流、信息流相互协同并高效运作的统一市场，而我国目前各区域物流产业发展的最大误区就是忽视了物流市场的培育，资源分散、缺乏整合，社会化的服务体系尚未形成，严重阻碍了各区域物流产业与经济的协调发展。

5. 物流产业区域发展不均衡

近些年来，针对区域经济发展差距扩大所带来的突出问题和矛盾，国家先后实施了"西部大开发""东北振兴"及"中部崛起"等区域经济发展总体战略，区域发展不平衡的情况有所改善，但是区域间物流产业发展不均衡的状况依然存在。全国第二次经济普查数据显示，从区域分布上看，全国有近 70% 的物流法人单位、60% 的法人单位资产、70% 的主营业务收入都集中在东部地区，并且东部地区的物流从业人数分别是中部和西部的 6 倍和 3.6 倍。西部物流产业发展十分薄弱，严重制约了当地经济的发展。

除此之外，我国物流产业区域发展不均衡还表现在各省市对于交通运输、仓储和邮政业的基本建设投资不均衡，以及各省市的公路里程建设不均衡上。从表 3-10 可以看出，2017 年物流产业基本建设投资额中，河北、江苏、浙江、福建、山东、湖北、湖南、广东、广西、四川、贵州、云南

12个省份的总投资额均超过2000亿元，占全国总投资额的半壁江山以上，但天津、山西、辽宁、江西、海南、西藏、青海、宁夏8个省份总投资均在800亿元以下，在全国的总投资额的比重偏小，这在一定程度上说明了中国各地区物流产业上的投资存在较大差异，具有发展不均衡的现象。

表3-10 2017年我国31个省份交通运输、仓储和邮政业基本建设投资情况

单位：亿元

省份	投资额	省份	投资额	省份	投资额
北京	1129.1	安徽	1667.8	重庆	1954.8
天津	537.0	福建	2808.9	四川	4492.6
河北	2135.5	江西	734.6	贵州	2334.3
山西	425.5	山东	3955.0	云南	3741.7
内蒙古	1180.2	河南	2498.5	西藏	581.7
辽宁	602.0	湖北	2939.9	陕西	1891.2
吉林	1211.7	湖南	2104.3	甘肃	956.6
黑龙江	1200.5	广东	3759.6	青海	730.2
上海	960.3	广西	2005.6	宁夏	330.1
江苏	2891.0	海南	486.0	新疆	1978.5
浙江	2967.5				

资料来源：根据2018年《中国统计年鉴》整理。

目前，我国已经初步形成了"五纵五横"的综合运输大管道和综合运输枢纽为主骨架，由铁路、公路、水路、民航和管道组成的综合交通运输网络框架。近些年来，我国仍以公路运输为主要的运输方式，各省市的公路里程数如表3-11所示。

表3-11 2017年我国公路里程各省市构成情况

	公路里程（公里）	人口（万人）	人均公路里程（公里/万人）	面积（万平方公里）	公路网密度（公里/平方公里）
全国	4773469	139008	34.34	960	0.497
北京	22226	2171	10.238	1.68	1.323
天津	16532	1557	10.618	1.13	1.463
河北	191693	7520	25.491	19	1.009
山西	142855	3702	38.589	15.6	0.916

续表

	公路里程（公里）	人口（万人）	人均公路里程（公里/万人）	面积（万平方公里）	公路网密度（公里/平方公里）
内蒙古	199423	2529	78.854	118.3	0.169
辽宁	122705	4369	28.085	14.57	0.842
吉林	103896	2717	38.239	18.74	0.554
黑龙江	165989	3789	43.808	45.4	0.366
上海	13322	2418	5.5	0.63	1.918
江苏	158475	8029	19.738	10.26	1.535
浙江	120101	5657	21.23	10.18	1.18
安徽	203285	6255	32.5	13.96	1.456
福建	108012	3911	27.617	12.14	0.89
江西	162285	4622	35.111	16.69	0.972
山东	270590	10006	27.043	15.71	1.722
河南	267805	9559	28.016	16.7	1.604
湖北	269484	5902	45.66	18.59	1.45
湖南	239724	6860	34.945	21.18	1.132
广东	219580	11169	19.66	17.98	1.221
广西	123259	4885	25.232	23.63	0.522
海南	30684	926	33.136	3.5	0.877
重庆	147881	3075	48.091	8.24	1.795
四川	329950	8302	39.743	48.5	0.68
贵州	194379	3580	54.296	17.61	1.103
云南	242546	4801	50.52	39.4	0.616
西藏	89343	337	265.113	122.84	0.073
陕西	174395	3835	45.474	20.56	0.848
甘肃	142252	2626	54.171	45.5	0.313
青海	80895	598	135.276	72.2	0.112
宁夏	34561	682	50.676	6.64	0.52
新疆	185338	2445	75.803	166	0.112

资料来源：根据中国统计局网站，2018年《中国统计年鉴》数据计算整理。

从表3-11和图3-8可以看出，2017年我国的人均公路里程为34.34公里/万人，平均公路网密度为0.497公里/平方公里，而法国在2003年的公路网密度就为153.60公里/万人，日本在1993年公路网密度就为2.99公里/平方公里。可见，中国和发达国家在路网密度上还存在较大的差距，远远低于其发展水平。除此之外，从表3-11还可以看出，中国人均公路里程

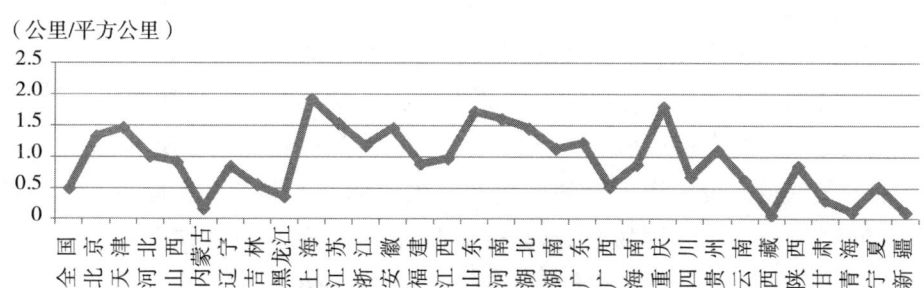

图 3-8 2017 年中国各省份公路网密度

最长的是西藏，达到了 265.113 公里/万人，主要原因是西藏人烟稀少；而公路网密度最大的是上海市，达到了 1.918 公里/平方公里，这主要与上海市面积小，经济发展速度较快有很大关系。由此可见，中国物流产业区域间发展不均衡，各省份存在较大差距，主要原因在于各省市的经济发展水平不一致，经济发展比较快的省区物流产业也发达，经济发展水平不高的地区物流产业也相应落后。从相反的角度讲，分布的不均衡也是造成经济发达地区与落后地区差距拉大的重要原因。

6. 物流标准化建设滞后，物流技术和信息化水平有待提升

目前，我国物流企业在推行标准方面缺乏必要的力度，在管理方面缺乏相关的标准和规章制度。例如，海运和铁路集装箱的标准存在差异，各种运输方式之间装备标准不统一，在一定程度上对我国海运、铁联运规模的拓展、国际航运业务的拓展、港口作业效率的提高以及进出口贸易的发展产生了不利的影响。

近年来，尽管我国物流产业公共信息平台建设有了一定的发展，但其发展速度仍然落后于物流需求的增加，而且能够覆盖的服务范围也非常局限。受行政区域划分的影响，我国物流信息平台建设具有较强的地方性。那些已经建立起来的物流信息平台之间很难实现资源共享。信息的垄断会致使信息的覆盖范围受到制约，对整个物流产业发展贡献度的提高产生负面影响。

目前，我国物流技术水平相对较低。条形码、智能标签及等技术在物流企业中的应用还不够广泛。物流企业中的立体仓库、货物自动跟踪系统的现代化水平也需要进一步提高。由于物流企业信息系统与其他企业系统缺乏有效的衔接，导致供应链上下游之间的信息交流不够通畅，使企业对市场不能做出快速反应。除此之外，对全球定位系统、地理信息系统、道路交通

信息通信系统，智能交通系统等运输领域新技术的研发还有待进一步推进。

7. 物流产业管理体制和机制存在障碍，政策法规不健全

在计划经济条件下形成的习惯势力阻碍了物流产业向市场经济的转型。现代物流产业的发展应该是多方面的，包括基础设施建设、技术装备建设、产业政策扶持、投融资平台的构建及政策、标准的制定和实施等，而这些问题的管理分属于不同的政府职能部门。由于目前仍然存在着各个行业各自为政，行业之间、部门之间管理体系分割的现象较为严重。因此，在现代物流的发展和管理问题上，各个职能部门缺乏统一的认识，在一定程度上制约了物流产业的发展。

我国物流产业不仅在管理体制和机制上存在障碍，而且相关政策法规也不健全，缺乏宏观上的系统性。我国物流产业的各个组成部分，如交通运输、仓储业、邮政业、批发零售业、流通加工业，在发展过程中都会与商务、海关、质检等行政部门发生联系，从原则上讲这些部门都应该为物流产业的发展创造条件，但在实际操作过程中，各个部门都从自身利益出发，各自为政、政出多门的现象严重，造成了对物流产业的多头管理，难以形成统一的、相对权威的政策体系。同时，由于制定法律法规的部门所面临的具体发展状况不同，且相互之间缺乏必要的沟通，导致最终颁布的法律法规内容比较分散，有时还存在相互矛盾的现象，规范性不强、可操作性较差，不能实现对物流主体行为的约束。随着物流产业的快速发展，需要更加健全的法律法规体系作为保障，而现行的物流法律法规虽然较多，分布也较为广泛，但是与经济社会发展的需求不相吻合，很多地方的物流立法还存在空白，急需对其进行有针对性的调整，使其逐步规范化。

第二节 国际经验借鉴与启示

一、美国物流产业发展状况及特点

作为物流理念的发源地，美国的物流管理模式的成熟度和现代程度在全世界都处于领先地位。美国的物流产业发展采取以市场机制为主导的模

式，其主要特点具体表现为以下几个方面。

1. 科学的物流管理体制

美国政府中没有专职实施物流管理的部门。政府机构按各自的职能对物流活动的环节进行分块管理。政府制定并严格实施一整套规范的法规和制度，减少对运输市场的管制，鼓励物流企业的自由竞争。高度的自由竞争，降低了运输费用、提高了管理水平。尽管放宽准入管制，但美国政府对物流企业的规范运作进行了严格的监管，对物流企业的各种不正当竞争行为给予严重的处罚。

2. 注重发挥市场配置资源的作用，大力发展第三方物流

美国是市场经济体制较为完善的国家，在经济发展过程中积极倡导发挥市场机制的作用，要求企业按照市场化运作模式进行发展，而较少依赖政府的管制作用。第三方物流企业的兴起就是市场化运作的核心体现。据资料显示，美国的物流市场已超过9000亿美元，几乎为高技术产业的2倍之多，占美国国内生产总值的10%以上，其中美国第三方物流在整个物流总量中的比例为57%，在物流产业中占据主导地位[1]。

3. 重视物流基础设施的建设及物流人才的培养

据统计，美国每年用于物流基础设施开发和建设的费用约占国民收入的20%，其中，交通运输占5%，计算机约占5%，仓库约占5%，其他占5%[2]。海运、铁路、公路、航空运输联网，道路、港口、码头、仓库等基础设施良好，这些"硬件"建设为物流产业的发展创造了良好的条件[3]。同时，美国形成了由政府牵头，企业、行业协会和学校联合培养的物流人才培训机制。这种多层次、多渠道的培养模式适合市场需要。但最直接的物流培训还是由企业本身完成的。很多大型物流企业，如UPS、FEDEX，甚至一些普通规模的物流企业都设立了自己专门的培训机构。

4. 发达的立体交通网络

美国物流产业发达，很大程度上得益于先进的综合交通网络。全球十大货物运输机场中的5个在美国。除了发达的航空运输之外，美国的海运业也相当发达。除此之外，美国的公路总长度，尤其是州际高速公路的里程

---

[1] 贾玉敏. 美国物流业发展分析[D]. 吉林大学硕士学位论文，2014.
[2] 赵瑾，程业炳，郑谦. 美国物流业发展现状探析[J]. 重庆科技学院学报（社会科学版），2014（4）.
[3] 黄福华，谷汉文. 物流发展关系研究[M]. 北京：中国经济出版社，2009.

数也占到了全世界的一半。

5. 高水平的物流信息技术

信息技术在美国的物流业中扮演着重要的角色，有效降低物流成本，提高服务水平，从而增强物流企业的竞争力。

二、欧洲物流产业发展状况及特点

欧洲和美国一样，在物流产业发展方面走在了世界的最前沿。欧洲的物流产业发展同美国相比，呈现出不同的特色。欧洲物流产业比较重视科技进步，尤其是 IT 技术的发展及相关产业的合并联盟，促进了欧洲物流产业的快速发展。据统计，欧洲 15 国加挪威、瑞士的物流市场约为 6300 亿欧元，其中近 60% 是通过第三方物流企业来完成的①。

德国物流产业的发展是欧洲的典型代表。其主要特点为以下几个方面。

1. 重视对物流基础设施的投入

德国几乎所有的运输基础设施均由政府投资建设，每年的交通基础设施建设投资额都高达数百亿欧元。在加强交通运输基础设施建设的同时，政府还建设了大型货运枢纽、物流基地、物流中心和公共配送中心等新型物流基础设施。通过信息网络的构建使得供应链上下游之间实现信息共享，以最大限度地提高各种运输方式的效率与协调配合性。

2. 集约化、信息化及专业化水平高

这是德国物流产业发展的主要特征。在德国，物流产业的发展规模仅次于贸易和汽车工业之后居于第三位，在欧洲乃至全球已经处于领先地位。德国物流产业发展中，融入了先进的技术和管理理念，已经形成了各方物流相互促进的有机整体。德国的物流管理由四部分组成，分别是生产物流管理、供应物流管理、销售物流管理和分配物流管理。德国的物流企业普遍采用条形码技术、模拟技术及其他多种信息传输技术从而实现了城市内的整体配送。另外，精细物流、闭环物流等先进的技术和方法也不断推广。

3. 物流活动的专业化和标准化

在德国，货物无论是进出仓库、码头、配送中心，还是进出工厂、商店或建筑工地，都普遍实现了托盘标准化、集装箱标准化、运输工具标准

---

① 仲维庆. 国外物流业发展经验与启示 [J]. 学术交流，2018 (7)：107-110.

化；德国的物流市场已经非常成熟，其第一、第二、第三、第四方物流业，已各自在市场中定位，体现了高度的多功能化；同时，物流在规划、设计、生产、消费过程中注重环保和资源利用，体现了物流发展的绿色化理念。

4. 重视物流职业教育和培训

在德国，许多高等院校都设置了物流管理专业，为工商管理及相关专业的学生开设物流管理学课程；同时，为物流从业人员定期进行职业教育和培训。

三、日本物流产业发展状况及特点

日本自20世纪50年代从美国引进物流概念以来，经过几十年的发展，在物流管理体系、基础设施建设、物流技术及物流成本控制等方面都取得了较大的发展，极大地提高了商品的流通效率。日本物流产业的发展概况及主要特点为以下几点。

1. 有效的政策扶持和法律保障措施

日本倡导以政府为主导的物流产业发展模式，20世纪70年代后，日本政府相继推出并实施综合性物流发展法规、物流节点规划与建设类法规、陆海空交通运输基础设施建设与经营类法规、信息技术与标准化类法规以及资源利用与环境保护类法规来推动和保障物流改革与发展。

2. 重视物流基础设施的建设

优良的物流基础设施为其物流产业发展提供了良好的外部条件。为了满足客户的多样化需求，增强主要干线的货物运输力，日本政府建设了高规格的干线公路、地区性高规格公路、港湾和机场的铁路等基础设施。日本各级政府加大物流基础设施的建设，建成了大量的物流集散地，并对物流集散地进行统一规划和合理布局。

3. 以现代物流技术为支撑，重视物流产业信息化

日本的物流企业充分重视物流系统的信息化和标准化，大力推行无纸化、物流电子数据交换技术、仓库和配送中心基本上都使用射频识别系统对存储物品进行掌控，可在极短的时间内查找到所需的物品，提高快速反应能力。同时，为提高物流效率，适应流通产业发展新要求，日本政府非常重视物流产业的信息化。日本在20世纪80年代时，计算机在物流业的发展中得到了广泛应用。许多物流企业在分拣系统中就采用了数码技术，大

大提高了作业的自动化水平。据 1988 年日本政府颁布的《运输白皮书》报告，80% 的运输业者已经不同程度地利用了计算机，特别是航空运输业达到 91%，外航海运业为 85%，仓库业达到了 77%，货运业的联网率达到 63%，与其他公司的联网率已达到 50%。通过信息化，物流企业在出入货统计、库存管理、配送信息管理、运输车辆管理等方面实现了自动化和效率化。

4. 有效地控制物流成本

物流成本直接关系到企业利润的高低和竞争力的强弱。近些年来，日本政府采取了一系列措施对物流成本进行监控和管理，如运输配送的优化、物流系统网络的改善、削减库存等。从 2001~2009 年，日本的物流总费用占 GDP 的比重一直控制在 9% 以内，低于美国，这也与日本有效的物流管理体制有很大的关系。

四、发达国家物流产业发展的经验借鉴及启示

由于各个国家在经济发展水平、资源禀赋、消费需求和物流市场发展等方面存在较大差异，在各自发展上具有不同的特点与规律，形成了独特的发展路径和发展模式，但是仍有共同的经验值得借鉴。

1. 改善政策环境，加强政府的支持和引导

美国和日本等国家的物流产业得以快速发展，很重要的一个原因就是政府对整个产业的统筹规划和大力扶持。因为物流产业是一个投入高、见效慢的产业，需要政府在政策上大力支持。因此，政府应制定并推行既符合国情又与国际接轨的发展物流产业的宏观政策和相关配套政策，努力营造有利于物流产业发展的政策环境。在这方面，要坚决制止行业的地方保护，使物流资源在全国范围内合理流动；同时还要排除有碍公平竞争的垄断行为，成立物流行业协会，阻止行业间的恶性竞争。

2. 加强物流基础设施建设

从美国、欧洲和日本发展物流产业的经验来看，各个国家都非常重视物流基础设施的建设。针对我国目前物流基础设施落后的状况，我国应从战略的高度来协调物流的相关规划，使不同的运输方式能够有机地衔接和配合，避免重复建设所造成的资源浪费。同时，要继续扩大物流基础建设投资规模，加大对五大运输方式的建设力度。除此之外，还要注重加快建设和完善综合交通运输网络，大力发展多式联运。

3. 加快先进物流技术的开发和推广应用

物流技术是以系统技术为核心,以信息技术、运输技术、配送技术、装卸搬运技术、仓储技术和库存控制技术为支撑的现代技术体系。先进的物流技术是物流产业发展的基础。我国物流技术与美、日等发达国家相比,比较落后。因此,为缩短差距,我国物流企业必须重视物流技术的研究与应用。

4. 大力发展第三方物流

第三方物流代表着现代物流经济的发展方向。目前,美国第三方物流服务的比例约为56%、日本约为80%、欧洲约为76%,而且还处于不断增长的趋势。欧洲24%和美国33%的非第三方物流服务用户也正在积极考虑使用第三方物流服务。由此可见,全世界的第三方物流市场潜力巨大,正以较快的速度向前发展,而我国由于长期所形成的"大而全""小而全"的工商企业运作模式,导致物流供应市场需求不足,严重阻碍了第三方物流的发展。因此,必须重视并采取各种积极措施,发展第三方物流。首先,完善政府行为,打破市场条块分割的局面,促进跨地区、跨行业第三方物流的发展;其次,提倡通过合资、兼并等措施,扩大第三方物流企业经营规模。

5. 专业人才在物流产业发展中的重要性日益得到重视

美国、日本这些国家的物流产业发展较快的一个主要原因是因为其完善、先进的物流教育和培训体系,为物流产业的发展培育并输送了充足的专业人才。物流教育与培训体系,已经成为现代物流产业持续发展的基础保证。

综上所述,我国物流产业的发展,要在考虑自身国情和区情的基础上借鉴发达国家的发展经验。尤其是不同的地区,因其不同的经济发展水平和发展特点,要选择适合自己的物流业发展模式。同时需要政府改革管理体制,不断完善政策环境,建立健全发展物流产业的服务体系。做好物流信息化、标准化及人才培养和技术创新等基础工作。积极开展物流技术设施的提升改造,发展区域性物流中心,加强区域间的联系与合作,大力发展第三方物流,从而实现我国区域物流产业的跨越式发展。

第四章

物流产业与区域经济互动作用分析

物流产业与区域经济是相互依存的统一体,二者相互促进、相互推动。随着经济全球化和区域经济一体化趋势的增强,物流产业作为第三产业中新的经济增长点,已成为区域经济的重要组成部分,是区域经济形成和发展的主导力量,它不仅对区域经济发展起着基础性的作用,而且影响和制约着整个区域经济运行的速度和效益。同时,区域经济的发展为现代物流产业的发展提供坚实的保障,在一定程度上决定着物流需求的规模、结构和层次。

第一节 物流产业与区域经济互动作用的定性分析

一、物流产业对区域经济发展的促进作用

根据亚当·斯密(Adam Smith)的分工理论,"分工程度由市场大小决定,市场大小又取决于交通运输条件"。现代物流的发展促使社会分工进一步深化,突破了地域限制、提高了劳动生产率,从而推动了区域经济的发展。其具体作用主要表现在以下几方面:

1. 降低区域经济运行成本,提高经济活动的效率和水平

马克思经济学观点认为,"贸易是生产力发展到一定阶段的产物。随着社会分工的进一步深化,区域间的贸易由小规模发展为大规模,其对经济增长的推动作用不断增强"。交易成本的大小决定着区域市场的大小,只有交易成本降低到一定程度,区域经济才能得到发展。而现代物流正是降低

交易成本的有效手段。物流产业之所以能够降低交易成本，主要是因为：由物流节点（物流中心、园区、货场等）和线路（航空、铁路、公路等）构成的物流网络体系可以对各构成要素进行优化组合，使网络成员之间的联系更加稳定和密切，并降低物流网络内部各要素的磨损成本和交易成本。同时这个高效的物流网络还对整个区域内的其他资源进行了有效整合。从交易过程和交易主体的行为来看，物流业的发展不但降低了合作伙伴之间的交易费用，而且在合作伙伴之间建立了相互信任的关系，从而使冲突导致的仲裁和法律诉讼费用降至最低。同时，现代物流产业的发展使网络内部的各合作伙伴相互学习，提高各组织对风险的防范能力，从而使区域间物流产业得到有效分工与高效协作，最终提高区域经济的运行效率，实现物流产业与区域经济的协调发展。

2. 形成新的产业形态，推动区域产业结构的优化升级

随着经济的发展和人均国民收入水平的提高，劳动力首先从第一产业转移到第二产业，最终转移到第三产业。也就是说，一个国家或地区的经济水平越高，劳动在第三产业所占的比重就越大，在第二产业和第一产业所占的比重就越小。

区域产业结构的调整和发展方向是产业结构的合理化和高度化。所谓合理化，是指产业间的协调能力和关联水平，即产业结构的动态平衡。而高度化，是指产业机构应由较低水平向较高水平发展。产业结构的高度化水平由第三产业的发展水平决定。

与发达国家相比，我国产业结构存在的主要问题是第三产业比重较小、水平不高。加快第三产业的发展将成为我国经济结构调整的重点。作为第三产业的重要组成部分，区域物流产业会越来越受到重视。通过培育区域物流企业集群，可以发挥物流的整体优势和规模经济，促进物流产业合理化和专业化水平的提高。物流产业的完善与发展，对第三产业的发展起到积极的促进作用，加大第三产业所占比重，提高区域产业结构合理化水平。

国内外物流产业发展的实践表明，物流产业的发展和物流服务创新在很大程度上会推动区域经济的发展，不仅表现在它能创造出更多的就业机会，增加税收，为区域经济发展提供良好的基础服务和支持环境，促进生产、流通与消费之间的良性互动，从而发挥其"扩散效应"。同时，物流产业的发展还可以促进商流、信息流、人流等要素的有效聚集，进一步带动

区域内商贸业、金融业、会展业、信息业等多种产业的快速发展。与传统物流不同的是，现代物流产业作为一种高附加值、技术密集型的复合型产业，具有资本、技术、劳动力等高度化的特征，它可以利用现代化的物流设施和先进的技术手段对分散的物流进行协调和管理，实现区域产业结构的合理化和高度化。

3. 提高区域经济产业和企业的竞争力

区域经济竞争力主要由区域核心竞争力、基础竞争力和环境竞争力三部分构成，即区域经济理论中所谓的"三力体系"。物流产业的发展之所以能够提高区域竞争力，主要表现在：首先，现代物流产业的高度专业化和规模化特征决定其具有极强的"产业关联效应"和"带动效应"，同时能够促使资源有效聚集，产生巨大的市场效应，这也为区域经济带来了核心竞争力。其次，物流产业的发展有效地降低了区域企业物流运作成本，使其运营效率和竞争能力大幅度提高。同时，各级政府为促进物流产业的发展会加大对物流基础设施的投资，这就使物流环境及区域环境不断得到改善。

4. 促进区域经济增长极的形成和发展

佩鲁在区域经济增长极理论中指出，"在一个区域中，只有少数条件好的地区和产业能够带动整个区域经济的发展。这些地区和产业就是该区域的经济增长极。增长极的'乘数效应''支配效应''极化效应'和'扩散效应'，在一定程度上可以促进周边地区和其他产业发展，从而促进整个区域经济的协调发展"[①]。

按照佩鲁的区域增长极理论，物流产业作为现代新型的复合型产业，能够促进区域经济增长极的形成和发展，而区域经济中"增长极"的角色一般都是由区域中经济发展较快的中心城市所扮演，主要是因为中心城市一般都是商品的集散地和交易中心，交通与信息都较为发达，物流需求量也比较大。而发达的物流产业不仅能够降低经济运行成本，促进以城市为中心的区域市场体系的形成，同时还有利于解决城市的交通运输问题和城市的整体规划，从而促进区域经济结构的优化升级和协调发展。

---

① 戴伯勋，沈宏达. 现代产业经济学 [M]. 北京：经济管理出版社，2001.

5. 推动外贸的发展和经济产出的提高

从国内外实践来看，对外贸易对区域经济的发展具有重要的推动作用。首先，从总需求构成来看，主要包括投资、消费和出口，而出口的增加会直接推动经济的发展，日本从"二战"以后到20世纪70年代经济的快速增长主要得益于出口的拉动作用。其次，从供给角度来看，对外贸易的发展有利于"规模经济效应"（Krugman 和 Helpman，1995）的实现、促进资本的形成（Rodrik，1998）以及资源配置的大幅度提高。Behrens（2004）认为，拥有较好的交通基础设施的国家更容易实现区域经济的均衡发展，主要是因为较强的交通运输能力能够带来物流需求的扩大，从而能够取得更高的国际贸易流量，而物流产业正是可以通过降低省际贸易壁垒，降低生产成本和运输成本来推动对外贸易，从而促进区域经济的快速、均衡发展；与此同时，进一步论证了一国基础设施对经济一体化及区域经济不平等的影响。

6. 加强区域间的经济联系，实现区域经济的均衡发展

不同地区间的经济联系可以通过发展物流产业得以加强。物流活动可以降低地区间贸易成本，有利于经济的聚集发展，并最终扩散到其他地区，从而实现地区间经济均衡发展。区域间的经济集聚与扩散的运动规律与其在区域内部一样。通过物流产业的发展，可以加强区域的"需求关联""成本关联"和"外部规模经济效应"，这样可以吸引其他区域的资金、劳动力及其他资源。该区域自身的积累循环，使其逐步发展成为经济增长中心，再通过开展区域间的物流活动，发挥其经济辐射作用，从而形成以中心区域为主逐渐向外围扩散的新的经济集聚。区域之间最终能实现均衡发展。

二、区域经济对物流产业发展的推动作用

地区物流业发展水平与其经济发展密切相关。经济发展水平较高的地区会对物流业有较高的要求，也能为物流产业的发展提供坚实的基础与条件。因此，我们可以认为区域经济发展是区域物流产业发展的原动力，并最终决定其发展的程度。区域经济发展对区域物流产业的促进作用主要表现在以下几个方面。

1. 区域经济的发展能够为物流产业提供需求和支持

物流需求是一种引致需求，需求量的大小完全取决于经济发展的程度

与速度。一个地区经济水平的提高,意味着该地区分工协作也就越多,其经济联系就越紧密,相应也会导致社会产出的增加以及商业活动的频繁发生。而在市场经济条件下,这些经济活动的增加势必会加强原材料、产成品以及人员的流动,进而导致对交通运输需求的增加。经济发展水平越高的地区,地方政府才有更充裕的资金用于交通运输、通信、仓储等物流基础设施建设,为物流产业的发展提供更加优越的经济基础和物质技术条件,改善物流产业发展的硬环境;同时通过制定、完善相关的政策措施和法律法规,为物流产业发展创造良好的政策环境和市场环境,同时还要加强物流信息和物流人才的流动,只有坚持硬、软环境两手抓,才能为物流产业的健康、快速发展提供产业支持,从而实现二者的协调和可持续发展。

2. 区域经济发展规模决定了物流产业的发展规模

目前,服务业在经济发展中起着越来越重要的作用,而区域物流产业作为新兴的第三产业,有着与其他服务业相同的行业属性和特点,它必须依附于生产制造业和商贸流通业而存在,如果没有生产制造业和商贸流通业,区域物流行业就没有用武之地。事实表明,物流总是伴随着商流而生,区域经济越发达,制造业及商贸活动越活跃,区域物流也就有了良好的市场基础,就有大规模发展的可能,这在一定程度上会扩大物流区域物流产业的发展空间,实现规模经济。我国东部地区(长三角、珠三角、京津冀环渤海经济区),市场繁荣,经济发达,物流产业发展规模大、水平高。统计数据显示,2017年,我国东部地区的GDP为447835.47亿元,占全国的54%。当年东部地区货运量为1733615万吨,占全国的36%。相比而言,中西部地区因为经济发展水平较低,导致物流产业的规模和发展水平也受到影响。以中部地区为例,2017年GDP为176486.61亿元,占全国的21%,全社会货运量为1273949万吨,占全国的27%。数字表明中西部地区物流产业发展相对滞后,明显低于东部地区。

3. 区域的经济结构决定物流产业结构

对物流产业来讲,区域经济结构决定了物流产业基础设施,物流服务类别及物流发展水平,这主要是由物流产业的服务属性所决定的。我国不同地区的物流发展水平差异和物流结构差异证实了这一结论。东部地区以发展高新技术产业和制造业为主,这就要求当地有较高的物流服务水平作为发展基础,可以采取多种运输方式,而我国的中西部地区主要以发展农业为主,主要运输大宗货物,因此,物流产业优化空间和利润空间都较为单一和有限。

随着区域经济结构的不断调整和完善,企业间的竞争变得日益激烈。企业要想在这种激烈的市场竞争中求得生存和发展,就要不断增强自身的核心能力,利用并发展自己的核心业务而获得更多的利润,以此来获得相对持久的竞争优势,这是迈克尔·波特的竞争优势理论给我们的启示。基于这一理论,部分生产型的企业,将非核心部门的物流部门的业务外包给了第三方即专业物流公司,从而扩大了对物流产业的发展需求,加快了物流产业的发展。

4. 区域经济的发展有利于提高物流企业的服务水平

区域经济发展水平越高,吸引到的资金就越来越多,这些资金中的部分被投入物流基础设施的建设,会促进物流产业的发展。世界各国的发展经验表明,引进的外商企业会带来先进的技术、充足的资金及先进的管理理念,这些会对当地企业的经营方式产生巨大的改善作用;同时,大量的外资进入也会对当地物流产业的技术、服务及综合功能提出更高的要求,从而间接地促进当地物流产业整体发展水平的提高。

综上所述,物流产业的发展与区域经济之间相互联系,相互促进,任何一方的发展变化都将对对方产生重要影响。一方面,物流产业的快速发展可以降低经济运行成本,促进区域产业结构的调整与优化,并使区域之间的联系越来越紧密。另一方面,区域经济的发展为物流产业的发展提供了大量的市场需求,使物流功能不断得到增强和扩充,从而推进物流体系的完善。具体地,物流产业与区域经济两者之间的作用关系可以被描述为:区域交通运输条件的改善,能放大物流产业的"聚集效应"和"扩散效应",从而拉动区域经济的发展;反之,区域经济水平的不断提高,又会增加对交通运输的投入,从而促进物流产业的发展,形成良性循环。物流产业与区域经济两者之间的相互促进机制如图4-1所示。

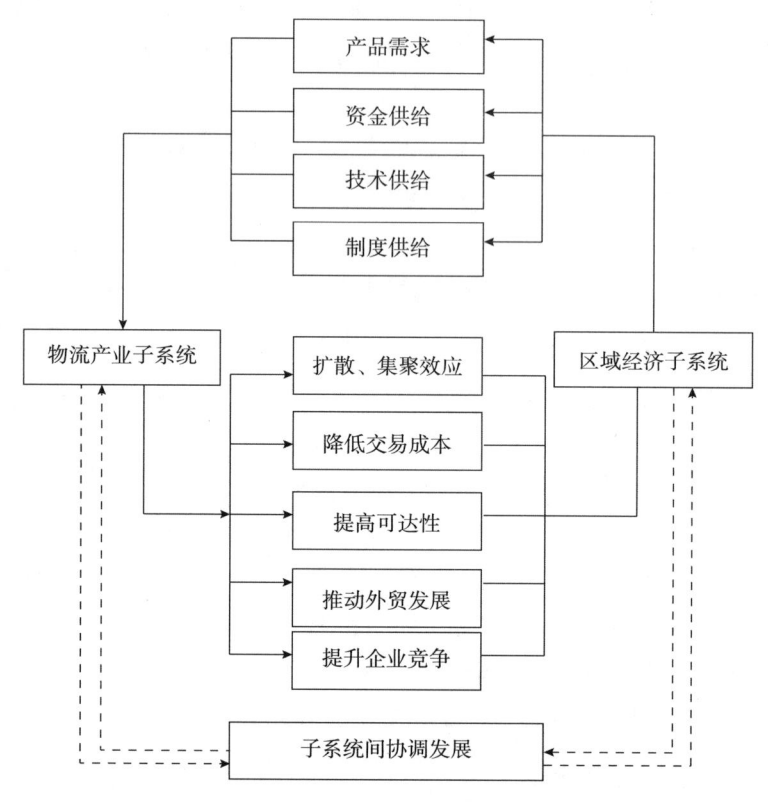

图 4-1　物流产业与区域经济相互作用关系

第二节　物流产业与区域经济发展的相关性评价

前文已经对物流产业与区域经济之间的相互作用进行了定性分析，为了进一步探究二者之间的关系，本节从定量的角度对二者的相关性进行评价。目前对于物流产业发展的研究主要集中在物流产业对经济增长的贡献、物流产业发展效率的相关评价等方面，对物流产业"贸易效应"的相关研究较为欠缺。而物流产业的主体功能之一就是通过降低省际贸易壁垒与贸易成本、提高贸易效率、优化贸易结构，以此来促进区域经济的一体化发展。

本书运用我国 2017 年省级面板数据构建物流产业发展与区域经济之间

的分析模型，进行实证检验，通过分析物流产业发展与省际贸易壁垒的关系，剖析物流产业对区域经济发展的作用机理和"支持效应"，并尝试从理论上进行经济解释。

一、指标选取与数据来源

1. 物流产业发展的测度指标

产业发展是指特定产业通过追加生产要素投入，从而不断扩大产业规模或提高产业素质的产业演化过程[①]。其基本内涵包括两个方面：一是产业外在的数量扩张；二是产业内在素质的提高。产业在发展演变过程中不断地从环境中获取各种资源要素，实现要素的持续投入与追加。外在表现为产业从无到有、从弱到强的动态变化过程；内在表现为产业技术进步[②]、产业结构与产业组织优化，以及产业效率提高等。

考虑到数据的可获得性，本书主要选取反映物流发展水平的货运量、客运量、运输总里程（公路、铁路和水路里程之和）、交通运输与邮电通信业就业人数指标（见表4-1）作为物流产业发展情况基本数据。

表4-1　2017年我国31个省份物流产业发展指标数据

地区	各地区客运量（万人）	各地区货运量（万吨）	各地区运输线路长度（公里）	交通运输、邮电通信业就业人数（人）
北京	58871	20110	23490	576935
天津	17440	51800	17769	234758
河北	50023	228854	198855	242689
山西	25155	189516	148639	234515
内蒙古	14867	213318	214501	210957
辽宁	72483	216135	129033	355545
吉林	32989	49903	110396	162482
黑龙江	34670	56398	177319	270041
上海	15485	96850	15929	511430

---

① 杨公仆，夏大慰. 产业经济学教程[M]. 上海：上海财经大学出版社，2002：46-81.
② 产业技术的变化是产业发展中质的改变，是引领产业从低级向高级发展和决定产业成长速度的根本因素。

续表

地区	各地区客运量（万人）	各地区货运量（万吨）	各地区运输线路长度（公里）	交通运输、邮电通信业就业人数（人）
江苏	126783	220532	185674	481339
浙江	104497	242504	132486	317777
安徽	69105	403426	213201	242102
福建	51134	132227	114448	239153
江西	62997	154437	172203	205494
山东	65299	327006	277433	476881
河南	114351	230114	274623	451730
湖北	103144	188107	282133	353677
湖南	114936	225551	255965	234487
广东	137418	392381	235890	833312
广西	48578	174642	134157	190175
海南	14660	21351	32060	70685
重庆	60522	115536	154399	262137
四川	109093	172922	345600	389107
贵州	91803	96242	201328	121651
云南	44622	129298	250207	178598
西藏	1319	2203	90128	8879
陕西	67880	163079	180513	279550
甘肃	42638	66204	147827	133029
青海	6274	17923	83918	46890
宁夏	7345	38187	36043	37452
新疆	27083	84395	191285	166862

注：客运量与货运量包括铁路、公里、水运；运输线路长度仅包括铁路营运里程；交通运输、邮电通信业就业人员数包括铁路、道路、城市公共交通、水上、航空、管道、装卸搬运和其他运输服务业、邮政、电信和其他信息传输服务业的就业人数。表格统计未涉及中国香港、中国澳门、中国台湾。

资料来源：《中国统计年鉴》（2018）、《中国物流统计年鉴》（2018）。

2. 区域经济一体化测度指标

大多数研究表明，用贸易流来衡量区域经济一体化程度最为合适[①]。但

---

① Naughton 采用投入产出表中的国内贸易流量，喻闻和黄季琨采用区域间价格水平的差异和波动，鲁晓东和李荣林采用资本流动，Kumar 采用劳动力流动衡量区域经济一体化程度。由于贸易流直接地反映了区域间的往来程度，较适合衡量区域经济一体化程度。

搜集我国省际贸易数据往来非常困难，Poncet 收集我国分省统计年鉴 1987 年、1992 年和 1997 年投入产出表中的省际贸易数据测度我国的区域一体化。而自 2002 年后我国的分省统计年鉴中不再对投入产出表进行整理，因此，很难从分省统计年鉴中找到最新的省际贸易数据。

本书采用省际贸易壁垒①的测度指标来间接衡量区域经济一体化程度。我国省际贸易壁垒形成的因素很多，多数研究指出地方保护主义被视为是造成省际贸易壁垒和国内经济分割的主要因素之一，并通过量化各省市政府消费占地方 GDP 的比重②来测算地方保护的程度。地方保护主义的存在使要素资源的跨区域流动难以突破多元行政分割形成的利益边界，从而使区际贸易充满利益摩擦，大大降低了区域经济的一体化和开放化程度。

借用赵永亮、徐勇和苏桂富③利用多重面板数据所测算的我国 31 个省份的"边界效应"④指数来代表这 31 个省份省际贸易壁垒的程度。"边界效应"指数被看成是该省份与其他地区整体的贸易壁垒程度，其中包括在地方保护、制度因素和本土偏好等因素的影响下所形成的省际贸易壁垒。按人均 GDP 计算我国 31 个省份的边界效应值，如表 4-2 所示。

表 4-2　我国 31 个省份的边界效应值

省份	边界效应	省份	边界效应	省份	边界效应
北京	2.01	安徽	33.12	重庆	20.91
天津	1.46	福建	12.81	四川	35.87
河北	11.13	江西	19.69	贵州	61.56
山西	6.75	山东	11.02	云南	21.33
内蒙古	12.55	河南	18.73	西藏	37.34
辽宁	9.68	湖北	15.18	陕西	19.89
吉林	8.17	湖南	24.78	甘肃	41.68

---

① 省际贸易壁垒是指所有增加各省之间商品交换成本、阻碍商品流通和影响自由贸易的现象。
② 政府消费比重高代表政府对地方经济的干预能力强，政府对本省贸易的偏好和保护程度也高。
③ 利用多重面板数据获取中国省份层面的边界（壁垒）效应指数水平，认为地方对财税自主权和经济控制力的增强是导致省际贸易壁垒的因素之一。
④ 边界效应反映了区域内部的贸易量与区域之间贸易量的倍数关系，边界效应数值越大，说明区域之间的贸易量越小，也就意味着区域一体化程度越低。边界效应指数通常被界定为除去不同省市间因经济规模或空间距离外的其他因素所造成的省际贸易壁垒。

续表

省份	边界效应	省份	边界效应	省份	边界效应
黑龙江	12.68	广东	0.45	青海	53.52
上海	0.27	广西	17.64	宁夏	42.95
江苏	2.77	海南	2.66	新疆	83.93
浙江	5.21				

资料来源：刘生龙，胡鞍钢. 交通基础设施与中国区域经济一体化 [J]. 经济研究，2011 (3)：72-82.

Kumar（1994）、Young（2000）和 Poncet（2003）的研究表明，目前我国存在严重的市场分割，Rozelle（1997）、Naughton（1999）、行伟波和李善同（2009）的研究进一步表明我国区域经济一体化程度正在加深。

进出口总额占销售总额的比重反映了各省市的贸易外向度，进出口贸易的强度代表着各省市货物进出的便利与通畅程度，在一定程度上也能反映区域经济一体化程度。物流产业发展情况与省际贸易壁垒指标基础数据如表4-3所示。

表4-3 2017年我国31个省份物流产业发展与省际贸易壁垒数据

省份	各地区客运量（万人）	各地区货运量（万吨）	各地区运输线路长度（万公里）	交通运输、邮电通信业就业人员数（万人）	政府消费占GDP比重（%）	进出口额占销售总额比重（%）
北京	4.35	0.72	1.37	6.37	0.2525	0.2662
天津	0.78	1.50	0.91	1.05	0.1437	0.6423
河北	2.61	4.36	5.71	3.41	0.1354	0.9529
山西	1.23	3.88	4.14	5.96	0.1294	0.3961
内蒙古	0.74	4.03	9.44	4.80	0.1602	0.3682
辽宁	3.21	4.78	4.95	7.36	0.1028	0.6950
吉林	1.97	1.23	4.58	4.03	0.1515	0.3419
黑龙江	1.46	1.92	6.73	6.55	0.1888	0.6612
上海	0.32	2.71	0.37	1.45	0.1374	0.8020
江苏	6.74	5.40	1.94	3.27	0.1427	1.5421
浙江	6.69	5.36	1.96	1.37	0.1183	0.9524
安徽	4.74	6.96	3.33	1.84	0.1042	0.3863
福建	2.52	2.06	2.47	1.76	0.1231	1.1179

续表

省份	各地区客运量（万人）	各地区货运量（万吨）	各地区运输线路长度（万公里）	交通运输、邮电通信业就业人员数（万人）	政府消费占GDP比重（%）	进出口额占销售总额比重（%）
江西	2.37	3.05	3.17	3.50	0.1169	0.8757
山东	7.88	10.06	4.31	3.79	0.1444	1.1708
河南	4.84	6.02	4.62	5.31	0.1216	1.3275
湖北	3.17	2.80	3.48	8.20	0.1471	0.2515
湖南	4.72	4.56	4.32	4.20	0.1461	0.3758
广东	14.07	6.00	2.90	3.17	0.1113	2.3122
广西	2.30	3.34	3.66	2.69	0.1300	0.5490
海南	1.37	0.65	0.45	0.21	—	—
重庆	3.83	2.43	1.54	1.28	0.1605	0.2299
四川	7.39	4.19	3.81	2.91	0.1281	0.3769
贵州	2.18	1.23	2.32	1.57	0.1766	0.3604
云南	1.19	1.63	2.89	2.49	0.1508	0.2271
西藏	0.26	0.03	0.61	0.01	—	—
陕西	2.83	3.28	3.88	5.39	0.0964	0.3312
甘肃	1.68	0.94	2.85	2.51	0.2118	0.3135
青海	0.34	0.35	1.96	0.72	0.2820	0.2049
宁夏	0.42	1.04	1.04	0.72	0.1766	0.3792
新疆	1.00	1.59	4.30	2.12	0.2558	0.6192

资料来源：根据《中国统计年鉴》统计整理①。

二、实证分析及结果

本节选取 2017 年中国 29 个省份的分地区物流产业发展指数、贸易壁垒指数为原始分析数据②。计算物流产业发展与省际贸易壁垒之间的皮尔逊相

---

① 表中数据为各省份客运量、货运量、运输线路长度和交通运输、邮电通信业就业人员数占全国数值的比重×100 计算得到；进出口额占销售总额比重为出口占销售总额比重和进口占购进总额比重指标值的合计数。表格统计未涉及中国香港、中国澳门及中国台湾。

② 统计未涉及中国香港、中国澳门、中国台湾；由于海南、西藏数据缺失，因此剔除。

关系数，以衡量二者联系的紧密程度。利用SPSS17.0软件得到分析结果如表4-4所示。

表4-4 物流产业发展与省际贸易壁垒的相关分析（Pearson Correlation）结果

指标		各地区客运量	各地区货运量	各地区运输线路长度	交通运输、邮电通信业就业人员数	政府消费占GDP比重	进出口额占销售总额比重
各地区客运量	Pearson 相关性	1	0.667**	−0.051	0.081	−0.364	0.685**
	显著性（双侧）		0.000	0.793	0.678	0.053	0.000
各地区货运量	Pearson 相关性	0.667**	1	0.279	0.179	−0.589**	0.549**
	显著性（双侧）	0.000		0.143	0.353	0.001	0.002
各地区运输线路长度	Pearson 相关性	−0.051	0.279	1	0.537**	−0.122	−0.027
	显著性（双侧）	0.793	0.143		0.003	0.529	0.891
交通运输、邮电通信业就业人数	Pearson 相关性	0.081	0.179	0.537**	1	−0.156	−0.032
	显著性（双侧）	0.678	0.353	0.003		0.418	0.868
政府消费占GDP比重	Pearson 相关性	−0.364	−0.589**	−0.122	−0.156	1	−0.372*
	显著性（双侧）	0.053	0.001	0.529	0.418		0.047
进出口额占销售总额比重	Pearson 相关性	0.685**	0.549**	−0.027	−0.032	−0.372*	1
	显著性（双侧）	0.000	0.002	0.891	0.868	0.047	

注：*表示在0.05水平（双侧）上显著相关，**表示在0.01水平（双侧）上显著相关，样本数为29个。

由表4-4可以看出，物流产业发展水平与衡量省际贸易壁垒的政府消费占GDP比重指标之间存在着明显的负相关关系，相关系数分别为−0.364、−0.589、−0.122和−0.156；而反映物流产业发展水平的客运量和货运量与衡量省际贸易壁垒的进出口额占销售总额比重存在着明显的正相关关系，相关系数分别为0.685、0.549，均通过了1%的双尾显著性检验。

实证结果表明：①物流产业发展与区域贸易壁垒之间存在显著的负相关关系，说明物流产业通过为国内市场提供经济协作平台，提升省际信息、商品与技术交换效率，消除了形成地方性贸易保护和贸易壁垒的因素，进而促进了商品市场规模的延伸，打破了省份边界效应对省际贸易量的影响。②物流产业发展水平与区域贸易外向度存在正相关关系，说明物流产业发展能够保持省际贸易的通畅，增强区域经济与国内外市场的融合度。

三、回归分析

为进一步验证二者之间的关系,下面分别对中国物流产业发展指标与省际贸易壁垒、省际贸易外向度进行回归①,以物流产业发展综合指标为因变量,并利用SPSS17.0进行处理,结果如表4-5所示。

表4-5 中国物流产业发展指标与省际贸易壁垒回归分析结果(1)

模型	非标准化系数		标准系数	t	Sig.
	参数	标准误差			
常量	4.285	1.102	—	—	—
政府消费占GDP比重	-11.111	5.768	-0.329	-1.926	0.065
进出口额占销售总额比重	1.239	0.555	0.381	2.231	0.035
项目	平方和	自由度	均方	F	Sig.
回归	23.697	2	11.849	6.901	0.004
残差	44.638	26	1.717	—	—
总计	68.336	28	—	—	—
调整后的R^2	0.297	标准估计误差	1.31029	D-W检验	1.95

注:以物流产业发展综合指标为因变量。

可得回归方程:$L = 4.285 - 11.111Z + 1.239M$,方程在0.1的水平(双侧)上通过检验,表明物流产业发展与政府消费占GDP比重成反比,与进出口额占销售总额比重成正比,方程拟合效果较好。进一步说明物流产业发展受贸易壁垒影响。因此,通过降低贸易壁垒,促进经济一体化以实现物流产业发展十分必要。

以省际贸易壁垒、省际贸易外向度为因变量分别进行回归的结果如表4-6和表4-7所示。回归分析结果表明,省际贸易壁垒和省际贸易外向度与物流产业发展的回归方程并不显著,说明物流产业发展并不能充分解释区域经济一体化的发展程度。

---

① 分别将物流产业发展的综合指标与省际贸易壁垒、省际贸易外向度互为因变量和自变量。

表4-6 中国物流产业发展指标与省际贸易壁垒回归分析结果（2）

	模型	非标准化系数		标准系数	t值	Sig.
		B	标准误差			
省际贸易壁垒	常量	0.193	0.019	—	10.200	0.000
	各地区客运量	0.002	0.004	0.101	0.432	0.670
	各地区货运量	-0.014	0.005	-0.673	-2.778	0.010
	各地区运输线路长度	0.003	0.005	0.133	0.628	0.536
	交通运输、邮电通信业就业人员数	-0.003	0.004	-0.116	-0.591	0.560
	项目	平方和	自由度	均方	F	Sig.
	回归	0.022	4	0.005	3.391	0.025
	残差	0.038	24	0.002	—	
	总计	0.060	28	—	—	
	调整后的 R^2	0.255	标准估计误差	0.03994	D-W检验	1.724

表4-7 中国物流产业发展指标与省际贸易壁垒回归分析结果（3）

	模型	非标准化系数		标准系数	t值	Sig.
		B	标准误差			
省际贸易壁垒	常量	0.294	0.174	—	1.687	0.105
	各地区客运量	0.092	0.033	0.573	2.753	0.011
	各地区货运量	0.040	0.047	0.184	0.855	0.401
	各地区运输线路长度	0.004	0.048	0.015	0.081	0.936
	交通运输、邮电通信业就业人员数	-0.028	0.040	0.119	0.688	0.498
	项目	平方和	自由度	均方	F	Sig.
	回归	3.215	4	0.804	5.932	0.002
	残差	3.252	24	0.136	—	
	总计	6.467	28	—	—	
	调整后的 R^2	0.413	标准估计误差	0.368	D-W检验	1.759

对物流产业发展的各项指标求加权平均得到物流产业发展综合指标，对进出口额占销售总额比重取倒数后再与政府消费占GDP比重求加权平均后得到贸易壁垒综合指标，如表4-8所示，从而得到各省市物流产业发展和贸易壁垒的地区差异，如图4-2所示。

表 4-8　2017 年中国 29 个省份物流产业发展与贸易壁垒的综合指标值

省份	物流产业发展综合指标	贸易壁垒综合指标	省份	物流产业发展综合指标	贸易壁垒综合指标
北京	5.75	4.0134	河南	10.83	0.8712
天津	0.24	1.7037	湖北	8.45	4.1381
河北	7.63	1.1854	湖南	8.91	2.8061
山西	7.09	2.6494	广东	12.66	0.5413
内蒙古	9.47	2.8802	广西	4.80	1.9500
辽宁	10.06	1.5428	重庆	2.84	4.5105
吉林	4.73	3.0715	四川	8.89	2.6981
黑龙江	7.67	1.6988	贵州	1.56	2.9466
上海	3.42	1.3874	云南	2.23	4.5508
江苏	8.32	0.7927	陕西	7.17	3.1164
浙江	6.98	1.1683	甘肃	2.22	3.4018
安徽	7.99	2.6942	青海	2.82	5.1620
福建	2.51	1.0131	宁夏	0.86	2.8166
江西	4.88	1.2569	新疆	2.91	1.8658
山东	13.47	0.9933			

注：由于数据获取限制，西藏与海南的数据缺失，故选择 29 个省份的指标数据。

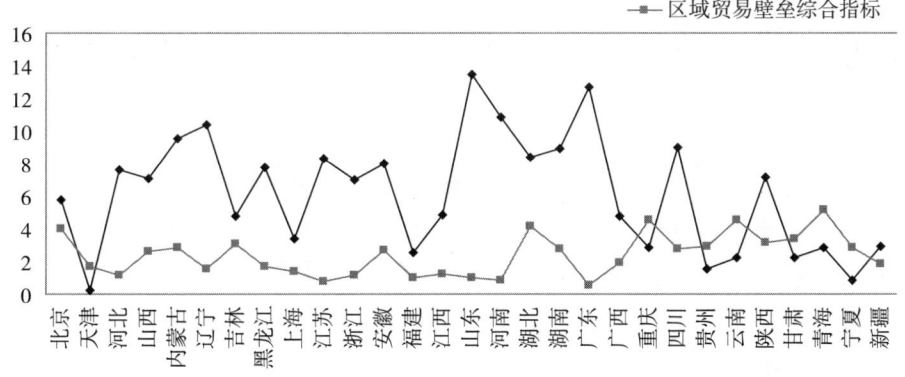

图 4-2　2017 年中国 29 个省份物流产业发展和贸易壁垒的地区差异

从以上分析可以看出，区域物流产业发展与区域贸易壁垒之间呈现明显的互补关系，即物流产业发展水平高的地区，其贸易壁垒较低。贸易壁垒低、贸易外向度高的省市多为东部沿海省市,如广东、山东、辽宁等省,其物流基础设施较为完善,对外贸易依存度高,也有利于参与内陆省份的双边贸易;而中西部省市由于封闭的地理区位,欠发达的物流基础条件等制约,加之省际贸易壁垒较高,因此对外贸易发展普遍较弱。

结论:(1)物流产业发展与区域贸易壁垒之间存在相关性,区域贸易壁垒的存在成为制约物流产业发展的重要影响因素。省际贸易壁垒是制约物流产业发展的主要因素,地方保护主义导致省际贸易中的交易成本上升,使全国性要素和商品市场不统一,阻碍省际贸易的顺利进行。省际贸易壁垒的存在和扩大,使省份之间难以形成有效的分工机制并会导致产业结构趋同和资源垄断。

(2)中国区域经济发展不平衡,各省市之间贸易壁垒不同,东部沿海地区的贸易壁垒较低,区域经济一体化程度较高。省际贸易壁垒存在地区差异,表明全国市场分割程度不同。物流产业发展水平较高的省市多分布在经济发达的东部地区及沿海地区,良好的区位条件、丰富的资源及便捷的交通,较好地满足了物流产业发展的需要,具有推动和提升区域物流产业整体发展的能力。物流产业基础设施完备、物流市场供求旺盛、对外联系面广、经济辐射能力强,成为推动区域物流产业发展水平提升和区域经济增长的关键因素。

第三节 区域经济与物流产业发展的协整分析

上一节从物流产业对区域经济贸易效应的角度验证了二者之间的相关性,本节采用协整分析方法,探求两者之间是否存在长期的均衡关系,并对其进行格兰杰因果检验,求证二者是否存在因果关系。

一、协整理论

协整理论是 Engle 和 Grange 针对传统计量经济模型中非平稳时间序列所可能产生的"伪回归"现象(Spurious Regression)在 1987 年提出的一种理论和方法,为非平稳时间序列的建模提供了有效途径。通过这种理论和方法不仅可以探求非平稳经济变量的短期动态波动特征，还能够揭示经济变量间的长期均衡关系。因此，被广泛地应用于大量复杂时间序列的宏观经济问题的研究中。

在介绍协整关系之前，有必要了解一下"单整"的概念。单整性是用来描述一个随机过程平稳性的概念，如果一个原序列是非平稳的时间序列，经过一次差分（$\Delta y_t = y_t - y_{t-1} = \mu_t$，其中，$\mu_t$ 是白噪声）后变成平稳序列，就可以称原序列是一阶单整的时间序列，即 $y_t \sim I(1)$；如果原序列 y_t 经过二次差分（$\Delta^2 y_t = y_t - y_{t-1}$）才变成平稳序列，则称原序列 y_t 是二阶单整的时间序列，即 $y_t \sim I(2)$；同理，若一个非平稳序列经过 d 阶差分（$\Delta^d y_t = \Delta(\Delta^{d-1} y_t)$）后才是平稳的，就可得出 $y_t \sim I(d)$。一般来说，平稳序列都是零阶单整的，可记作 $I(0)$，即表示原序列无须差分就是平稳的。协整刻画了两个或者多个序列之间的平衡或平稳关系。对于大多数经济时间序列来说，其中的每一个序列可能都是非平稳的，但是其线性组合可能是平稳的，Engle 和 Grange 认为，变量间的这种关系就是协整关系，于是给出协整的定义：

k 维向量 $y_t = (y_{1t}, y_{2t}, \cdots, y_{kt})$ 的分量间被称为 d，b 阶协整，记作 $y_t \sim CI(d, b)$，如果满足：

(1) $y_t \sim I(d)$，要求 y_t 的每个分量 $y_{it} \sim I(d)$；

(2) 存在非零列向量，使得 $\alpha y_t \sim I(d-b)$，其中 $0 < b \leq d$。

就可以称 y_t 是协整的，其中向量 $\alpha (\alpha_1, \alpha_2, \cdots, \alpha_n)$ 被称为协整向量。

在这里需要注意的是：第一，作为非平稳变量之间关系的描述，协整向量不是唯一的；第二，协整变量必须具有相同的单整阶数；第三，最多可能存在 $k-1$ 个线性无关的协整向量（y_t 的维数是 k）；第四，协整变量之间具有共同的趋势成分，在数量上成比例[①]。

二、协整检验计量模型

1. 单位根检验

在进行协整分析之前为了检查序列是否平稳必须先对时间序列进行单

---

① 高铁梅. 计量经济分析方法与建模 [M]. 北京：清华大学出版社，2008.

位根检验，比较常用的就是 ADF 检验，这种方法是 Dickey 和 Fuller 于 1979 年在 DF 检验的基础上提出的。ADF 检验模型有三种形式分别为：

① $\Delta y_t = \alpha + \beta t + \delta y_{t-1} + \sum^{p} \lambda_j \Delta y_{t-j} + \mu_t$ （4-1）

其中，y_t 既包含趋势项，又包含截距项。

② $\Delta y_t = \alpha + \delta y_{t-1} + \sum^{p} \lambda_j \Delta y_{t-j} + \mu_t$ （4-2）

其中，y_t 只含截距项，不含趋势项。

③ $\Delta y_t = \delta y_{t-1} + \sum^{p} \lambda_j \Delta y_{t-j} + \mu_t$ （4-3）

其中，y_t 既不含趋势项，也不含截距项。

在上述式中，y_t 为待检验的时间序列；Δ 为一阶差分算子；α 为截距项；δy_{t-1} 为趋势项；$\mu_i \sim (0, \sigma)$ 为随机误差项；p 为使残差项为白噪声的最优滞后阶数。对于滞后阶数的确定原则有两种，一种是赤池信息准则（AIC）；另一种是舒瓦茨信息准则（SIC）。通常要求使 AIC 值或 SIC 值变小，才在原模型中增加滞后变量。

应用 ADF 法进行检验应遵循以下步骤：通常先从模型（4-1）开始检验，若模型（4-1）中的时间趋势项检验结果为零，则采用该式模型进行检验，若不为零则需对模型（4-2）进行检验，若该式中常数项检验结果为非零，则选取模型（4-1）作为此步检验结果，相反则采用模型（4-3）作为检验模型。

当 ADF 检验的统计量大于临界值时，不能拒绝原假设，接着要对序列的一阶差分进行 ADF 检验，如果不包含单位根，则此序列为 I（1），即一次单整；如果仍然存在单位根，还可以继续对二阶差分进行检验。

2. Engle-Granger 两步协整检验法

为了检验两变量 y_t，x_t 是否协整，Engle 和 Granger 于 1978 年提出了两步检验法，也称"E-G 检验"。具体步骤如下：

第一步，利用单位根检验方法求出两个变量单整阶数，然后分情况处理：

（1）若两变量单整的阶数相同，可进一步进行协整检验；

（2）若两变量单整的阶数不同，则不能进行协整检验；

（3）若两变量是平稳序列，则检验停止，可采用标准的回归方法处理。

第二步，若两变量是同阶单整，估计残差项 e_t，可用最小二乘法（OLS

法）估计长期均衡方程：

$$y_t = \alpha + \beta x_t + \mu_t \tag{4-4}$$

得到　　$\hat{y}_t = \hat{\alpha} + \hat{\beta} x_t$ (4-5)

其中，用 $\hat{\alpha}$，$\hat{\beta}$ 表示回归系数的估计值，并保存残差 $e_t = y_t - \hat{y}_t$ 作为均衡误差 μ_t 的估计值。

第三步，对残差序列 e_t 进行 ADF 平稳性检验。由于两变量协整关系存在的一个重要条件就是协整回归方程的残差序列是平稳的，所以要对 e_t 进行检验。即

$$\Delta e_t = \delta e_{t-1} + \sum^{p} \delta_j \Delta e_{t-j-1} + v_t \tag{4-6}$$

需要注意的是，由于协整回归已经含有截距项，则检验模型中无须再用截距项，如式（4-6）所示。如果 e_t 为稳定序列，则认为变量 y_t 和 x_t 为（1，1）阶单整；若 e_t 为一阶单整，则认为 y_t 和 x_t 为（2，1）阶单整，依次类推。

第四步，得出两变量是否协整的结论，原假设和备择假设分别是：

H_0：$\delta = 0$　　H_1：$\delta < 0$

若 $t_\delta > \tau$，则接受原假设，即 e_t 为非平稳序列，两变量是非协整的；若 $t_\delta < \tau$，则拒绝原假设，即 e_t 为平稳序列，两变量是协整的。这是因为若 y_t 与 x_t 不是协整的，则它们的任一线性组合都是非平稳的，因此残差 e_t 将是非平稳的。换言之，对残差序列 e_t 是否具有平稳性的检验，也就是对 y_t 与 x_t 是否存在协整关系的检验。如果残差项 e_t 是平稳的，则变量间是协整的，存在长期均衡关系。如果残差项 e_t 是非平稳的，则变量间不是协整的，不存在长期均衡关系。

3. 误差修正模型

由协整理论可知，如果两个变量是协整的，它们之间的短期非均衡关系一定可以用一个误差修正模型来表示。

（1）误差修正模型。

误差修正模型（Error Correction Model，ECM）是由 Davidson、Hendry、Srba 和 Yeo 于 1978 年提出的，也被称为 DHSY 模型。下面通过具体模型来介绍其结构，假设两变量 X 与 Y 的长期均衡关系可表示为：

$$Y_t = \alpha_0 + \alpha_1 X_t + \mu_t \tag{4-7}$$

由于现实生活中经济变量 X 与 Y 很少处在均衡点上，因此实际观测到的

只是 X 与 Y 短期的或非均衡关系，假设具有如下（1,1）阶分布滞后形式：

$$Y_t = \beta_0 + \beta_1 X_t + \beta_2 X_{t-1} + \mu Y_{t-1} + \varepsilon_t \tag{4-8}$$

由于变量可能是非平稳的，不能直接用 OLS 法，因此可以对其进行适当变形得到：

$$\Delta Y_t = \beta_1 \Delta X_t - \lambda(Y_{t-1} - \alpha_0 - \alpha_1 X_{t-1}) + \varepsilon_t \tag{4-9}$$

其中，$\lambda = 1-\mu$；$\alpha_0 = \beta_0/1-\mu$；$\alpha_1 = \beta_1 + \beta_2/1-\mu$。如果将式（4-9）中的参数与 $Y_t = \alpha_0 + \alpha_1 X_t + \mu_t$ 中的相应参数视为相等，那么式（4-9）括号中的项就是 $t-1$ 期的非均衡误差项，式（4-9）称为一阶误差修正模型（First-order Error Correction Model），还可以进一步将其变形为：

$$\Delta Y_t = \beta_1 \Delta X_t - \lambda ecm_{t-1} + \varepsilon_t \tag{4-10}$$

其中，λecm_{t-1} 表示误差修正项，λ 为修正系数，ε_t 表示随机误差项。由分布滞后模型可知，一般情况下，$|\mu|<1$，由关系式 $\lambda = 1-\mu$ 得 $0<\lambda<1$，可据此分析 ECM 的修正作用：

1）若（$t-1$）时刻 Y 大于长期均衡解 $\alpha_0 + \alpha_1 X$，ecm 为正，则 $-\lambda ecm$ 为负，使得 ΔY_t 减少；

2）若（$t-1$）时刻 Y 小于长期均衡解 $\alpha_0 + \alpha_1 X$，ecm 为负，则 $-\lambda ecm$ 为正，使得 ΔY_t 增大。

（2）误差修正模型的建立。

由协整与误差修正模型的关系，可以得到误差修正模型建立的 E-G 两步法：

第一步，可利用 OLS 法进行协整回归，检验变量间的协整关系，估计协整向量（长期均衡关系参数）；

第二步，若协整性存在，则以第一步求得残差作为非均衡误差项加入误差修正模型中，并用 OLS 法估计相应参数。

4. Granger 因果检验

Granger 检验的基本思想是"过去可以预测未来""若事件 X 是事件 Y 的原因，则事件 X 可以领先于事件 Y。Granger 因果关系检验的实质是检验一个变量的滞后变量是否受到其他变量的滞后影响，如果存在影响，则称它们之间存在 Granger 因果关系"。

具体来讲，对于两个变量 Y 与 X，格兰杰因果检验要求估计以下回归：

$$Y_t = \alpha_0 + \sum_{i}^{m} \alpha_i X_{t-i} + \sum_{i}^{m} \beta_i Y_{t-i} + \mu_{1t} \tag{4-11}$$

$$X_t = \beta_0 + \sum_{i}^{m} \lambda_i Y_{t-i} + \sum_{i}^{m} \delta_i X_{t-i} + \mu_{2t} \qquad (4-12)$$

可能会出现四种检验结果：

(1) X 对 Y 有单向影响：α 整体不为零，而 λ 整体为零；

(2) Y 对 X 有单向影响：λ 整体不为零，而 α 整体为零；

(3) Y 与 X 间存在双向影响：α 和 λ 整体不为零；

(4) Y 与 X 间存在影响：α 和 λ 整体为零。

Granger 因果检验的步骤：如果要研究 X 是否影响 Y，首先检验假设 X 不影响 Y，则：

(1) 根据模型（4-11）以及 X 和 Y 的滞后值，对 Y 进行回归：

$$Y_t = \alpha_0 + \sum_{i}^{m} \alpha_i X_{t-i} + \sum_{i}^{m} \beta_i Y_{t-i} + \mu_{1t} \qquad (4-13)$$

得到无约束残差平方和 RSS_{UR}。

(2) 利用模型（4-11）用 Y 的滞后值对 Y 进行回归：

$$Y_t = \alpha_0 + \sum_{i}^{m} \beta_i Y_{t-i} + \mu_{1t} \qquad (4-14)$$

得到受约束残差平方和为 RSS_R。

(3) 提出零假设 $H_0: \alpha_1 = \alpha2 = \cdots = \alpha_m = 0$，通过 F 检验判断 X 是否增强了第一个回归的解释能力，F 统计量为：

$$F = \frac{(RSS_R - RSS_{UR})/m}{RSS_{UR}/n - k} \qquad (4-15)$$

其中，n 是样本容量，m 等于滞后项 X 的个数，即有约束回归方程中待估参数的个数，k 是无约束回归中待估参数的个数。

(4) 如果 $F>F_\alpha(m, n-k)$，则拒绝原假设。表明 X 是 Y 原因，X 影响 Y；如果 $F<F_\alpha(m, n-k)$，则不拒绝原假设。

(5) 同样，为检验 Y 是否是 X 的原因，可将变量 Y 与 X 互替换，重复以上步骤。

5. Johansen 协整检验法

(1) JJ 协整检验原理。

前面所介绍的协整检验和误差修正模型主要是单方程而言，而对于多变量协整检验可采用 Johansen（1988）和 Juselius（1990）所提出的方法，此种方法是基于回归系数的协整检验方法，也称 JJ（Johanson-Juselius）检验。首先建立一个 VAR（p）模型：

$$y_t = \alpha + \Pi_1 y_{t-1} + \cdots + \Pi_p y_{t-p} + \mu_t \qquad (4-16)$$

其中，y_{1t}，y_{2t}，…，y_{kt} 都是非平稳的 I(1) 变量；μ_t 是 k 维扰动向量。可进一步变形为：

$$y_t = \alpha + \sum_{j=1}^{p} \Pi_j y_{t-j} + \mu_t \qquad (4-17)$$

将式（4-17）进行差分变换，可得

$$\Delta y_t = \sum_{j=1}^{p} \Gamma_j \Delta y_{t-j} + \Pi y_{t-1} + \varepsilon_t \qquad (4-18)$$

由于 I(1) 过程经过差分变换成 I(0) 过程，即式（4-18）中的 Δy_t，Δy_{t-j}，$j=1$，2，3，…，p 都是 I(0) 变量构成的向量。那么只要 Πy_{Mt-1} 是 I(0) 的向量，即 y_{1t-1}，y_{2t-1}，…，y_{Mt-1} 之间才具有协整关系，就能保证 Δy_t 是平稳过程。变量 y_{1t-1}，y_{2t-1}，…，y_{Mt-1} 之间是否具有协整关系主要依赖于 $R(\Pi)$。如果 $R(\Pi) = r$，则存在 3 种情况：$r = M$，$r = 0$，$0 < r < M$：

1）如果 $r = M$，显然只有当 y_{1t-1}，y_{2t-1}，…，y_{Mt-1} 都是 I(0) 变量时，才能保证 Πy_{t-1} 是 I(0) 变量构成的向量。而这与已知的 y_t 为 I(1) 过程相矛盾，所以必然有 $r < M$。

2）如果 $r = 0$，意味着 $\Pi = 0$，因此式（4-18）仅仅是个差分方程，各项都是 I(0) 变量，不需要讨论 y_{1t-1}，y_{2t-1}，…，y_{Mt-1} 之间是否具有协整关系。

3）如果 $0 < r < M$，则表示存在 r 个协整组合，其余 $M-r$ 个关系仍为 I(1) 关系。在这种情况下，Π 可以分解成两个（$M \times r$）阶矩阵 α 和 β 的乘积：

$$\Pi = \alpha \beta' \qquad (4-19)$$

其中，$R(\alpha) = r$，$R(\beta) = r$。将式（4-19）代入式（4-18）得：

$$\Delta y_t = \alpha \beta y_{t-1} + \sum^{p} \Gamma_j \Delta y_{t-j} + \varepsilon_t \qquad (4-20)$$

式（4-20）要求 βy_{t-1} 为一个 I(0) 向量，其每一行所表示的 y_{1t-1}，y_{2t-1}，…，y_{Mt-1} 的线性组合都是一种协整形式，所以矩阵 β' 决定了 y_{1t-1}，y_{2t-1}，…，y_{Mt-1} 之间协整向量的个数与形式。

（2）JJ 检验的基本方法与步骤[1]：

第一步，用 OLS 法分别估计方程（4-19），并计算残差，得到残差矩阵 S_0，为一个（$M \times T$）阶矩阵：

---

[1] 易丹辉. 数据分析与 Eviews 应用 [M]. 北京：中国统计出版社，2002.

$$\Delta y_t = \sum_{j=1}^{p} \Gamma_j \Delta y_{t-j} + \mu_t \qquad (4\text{-}21)$$

$$\mu = \begin{bmatrix} \mu_{11} & \mu_{12} & \cdots & \mu_{1T} \\ \mu_{21} & \mu_{22} & \cdots & \mu_{2T} \\ \vdots & \vdots & \ddots & \vdots \\ \mu_{M1} & \mu_{M2} & \cdots & \mu_{MT} \end{bmatrix}$$

第二步，用 OLS 法分别估计方程（4-22），并计算残差，得到残差矩阵 S'，也为一个（$M \times T$）阶矩阵：

$$y_{t-1} = \sum_{j=1}^{p} \Gamma_j \Delta y_{t-j} + \mu_t \qquad (4\text{-}22)$$

第三步，由式（4-9）和式（4-22）构造上述残差矩阵的积矩阵：

$R_{00} = T^{-1} S_0 S'_0 \qquad R_{01} = T^{-1} S_0 S'_1$

$R_{10} = T^{-1} S_1 S'_0 \qquad R_{11} = T^{-1} S_1 S'_1$

第四步，计算有序特征值与特征向量：

计算 $R_{10} R_{00}^{-1} R_{01}$ 关于 R_{11} 的有序特征值与特征向量，特征值即为特征方程 $|\lambda R_{11} - R_{10} R_{00}^{-1} R_{01}| = 0$ 的解，$1 \geqslant \lambda_1 \geqslant \lambda_2 \geqslant \cdots \geqslant \lambda_r \geqslant \lambda_M \geqslant 0$ 构成对角矩阵 Λ，对应的特征向量构成的矩阵为 B，则有

$$R_{11} B \Lambda = R_{10} R_{00}^{-1} B \qquad (4\text{-}23)$$

其中，B 由下式正规化：$B' R_{11} B = I$ （4-24）

第五步，设定似然函数，当 Π 无约束时，第四步中的 M 个特征值都保留，其对数似然函数依赖于：$-\dfrac{1}{2} \Gamma \sum_{j=1}^{M} \ln(1 - \lambda_t)$

但当 $R(\Pi) = r$（$0 < r < M$），对数似然函数是 r 个最大特征值的函数 $-\dfrac{1}{2} \Gamma \sum_{j=1}^{r} \ln(1 - \lambda_t)$

如果 r 个最大的特征值给出了协整向量，对其余 $M-r$ 个非协整组合来说 $\lambda_{r+1}, \cdots, \lambda_M$ 应该为 0。于是设零假设为 H_0：有 $M-r$ 个单位根，即有 r 个协整关系。H_1 为无约束，检验统计量为：

$$\eta(M - r) = -T \sum_{i=r+1}^{M} \ln(1 - \lambda_i) \quad r = 0, 1, 2, \cdots, M-1 \qquad (4\text{-}25)$$

服从 Johansen 分布，被称为特征值轨迹统计量。当 $r = 0, 1, 2, \cdots, M-1$ 时，可得到一系列统计量值 $\eta(M), \eta(M-1), \cdots, \eta(1)$，依次检

验这一系列统计量的显著性。

当 $\eta(M)$ 不显著时,(即 $\eta(M)$ 值小于某显著水平下的 Johansen 分布临界值)不拒绝 H_0(即不拒绝 r=0),说明有 k 个单位根,有 0 个协整向量(即不存在协整关系)。当 $\eta(M)$ 显著时(即 $\eta(M)$ 值大于某显著性水平下的分布临界值,拒绝 H_0),则表明至少有一个协整向量,必须接着检验 $\eta(M-1)$ 的显著性。以此类推,一直检验到出现第一个不显著的 $\eta(M-r)$ 为止。

三、实证分析及结果

1. 指标选取与数据处理

衡量区域经济增长和物流产业发展水平的指标很多,考虑到各指标的代表性,数据的可获得性和有效性,本书在选择区域物流产业发展指标时舍弃了传统的商流以及企业内部物流活动的发展指标,而仅以东部、西部、中部、东北四大经济区域①(按照 2011 年的划分方法)的交通运输业、仓储和邮政业的总产值作为衡量各区域物流产业发展水平的指标,用 X 代表;以各区域的生产总值(GDP)作为衡量各区域经济发展水平的指标,用 Y 代表。同时,选定实证分析的考察时期为 1997~2017 年。首先将各地区的 GDP 和物流产值的名义值分别除以各自的指数得到实际值(以 1978 年为基期),具体的换算公式为:

t 年国内生产总值=该年基于 1978 年的国内生产总值指数×1978 年的国内生产总值

其次为了剔除个别区域物流产业发展与经济增长之间可能存在的异常关系,本书对东部、中部、西部和东北四大经济区域内各省的数据进行加总平均,并做了对数处理以平滑时间序列的指数关系和消除异方差,以便于研究和得出更为准确的结论(换算后的数据见表 4-9 和表 4-10)。

在此节分析中,东部、中部、西部和东北地区 GDP 的实际值分别用变量 EASTY、WESTY、MIDY 和 N-EASTY 代表;而东部、中部、西部及东北 GDP 的实际值的对数值分别用变量 EASTLY、WESTLY、MIDLY 和 N-EAST-

---

① 东部地区包括北京、天津、河北、上海、江苏、浙江、福建、山东、广东和海南;中部地区包括山西、安徽、江西、河南、湖北和湖南;西部地区包括内蒙古、广西、重庆、四川、贵州、云南、西藏、陕西、甘肃、青海、宁夏和新疆;东北地区主要是辽宁、吉林和黑龙江三省。

LY 来表示；四大区域的物流产值的实际值分别用变量 EASTX、WESTX、MIDX 和 N-EASTX 表示；四大区域物流产值实际值的对数值分别用变量 EASTLX、WESTLX、MIDLX 和 N-EASTLX 表示（注：四大区域 GDP 和物流产业名义值数据见附录2）。

表 4-9　1997~2017 年我国四大区域 GDP 与物流产业实际值（以 1978 年为基期）

（单位：万亿元）

年份	Y 实际值（GDP）				X 实际值			
	东部	中部	西部	东北	东部	中部	西部	东北
1997	32.26349	14.31691	14.06424	8.087776	1.556316	0.642004	0.605009	0.413783
1998	35.49724	15.11141	14.55879	8.238617	1.85909	0.694685	0.690968	0.442918
1999	42.223	17.14041	16.30012	9.8202	2.59789	0.993268	0.900754	0.563451
2000	50.0606	20.0705	18.6766	11.4214	3.208495	1.166481	0.984699	0.660579
2001	59.9956	23.67316	21.08057	9.98433	3.956779	1.386003	1.128244	0.595265
2002	62.7933	26.17224	22.66469	12.48178	4.372971	1.561777	1.248986	0.72299
2003	64.67761	27.13655	22.95845	12.66009	4.810769	1.693962	1.326234	0.821418
2004	65.00272	26.92068	22.49291	12.70324	4.847192	1.762591	1.4028	0.842106
2005	64.82988	25.87985	21.90615	12.46777	4.820078	1.74444	1.459221	0.840544
2006	67.1411	26.04419	20.60941	12.82175	5.157792	1.848467	1.455262	0.859119
2007	68.48128	26.16181	22.17307	12.91198	5.488585	1.863873	1.646714	0.895141
2008	69.98311	26.20007	22.36682	12.90544	5.582393	1.929692	1.743947	0.908535
2009	74.18593	26.67388	23.23817	13.11517	5.756406	2.038809	1.802819	0.956287
2010	81.3253	29.5092	25.36801	13.91748	5.926956	2.115781	1.858222	0.991496
2011	90.81679	30.75867	27.67127	14.16125	4.581226	1.921012	1.693926	0.840045
2012	94.28026	31.68938	28.98309	14.45606	5.05017	1.983709	1.788171	0.831541
2013	97.8461	33.42384	30.74126	15.01168	5.179063	2.0331	1.811768	0.846451
2014	104.0302	37.01701	34.12805	16.51765	5.541675	2.187616	1.941731	0.87321
2015	105.495	37.8574	35.9342	16.67019	5.689451	2.098714	2.142307	0.923817
2016	112.6964	41.823	39.5398	18.21043	6.226707	2.214191	2.246131	0.959065
2017	116.7453	44.946	43.2178	21.6574	6.543821	2.569412	2.317657	0.983564

表4-10 1997~2017年我国四大区域GDP与物流产业实际值取对数

年份	Y实际值（GDP）取对数				X实际值取对数			
	东部	中部	西部	东北	东部	中部	西部	东北
1997	3.473936	2.661441	2.643635	2.090354	0.442321	-0.443161	-0.502512	-0.882414
1998	3.569455	2.71545	2.678195	2.108832	0.620087	-0.364297	-0.369662	-0.814371
1999	3.742965	2.841439	2.791172	2.284441	0.9547	-0.006755	-0.104523	-0.573675
2000	3.913234	2.999251	2.927271	2.435489	1.165802	0.153992	-0.015419	-0.414639
2001	4.094271	3.164342	3.048352	2.301017	1.37543	0.326424	0.120662	-0.518749
2002	4.139848	3.264699	3.120808	2.52427	1.475443	0.445824	0.222332	-0.32436
2003	4.169415	3.300882	3.133686	2.538455	1.570857	0.52707	0.282343	-0.196723
2004	4.174429	3.292895	3.1132	2.541857	1.5784	0.566785	0.33847	-0.171849
2005	4.171767	3.253465	3.086767	2.523147	1.57279	0.556434	0.377903	-0.173706
2006	4.206796	3.259795	3.025748	2.551143	1.640509	0.614357	0.375186	-0.151848
2007	4.22656	3.264301	3.098878	2.558156	1.70267	0.622657	0.498782	-0.110774
2008	4.248254	3.265762	3.107579	2.557649	1.719618	0.65736	0.556151	-0.095922
2009	4.306575	3.283685	3.145796	2.57377	1.750313	0.712366	0.589352	-0.044697
2010	4.398457	3.384702	3.233489	2.633146	1.779511	0.749424	0.61962	-0.00854
2011	4.508844	3.426172	3.320395	2.650509	1.521967	0.652852	0.527049	-0.1743
2012	4.546272	3.455982	3.366713	2.671114	1.619422	0.684968	0.581193	-0.184475
2013	4.583396	3.509269	3.425606	2.708829	1.644624	0.709562	0.594303	-0.166703
2014	4.644681	3.611378	3.53012	2.80443	1.712297	0.782812	0.66358	-0.135579
2015	4.658664	3.633826	3.581689	2.813622	1.738614	0.741325	0.761883	-0.079241
2016	4.724697	3.733446	3.677308	2.901995	1.828848	0.794887	0.809209	-0.041796
2017	4.803659	3.796531	3.784397	2.980426	1.894562	0.845823	0.854326	-0.012693

注：表中数据经计算整理所得，基础数据见附录1。

2. 协整检验过程及结果分析

（1）单位根检验。在对序列进行协整分析之前，首先要对各序列进行单位根检验，确定是否为平稳序列。本节以1991~2011年中国东部、中部、西部和东北四大区域的GDP及其各自物流产业产值的对数值为研究对象，采用ADF（The Augmented Dickey-Fuller Test）方法分别对其进行检验，确定其平稳性（采用Eviews 6.0软件）。检验结果表明，中国东部、中部和东北地区的GDP与物流产值的实际值（取对数）都为一阶单整，而西部地区的GDP与物流产值实际值（取对数）为二阶单整，即四个区域的GDP与各自物流产业实际值之间可能存在协整关系，可进一步进行协整检验和格兰杰因果检验，具体结果如表4-11所示。

表 4-11 四大区域 ADF 检验结果

变量		检验类型 (c, t, p)	ADF 值	临界值	结论
东部地区	EASTLNY	(c, t, 0)	-2.573285	-3.277364***	非平稳
	ΔEASTLNY	(0, 0, 1)	-3.28346	-1.960171**	平稳
	EASTLNX	(c, t, 1)	-3.037305	-3.277364***	非平稳
	ΔEASTLNX	(0, 0, 1)	-2.465305	-2.708094*	平稳
中部地区	MIDLNY	(c, t, 0)	-1.908556	-3.277364***	非平稳
	ΔMIDLNY	(0, 0, 1)	-2.11517	-1.961409*	平稳
	MIDLNX	(c, t, 1)	-2.566009	-3.277364***	非平稳
	ΔMIDLNX	(0, 0, 1)	-3.384058	-2.708094*	平稳
西部地区	WESTLNY	(c, t, 1)	-2.478651	-3.286909***	非平稳
	ΔWESTLNY	(0, 0, 1)	-1.278742	-1.606610***	非平稳
	Δ^2WESTLNY	(0, 0, 1)	-5.316598	-2.708094*	平稳
	WESTLNX	(c, t, 1)	-3.055245	-3.277364***	非平稳
	ΔWESTLNX	(0, 0, 1)	-2.734125	-1.606610***	非平稳
	Δ^2WESTLNX	(0, 0, 1)	-4.216394	2.708094*	平稳
东北地区	N-ESATLNY	(c, t, 1)	-2.934392	-3.277364***	非平稳
	ΔN-ESATLNY	(0, 0, 1)	-4.296112	-2.699769*	平稳
	N-ESATLNX	(c, t, 1)	-2.227693	-3.277364***	非平稳
	ΔN-ESATLNX	(0, 0, 1)	-4.013376	-2.692358*	平稳

注：c 和 t 分别表示带有常数项和趋势项；p 代表滞后阶数；Δ 和 Δ^2 分别代表一阶差分和二阶差分；*、**、和 *** 分别代表 1%，5% 和 10% 的临界值。

（2）中国东部、中部、西部和东北四大区域 GDP 与物流产业的协整检验。本部分采用 Johanson 和 Juselius（1990）的极大似然迹（Trace Test）方法分别对四大区域的 GDP 实际值取对数与物流产值取对数进行协整关系检验。

1）东部地区协整检验。

以东部地区为例，首先通过 Eviews 6.0 建立 VAR 模型，采用 AIC、SC 最小准则的方法来确定滞后期，协整检验结果如表 4-12 所示：

表 4-12 东部地区 GDP 与物流产业产值协整检验结果

Lag	LogL	LR	FPE	AIC	SC	HQ
0	17.36961	NA	0.000502	-1.921201	-1.824627	-1.916255
1	48.86877	51.18613*	1.63e-05*	-5.358596*	-5.068875*	-5.343760*
2	52.54895	5.060255	1.75e-05	-5.318619	-4.835751	-5.293892
3	53.42085	0.980891	2.82e-05	-4.927607	-4.251592	-4.892989
4	57.83087	3.858760	3.17e-05	-4.978858	-4.109696	-4.934350

由表 4-12 可知，滞后期为 1，可建立东部地区 GDP 与东部地区物流产业产值的 VAR 模型：

模型 1：EASTLNY = C(1) + C(2)×EASTLNY(-1) + C(3)×EASTLNY(-2) + C(4)×EASTLNX(-1) + C(5)×EASTLNX(-2)

模型 2：EASTLNX = C(1) + C(2)×EASTLNY(-1) + C(3)×EASTLNY(-2) + C(4)×EASTLNX(-1) + C(5)×EASTLNX(-2)

东部地区 Johanson 协整检验结果如表 4-13 所示。

表 4-13 东部地区 Johanson 协整检验结果

Unrestricted Cointegration Rank Test (Maximum Eigenvalue)				
Hypothesized No. of CE (s)	Eigenvalue	Max-Eigen Statistic	0.05 Critical Value	Prob.**
None*	0.674969	20.22904	14.26460	0.0051
At most 1	0.008461	0.152943	3.841466	0.6957

由 Johanson 检验可知，以检验水平 5% 判断，因为迹统计量检验有 20.38 > 15.49，0.15 < 3.84；最大特征根统计量检验有 20.23 > 14.26，0.15 < 3.84，因此 EASTLNX 与 EASTLNY 存在协整关系，且协整参数向量为 β = (1, 3.97)′，调整参数向量为 α = (0.02, 0.11)′，说明东部地区 GDP 每增加 1%，物流产业总产值增长 3.97%，GDP 关于物流产业发展的长期弹性为 3.97。误差修正模型（VEC）所给出的修正误差项进入 EASTLNY 方程与 EASTLNX 方程的误差修正系数分别为 0.11 和 0.02。东部地区 GDP 与物流产业产值的格兰杰因果检验结果如表 4-14 所示：

表 4-14 东部地区格兰杰因果检验结果

原假设	F 统计量	概率	滞后期	结论
EASTLNX 不是 EASTLNY 的 Granger 因	1.65402	0.2167	1	接受原假设
EASTLNY 不是 EASTLNX 的 Granger 因	0.45388	0.0051		拒绝原假设
EASTLNX 不是 EASTLNY 的 Granger 因	0.78425	0.4769	2	接受原假设
EASTLNY 不是 EASTLNX 的 Granger 因	0.86894	0.0044		拒绝原假设

表 4-14 的结果表明，当滞后期为 1 时，东部 GDP（取对数）在 0.51% 的水平上为东部物流产值（取对数）的 Granger 因，而东部物流产值（取对数）不是东部 GDP（取对数）的 Granger 因，即东部 GDP（取对数）与东部物流产值（取对数）不存在格兰杰双向关系。当滞后期为 2 时，东部 GDP（取对数）在 0.44% 的水平上为东部物流产值（取对数）的 Granger 因，而东部物流产值（取对数）不是东部 GDP（取对数）的 Granger 因。所以，就中国东部地区而言，GDP 与物流产业之间的影响是单向的，GDP 是主导因素，物流产业是受 GDP 影响的一种结果。

2) 中部地区协整检验。

采用 AIC，SC 最小准则的方法来确定中部地区滞后期，检验结果如表 4-15 所示：

表 4-15 中部地区 GDP 与物流产业产值协整检验结果

Lag	LogL	LR	FPE	AIC	SC	HQ
0	24.54264	NA	0.000205	−2.817830	−2.721256	−2.812885
1	58.77056	55.62037	4.72e−06	−6.596320	−6.306599	−6.581484
2	66.40915	10.50307*	3.10e−06*	−7.051144	−6.568276*	−7.026417
3	68.81485	2.706412	4.11e−06	−6.851857	−6.175841	−6.817239
4	75.19919	5.586294	3.62e−06	−7.149899*	−6.280736	−7.105390*

由表 4-15 可知，滞后期为 2，可建立中部地区 GDP 与中部地区物流产业产值的 VAR 模型。

模型 1：MIDLNY = C(1) + C(2) × MIDLNY(−1) + C(3) × MIDLNY(−2) +

C(4)×MIDLNX(-1)+C(5)×MIDLNX(-2)

模型 2：MIDLNX = C(1)+C(2)×MIDLNY(-1)+C(3)×MIDLNY(-2)+C(4)×MIDLNX(-1)+C(5×MIDLNX(-2)

中部地区 Johanson 协整检验结果如表 4-16 所示。

表 4-16　中部地区 Johanson 协整检验结果

Unrestricted Cointegration Rank Test (Maximum Eigenvalue)				
Hypothesized No. of CE（s）	Eigenvalue	Max-Eigen Statistic	0.05 Critical Value	Prob.**
None*	0.887653	39.35097	14.26460	0.0000
At most 1	0.005032	0.090803	3.841466	0.7631

由 Johanson 检验可知，以检验水平 5% 判断，因为迹统计量检验有 39.44>15.49，0.091<3.84；最大特征根统计量检验有 39.35>14.26，0.091<3.84，因此 MIDLNX 与 MIDLNY 存在协整关系，且协整参数向量为 β =（1，3.42）′，调整参数向量为 α =（0.03，0.12）′，说明东部地区 GDP 每增加 1%，物流产业总产值增长 3.42%，GDP 关于物流产业发展的长期弹性为 3.42。误差修正模型（VEC）所给出的修正误差项进入 MIDLNY 方程与 MIDLNX 方程的误差修正系数分别为 0.12 和 0.03。中部地区 GDP 与物流产业产值的格兰杰因果检验结果如表 4-17 所示：

表 4-17　中部地区格兰杰因果检验结果

原假设	F 统计量	概率	滞后期	结论
MIDLNX 不是 MIDLNY 的 Granger 因	1.45404	0.2454	1	接受原假设
MIDLNY 不是 MIDLNX 的 Granger 因	0.11263	0.7415		接受原假设
MIDLNX 不是 MIDLNY 的 Granger 因	0.59319	0.5669	2	接受原假设
MIDLNY 不是 MIDLNX 的 Granger 因	0.61766	0.5543		接受原假设

表 4-17 的结果表明，当滞后期分别为 1 和 2 时，中部 GDP（取对数）与中部物流产业产值（取对数）都不存在格兰杰双向关系。换言之，中部

地区 GDP 与中部地区物流产业产值之间不存在显著的相互影响关系。

3）西部地区协整检验。

采用 AIC、SC 最小准则的方法来确定西部地区滞后期，检验结果如表 4-18 所示：

表 4-18　西部地区 GDP 与物流产业产值协整检验结果

Lag	LogL	LR	FPE	AIC	SC	HQ
0	15.55947	NA	0.000630	−1.694934	−1.598361	−1.689989
1	54.12387	62.66715*	8.44e−06*	−6.015484*	−5.725764*	−6.000648*
2	57.63257	4.824453	9.29e−06	−5.954071	−5.471203	−5.929344
3	59.70738	2.334168	1.28e−05	−5.713423	−5.037408	−5.678805
4	60.66993	0.842224	2.22e−05	−5.333741	−4.464578	−5.289232

由表 4-18 可知，滞后期为 1，可建立西部地区 GDP 与西部地区物流产业产值的 VAR 模型：

模型 1：WESTLNY=C(1)+C(2)×WESTLNY(−1)+C(3)×WESTLNY(−2)+C(4)×WESTLNX(−1)+C(5)×WESTLNX(−2)

模型 2：WESTLNX=C(1)+C(2)×WESTLNY(−1)+C(3)×WESTLNY(−2)+C(4)×WESTLNX(−1)+C(5)×WESTLNX(−2)

西部地区 Johanson 协整检验结果如表 4-19 所示。

表 4-19　西部地区 Johanson 协整检验结果

Unrestricted Cointegration Rank Test (Trace)				
Hypothesized No. of CE (s)	Eigenvalue	Trace Statistic	0.05 Critical Value	Prob.**
None	0.571738	15.544153	15.49471	0.0509
At most 1	0.009795	0.177181	3.841466	0.6738
Unrestricted Cointegration Rank Test (Maximum Eigenvalue)				
Hypothesized No. of CE (s)	Eigenvalue	Max-Eigen Statistic	0.05 Critical Value	Prob.**
None*	0.571738	15.26435	14.26460	0.0346
At most 1	0.009795	0.177181	3.841466	0.6738

由 Johanson 检验可知，以检验水平 5% 判断，因为迹统计量检验有

15.54>15.49，0.177<3.84 最大特征根统计量检验有 15.26>14.26，0.177<3.84，因此 WESTLNX 与 WESTLNY 存在协整关系，且协整参数向量为 $\beta =$ (1, 1.47)′，调整参数向量为 $\alpha =$ (0.02, 0.23)′，说明西部地区 GDP 每增加 1%，物流产业总产值增长 1.47%，GDP 关于物流产业发展的长期弹性为 1.47。误差修正模型（VEC）所给出的修正误差项进入 WESTLNY 方程与 WESTLNX 方程的误差修正系数分别为 0.23 和 0.02。西部地区 GDP 与物流产业产值的格兰杰因果检验结果如表 4-20 所示：

表 4-20　西部地区格兰杰因果检验结果

原假设	F 统计量	概率	滞后期	结论
WESTLNX 不是 WESTLNY 的 Granger 因	0.54348	0.4717	1	接受原假设
WESTLNY 不是 WESTLNX 的 Granger 因	1.55417	0.2305		接受原假设
WESTLNX 不是 WESTLNY 的 Granger 因	0.01307	0.987	2	拒绝原假设
WESTLNY 不是 WESTLNX 的 Granger 因	1.35031	0.2932		接受原假设

表 4-20 的结果表明，当滞后期为 1 时，由于都接受原假设，故西部地区 GDP 与西部地区物流产业产值之间不存在格兰杰双向关系。当滞后期为 2 时，西部地区物流产业产值（取对数）在 1.31% 的水平上为西部地区 GDP（取对数）的 Granger 因，而西部地区 GDP（取对数）不是西部地区物流产业产值（取对数）的 Granger 因，二者不存在双向的格兰杰关系。

4）东北地区协整检验。

采用 AIC，SC 最小准则的方法来确定东北地区滞后期，检验结果如表 4-21 所示：

表 4-21　东北地区 GDP 与物流产值协整检验结果

Lag	LogL	LR	FPE	AIC	SC	HQ
0	25.11027	NA	0.000191	-2.888784	-2.792211	-2.883839
1	44.43776	31.40716*	2.83e-05	-4.804720	-4.514999	-4.789883

续表

Lag	LogL	LR	FPE	AIC	SC	HQ
2	50.68570	8.590922	2.21e-05	-5.085712	-4.602845	-5.060986
3	57.00859	7.113255	1.80e-05*	-5.376074*	-4.700059*	-5.341457*
4	58.66433	1.448766	2.86e-05	-5.083041	-4.213879	-5.038533

由表4-21可知，滞后期为3，可建立东北地区GDP与物流产业产值的VAR模型：

模型1：NEASTLNY＝C(1)+C(2)×NEASTLNY(-1)+C(3)×NEASTLNY(-2)+C(4)×NEASTLNX(-1)+C(5)×NEASTLNX(-2)

模型2：NEASTLNX＝C(1)+C(2)×NEASTLNY(-1)+C(3)×NEASTLNY(-2)+C(4)×NEASTLNX(-1)+C(5)×NEASTLNX(-2)

东北地区Johanson协整检验结果如表4-22所示。

表4-22 东北地区Johanson协整检验结果

Hypothesized No. of CE(s)	Eigenvalue	Max-Eigen Statistic	0.05 Critical Value	Prob.**
None	0.525022	13.40077	14.26460	0.0681
At most 1	0.008457	0.152880	3.841466	0.6958

由Johanson检验可知，以检验水平5%判断，因为迹统计量检验有13.55<15.49，0.15<3.84；最大特征根统计量检验有13.40<14.26，0.15<3.84，因而未通过迹统计量检验与最大特征值检验，故N-EASTLNX与N-EASTLNY不存在长期协整关系（见表4-22）。

（3）结论：从以上分析可以得出，中国东部、中部、西部地区的GDP实际值的自然对数值与各自物流产业实际产值的自然对数值之间，存在长期均衡发展关系，其中，东部物流产业实际产值的自然对数值（EASTLNX）对东部GDP实际产值的自然对数值（EASTLNY）的增长贡献率最高为东部0.2363、中部0.218次之、最低是西部0.2036（由于东北地区GDP与物流产业产值未通过迹统计量检验及最大特征值检验，因而不存在长期协整关系）。很显然，三个地区物流产业对国民经济的贡献存在较大差别。进一步分析表明，东部地区物流产业对GDP的贡献是全国平均水平的1.17倍，而中部和西部则只有全国平均水平的90%和82%。这是由于东部沿海省份的区位优势，地理位置优越，外向型经济发展水平高，交通较为发达，而且相应的物流基础配套设施更为完善。这充分说明了物流产业对经济增长的贡献及促进作用，可能与经济发展水平和经济结构有较大关系。经济发展水平或经济结构是物流产业发展的基础，也是物流产业发展的制约因素。因此，在东部等经济发达地区，大力发展物流产业对经济发展将产生较为明显的促进作用，而在中部、西部和东北等经济相对落后的地区，优化经济结构才能为物流产业发展提供坚实的基础。

第五章

物流产业与区域经济协调发展的理论模型

本章以系统科学理论的思想与方法为基础，以复合系统为研究视角，构建物流产业与区域经济协调发展的理论模型，并对二者的协调发展机理进行深度剖析。由于物流产业是区域经济的重要组成部分，根据系统论的观点，二者之间存在着相互依赖、相互影响和相互制约的关系。因此，为了更清楚地审视二者之间的关系，在研究方法上，可以将物流产业作为一个相对独立的子系统从区域经济系统中剥离开来。本章通过构建"物流产业—区域经济"的复合系统（简称"LI—REC"），界定和分析其内涵和特征，提出物流产业与区域经济协调发展的理论框架，并运用协同学和耗散结构理论深入探究二者协调发展机理和机制，为政府制定区域经济发展规划，有效管理物流产业，以及为下文评价物流产业与区域经济协调发展程度提供理论依据。

第一节 "物流产业—区域经济"复合系统分析

一、"物流产业—区域经济"复合系统的内涵界定及构成

1. "物流产业—区域经济"复合系统的内涵

系统是一个比较抽象的概念，通常被理解为相互关联的个体所组成的集合。最早提出这一科学概念的是奥地利理论生物学家冯·贝塔朗菲，作

为一般系统论的创始人,他认为系统就是"相互联系相互作用的诸元素的综合体",并强调了多元性、相关性和整体性是系统的三个基本特征。迄今为止,由于学科的不同,研究方法和解决问题不同,对系统所下的定义也有很多种。维基百科列举了一些思想家及未来学家对系统的描述,主要有:所谓系统,"是一个动态和复杂的整体,相互作用结构和功能的单位;是任何相互依存的集或群暂时的互动部分;是有规律性相互反应或相互依存的某种形态而构成的组合"。我国学者钱学森从控制论的角度出发,将系统看成是一个极其复杂的研究对象,并认为系统是"由相互作用相互依赖的若干组成部分结合而成的,具有特定功能的有机整体,而且这个有机整体又是它从属的更大系统的组成部分"。这一概念也得到了我国大多数学者的普遍认可。

按照系统论的观点,世上万物千差万别,都是以系统的形式存在和演化发展的。因此,物流产业和区域经济可以看成是一个复合大系统,是指在一定区域内,由物流子系统和经济子系统复合而成的,各子系统相互作用、相互影响、相互渗透、相互制约而构成具有特定结构和功能的开放式的复杂动态系统。

因此,可以把"物流产业—区域经济"复合系统(LI—REC)记作 LE,$LE=f(L,E)$,$L=f_1(L_1,L_2,L_3,\cdots,L_n)$,$E=f_2(E_1,E_2,E_3,\cdots,E_n)$。其中 L 代表物流产业子系统,E 代表区域经济子系统;$L_1,L_2,L_3,\cdots,L_n$ 代表物流产业子系统要素;$E_1,E_2,E_3,\cdots,E_n$ 代表区域经济子系统要素;而 f、f_1、f_2 为复合函数。

2. "物流产业—区域经济"复合系统的构成

(1)物流产业子系统。国内外很多学者对物流系统的概念众说纷纭,爱德华·W. 斯马凯伊和弗兰克·H. 莫斯曼等(1961)在其所著的《物流管理》一书中详细论述了物流系统的概念;日本学者菊池康也(1999)认为物流系统是由"物流信息系统"和"物流作业系统"两部分构成,并提出物流系统运作所要实现的七大目标。吴清一(1982)利用系统的观念以及系统工程的理论和方法对现代物流系统进行研究,并认为应该把运输、仓储和搬运活动纳入物流系统,以求得系统的优化。海峰等(2005)认为物流产业是区域经济的重要组成部分,而现代区域物流系统是由区域物流企业主体、客体和载体等基本要素构成,其发展目标是为了实现区域经济的发展和区域产业结构的优化。姜华(2006)认为区域物流系统是超出单一企业物流系统、在更大范围运作的社会物流的表现,是区域经济大系统中的一个子系统,主要是指在一定的时间和空间(区域)内,由所需位移的物资、物流设施设备、人员和信息联系等多个相互制约的动态要素所构成的具有特定功能的有机整体。

由于本书以区域物流产业为研究对象,因此,下文所提到的物流产业系统都是指区域物流产业系统,简称区域物流系统。综合以上学者的观点,认为区域物流系统是指在一定经济区域范围内,由众多物流环节及构成要素在物流运作机制的综合作用下,以合理的配置资源,提高物流效率,降低物流成本,获取物流利润为目标的区域复杂系统。

区域物流系统可以看成是由区域物流主体子系统、客体子系统和载体子系统和环境等不同主体构成的复杂的社会经济系统,具有自适应、自诊断及自组织性。其具体构成如图5-1所示。

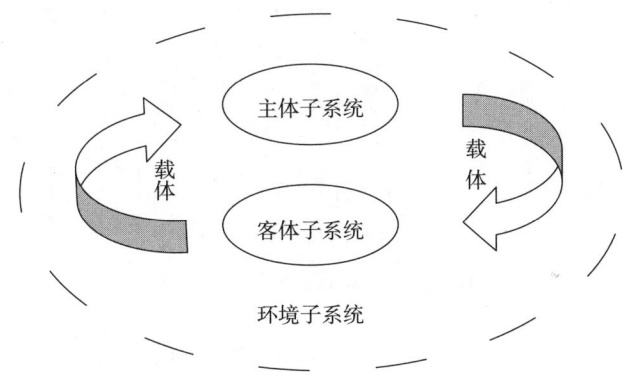

图 5-1 区域物流系统构成

1) 区域物流主体子系统。区域物流主体子系统指的是那些负责生产、运输、仓储、货运代理等服务的经济组织,这些组织直接参与区域物流系统的各项活动,在整个区域物流系统中起到桥梁和纽带的作用。

2) 区域物流客体子系统。区域物流客体子系统主要是指由在物流主体之间进行定向流动的物质实体所组成的系统。物流客体涉及的种类繁多,数量庞大,且具有不同的功能、形态、用途、结构,主要包括区域内一切物流活动载体所运输传递的生产资料和生活资料等物流对象。

3) 区域物流载体子系统。区域物流载体子系统也是区域物流系统的重要组成部分,是保证区域物流活动协调、有效进行的物流基础设施以及相关活动过程的组合系统。这里所指的物流基础设施不仅包括公路、铁路、航线等交通线路,同时物流中心、物流园区、仓储设施以及场站设施等也属于该范畴;除此之外载体子系统中还包括物流信息平台,主要负责解决各种物流信息系统间的信息共享、系统集成及各类信息通道间的互联问题。

4) 区域物流环境子系统。区域物流环境子系统是指与区域主体、客体、载体进行物质、能量、信息交换的空间系统。不仅包括关于产品、销售、库存、费用等相关信息所构成信息链及信息网络,而且还包括该区域的社会经济发展状况、自然环境情况以及政策环境情况。

综上所述,区域物流系统是由多个子系统组成,各子系统之间相互作用、相互影响,在一定程度上或促进或阻碍区域物流活动的发展。各子系统所包含的具体内容如图 5-2 所示。

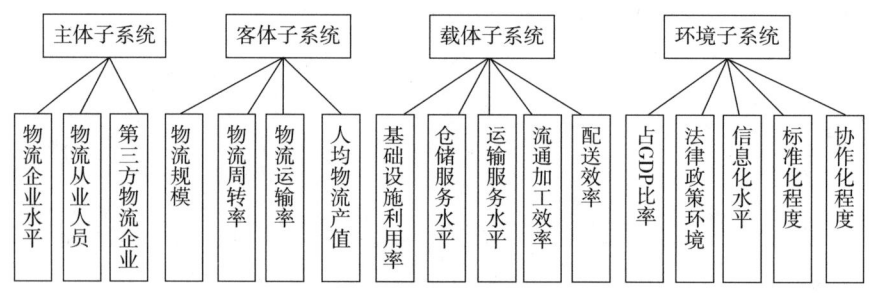

图 5-2 区域物流各子系统构成

(2) 区域经济系统。区域经济系统则指的是在一定区域范围内的经济系统,从属于社会系统,是社会系统的基础,是由不同属性的经济子系统相互关联、相互作用、相互渗透而构成的具有结构和功能统一的开放的复杂动态大系统。由马克思政治经济学可知,"任何经济活动都是由经济组织完成的,经济组织是履行社会化大生产的最小单元,具有行业或产业属性"[1],因此,结合国民经济的产业部门,区域经济系统可以看成是由生产子系统、分配子系统、交换子系统、消费子系统所构成的有机体。其中,生产子系统主要涵盖隶属于工业、农业、建筑业等能提供最终或中间产品的经济组织;交换子系统包含交通运输、邮电通信、批发、金融等能够实现产品、资金和信息的流通与交换的经济组织;分配主要包括隶属于零售

---

[1] 余陶生,刘兴斌,柳新元. 马克思主义政治经济学原理 [M]. 北京:首都经济贸易大学出版社,2000.

商业、旅游业、餐饮业等经济组织；消费子系统主要包括生产资料的消费和生活资料的消费等。其中，生产是前提，为交换、分配和消费提供可能的物质基础；同时交换、分配和消费环节又反作用于生产环节，为生产环节反馈信息。经济子系统各环节作用过程如图5-3所示。

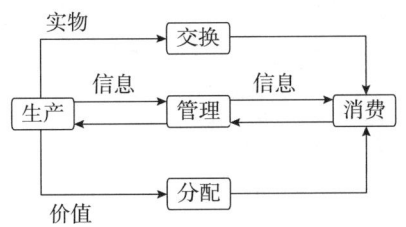

图5-3　经济子系统各环节作用过程

基于以上分析，由于物流产业子系统本身就属于社会经济系统的一部分，确切地讲应属于交换子系统的范畴。因此，本书所定义的区域经济子系统应指在一定的区域范围内，剔除物流产业外的其他产业子系统（工业、农业、建筑业、金融业、旅游业、餐饮业等）通过相互作用过程所构成的有机整体。

（3）系统环境。"物流产业—区域经济"复合系统（LI-REC）不仅是其内部各子系统相互作用、相互影响的结果，同时还受到其所处环境的影响和约束。因此，要实现物流产业与区域经济的协调和可持续发展，必然要考虑到其所处环境（人类社会和自然资源环境）的作用，而"LI-REC"复合系统的外部环境主要由人口、资源、环境（生态环境和社会环境）三个子系统构成，这些子系统相互关联、相互渗透，通过一定的连接方式形成的网状耦合结构，以不同的运作方式对复合系统发挥作用。其结构模式如图5-4所示。

1）人口子系统。人口是社会生产中最基本的构成要素，是区域生态环境中最具主观能动性的种群，一定数量的人口是区域经济发展的必要条件。同时，人口作为经济发展过程中最积极、最活跃的因素，合理的人口数量、质量和结构很大程度上会推动"LI-REC"复合系统的发展，因此，必须重视人口子系统这一重要的系统环境要素。

2）资源子系统。资源为社会经济发展提供强有力的物质支持和保证，是"LI-REC"复合系统的外部环境，对于资源子系统，其内涵包括广义和狭义两个方面的内容。广义的资源主要是指自然资源、人力资源、技术资

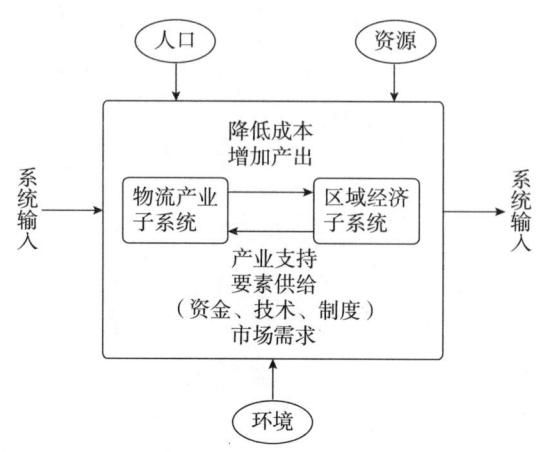

图 5-4 "物流产业—区域经济"复合系统结构模式

源和资金资源;而狭义的资源指的是气候资源、生物资源、土地资源、水资源和矿产资源等能够产生经济价值,以提高人类当前的和将来福利的自然环境因素和条件[①]。只有资源得到合理的开发、利用和保护,才能实现经济与环境的协调和可持续发展。

3) 环境子系统。世界上各种生物的生存与发展都依赖于环境,同时经济的发展也有赖于环境,环境的好坏和质量的高低将直接影响人类的生存条件及各项经济活动能否顺利进行。这里所指的环境主要包含两个方面:生态环境和社会环境。生态环境是关系到社会和经济发展的复合生态系统,由水、土地、生物和气候等资源构成。"物流产业—区域经济"复合系统是社会这个大系统中的子系统,其发展自然也离不开生态环境,而生态环境是通过自然资源系统对"物流产业—区域经济"复合系统产生影响。因此,对于生态环境,我们必须合理地利用、保护和开发,为"物流产业—区域经济"复合系统的协调发展创造良好的物质条件。

社会环境是由个体之间、组织之间所有社会关系组成的有机整体,主要包含政治环境、经济环境、文化环境、法制环境和科技环境。一个国家或地区的产业发展水平在很大程度上都要受到当地的政策、法律和风俗习惯等社会环境的影响,同样,"物流产业—区域经济"复合系统也不例外。社会环境对其的影响主要是通过市场、制度、政府的政策等非物质手段来

---

① 刘书楷等. 农业资源经济学 [M]. 成都:西南财经大学出版社,1989.

实现。因此，各区域在发展各自物流产业时，一定要重视市场和政府两种手段的综合运用。

4）系统功能。系统作为一个有机整体，其功能体现在运行过程中，其内部的构成要素相互影响、相互作用；同时系统还要与外部环境进行物质、信息和能量的交换。而由物流产业和区域经济两个子系统所构成的复合系统不仅结构复杂，而且功能多样。它是在与其外部子系统相互影响、相互作用过程中，形成正负反馈的循环，其中任何一个子系统的变化都会引起其他子系统以及系统整体的变化。其系统功能主要表现为三个方面：一是通过扩大市场需求，增加要素供给，提供产业支持，促进物流产业持续、健康、快速发展；二是加强经济联系、降低运行成本，优化区域产业结构实现区域经济均衡发展；三是物流产业与区域经济的协调发展，促进整个区域社会经济系统的可持续发展。

二、"物流产业—区域经济"复合系统的特征

"物流产业—区域经济"复合系统作为一个开放的、具有耗散结构特征的复杂大系统，除了具有一般整体性、关联性、目的性等演化特征外，还有自己独特的本质特征，主要表现在以下几个方面。

1. 整体性和协同性

"物流产业—区域经济"复合系统是由物流产业子系统、区域经济子系统及系统环境构成的有机整体，各子系统相互联系、相互影响、相互制约，其协同作用是这一复合系统发挥整体功能的基础，任何单一子系统的发展都不能使系统整体功能达到最大，只有各子系统系统发展、综合协调，才能达到最佳的整体性能。

2. 动态性与不确定性

动态性主要是指复合系统中各子系统不是静止不变的，时刻处于动态变化中，其中任何一个子系统的发展变化都会成为整个复合系统变化的动因，而协同发展要求各子系统的运动是一种有序的运动，是一种良性的循环。因此，要实现复合系统的协调发展，必须掌握各子系统的运动规律，调整其行为来实现目标。

由于特定的区域和特定的历史时间，人们认识能力及认识手段具有明显的局限性，科技进步及发展政策的不确定性以及复合系统外的很多不确

定因素，导致复合系统受到很多随机的、模糊因素的影响，因此，具有较强的不确定性。

3. 差异性和非线性

由于各个区域的经济发展水平、产业发展水平及政策环境各不相同，决定了其构成要素在结构、功能上存在明显的差异。而正是由于构成复合系统的各个子系统质的区别，才导致了各子系统之间的集成和互补关系，并使复合系统呈现出一定的非线性特征。

非线性又可称为不可叠加性，主要指的是系统的整体功能，不是各个组成部分的简单相加，而是各组成部分通过一定的非线性作用得以实现。根据系统论的观点，整体大于部分之和，即部分代替不了整体。对于"物流产业—区域经济"复合系统来说，要想使系统实现整体功能的提升和优化，必须重视各子系统或各构成要素之间的相互联系、相互影响和相互制约作用。

4. 耗散性和开放性

耗散结构理论认为，开放是系统实现有序进化的前提。"物流产业—区域经济"复合系统是一个开放的、远离平衡态的、存在非线性作用和涨落现象的复杂系统。它不断地与外部环境进行物质、能量和信息的交换，即从外界获取信息、技术、资金和能量，并向外界提供产品和相关服务，通过交换实现自身的有序进化。从二者的发展过程来看，"物流产业—区域经济"复合系统必须通过充分的开放，才能发生组织结构有序化的转变和提高。

5. 自适应性与自组织性

"物流产业—区域经济"复合系统是一个适应性组织，具有较强的自我调节能力，这是自然界各系统所共有的属性；同时，系统中有人的参与，由于人是有意识和有较高目的性行为的个体，更加增强了复合系统的环境适应能力。因此，各个国家和地区通过制定各种法律、法规、方针、政策等组织行为大力扶持和发展各区域的物流产业，充分发挥其"辐射效应"和"极化效应"，从而带动区域经济持续、健康、快地发展，充分体现了"物流产业—区域经济"复合系统在自组织演化过程中，具有较强的自适应性和自组织性的特征。

三、"物流产业—区域经济"复合系统演化机理

根据前文分析,"物流产业—区域经济"复合系统具有开放性和非线性的本质特征,而自组织理论认为,系统内部各组成部分相互的非线性作用是开放系统从无序走向有序的重要内在依据。同时,利用非线性数学模型来描述系统的演化特征是自组织理论的显著特征。因此,对于"物流产业—区域经济"复合系统来说,其演化发展的过程是其内部子系统相互作用、相互影响、相互融合的结果,同时在此过程中还伴随着系统规模的不断扩大。这一演化过程可用逻辑斯蒂曲线(Logistic Curve)来描述。

逻辑斯蒂曲线也被称为"S"曲线,或增长曲线模型,经常用来描述产业发展过程的演化特征。这一曲线最早是比利时数学家 P. F. Verhulst (1838,1845) 用于描述人口的增长过程,后来美国的生物及人口统计学家 R. Pearl 和 L. J. Reed (1926) 在原有基础上将其进行完善和发展,并用它来解释蚁群的增长以及其他社会经济现象。研究表明,产业系统和其他系统一样,其演化过程一般都要经历起步期、成长期、成熟期和衰退期四个阶段。因此,可以利用 Logistic 曲线构建"物流产业—区域经济"这一复合系统的演化模型。

"物流产业—区域经济"复合系统在演化发展过程中受到多种因素的影响,既受到区域经济发展规模、水平和结构以及物流产业的规模、水平、结构和产业关联度等内部因素的影响,同时又受到自然环境、社会环境及政策环境等外部因素的影响。这些因素可以统称为系统发展的限制因子。而"物流产业—区域经济"复合系统的发展过程正是这些限制因子共同作用的结果。

假设在复合系统的发展演化过程中,t 为时间,Y_t 为系统在时刻 t 的发展水平,是描述系统演化过程的状态变量;系统的发展速度为 $\dfrac{\mathrm{d}Y_t}{\mathrm{d}t}$,相对发展速度为 $\dfrac{1}{Y_t}\dfrac{\mathrm{d}Y_t}{\mathrm{d}t}$,系统在发展演化的过程中,资源、环境及社会条件的限制和制约作用会在很大程度上影响系统的发展速度,使系统的发展速度呈现线性递减的趋势,此函数可以进一步表示为:

$$\frac{1}{Y_t}\frac{\mathrm{d}Y_t}{\mathrm{d}t} = r - \frac{r}{K}Y_t = r\left(1 - \frac{Y_t}{K}\right) \tag{5-1}$$

其中，r 表示系统发展速度系数，为可控参数，由系统自身特征与环境决定；K 表示 $t \to +\infty$ 时，系统发展的极限值，即给定的饱和值，$Y_{t\max} = K$；$1 - \frac{Y_t}{K}$ 被称为限制因子，说明系统发展演化机制的非线性作用，存在正负反馈机制。

把式（5-1）进行变量分离，得到 Logistics 曲线的微分方程为：

$$\frac{\mathrm{d}Y_t}{\mathrm{d}t} = r \times Y_t \left(1 - \frac{Y_t}{K}\right) \tag{5-2}$$

利用式（5-2），求解微分方程，能够得到 Logistics 方程的二阶导数和三阶导数等于零 $\frac{\mathrm{d}Y_t}{\mathrm{d}t} = 0$ 的 4 个点：A_0、A_1、A_2、A_3，而这四个点恰好把系统演化和发展过程分为四个阶段即起步期、成长期、成熟期和衰退期。每个时期的系统发展速度都会呈现出不同的特征，如图 5-5 和图 5-6 所示。

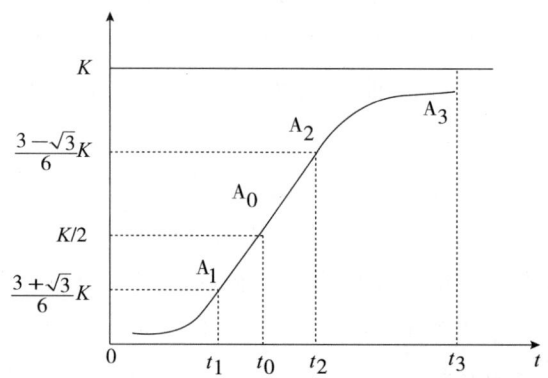

图 5-5 系统发展过程曲线

由表 5-1 可知，在起步时期，区域物流系统与经济系统发展速度较为缓慢，到了 t_1 时刻，逐渐上升到 $rK/6$，此时的发展规模为 $\frac{3-\sqrt{3}}{6}K$；到了成长期，系统进入快速发展阶段，发展速度从 $rK/6$ 上升到 $rK/4$，达到了顶峰，而后系统并没有继续保持高速增长的势头，产业发展出现了转折，速度逐步放缓，主要是因为系统外部的资源以及环境满足不了系统快速增长的需要，进而导致了物流产业与区域经济两个子系统之间不协调现象的发

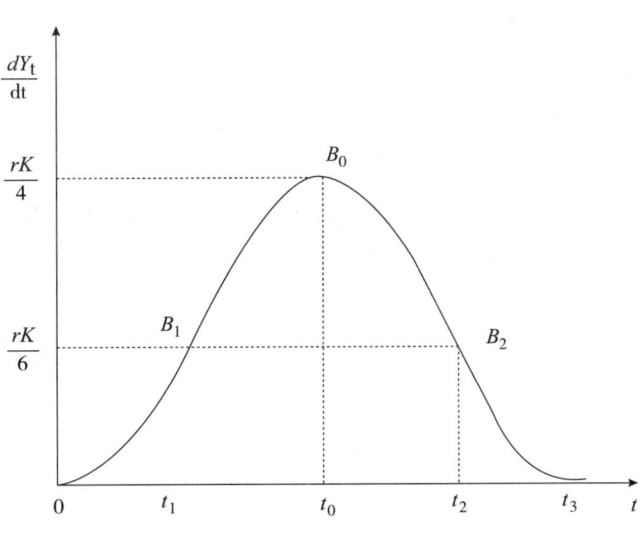

图 5-6 系统发展速度曲线

生,因此,急需采取有效措施对其进行调整;到了成熟期,系统的发展速度继续下降,到了 t_2 时刻又降为 $rK/6$,继而系统走向停滞状态,发展速度趋于零,发展规模趋于平稳。

表 5-1 基于 Logistic 曲线的系统发展轨迹

时间段	Y_t	dY_t/dt	产业发展阶段	发展性质
$(0, t_1)$	缓慢上升	上升	起步期	发展缓慢
t_1	$\frac{3-\sqrt{3}}{6}K$	$rK/6$ 拐点	转折点	发展发生变化
(t_1, t_0)	迅速上升	上升	成长期	持续发展
t_0	$K/2$ 拐点	$rK/4$ 极大	转折点	持续发展
(t_0, t_2)	继续上升	下降	成熟期	持续发展
t_2	$\frac{3-\sqrt{3}}{6}K$	$rK/6$	转折点	持续发展
$(t_2, +\infty)$	趋于平稳	下降	衰退期	发展停止

通过分析可知,系统在 t_0 时刻,发展速度达到顶点,而系统演化过程 Y_t 在成长期和成熟期变化较大,由表 5-1 可知,(t_1, t_2) 时期认为是系统的持续发展时期,因而,要实现"物流产业—区域经济"复合系统的协调

发展，一是要调整 K 值应尽量延长这一时期，缩短衰退期或尽量避免进入衰退期，这就要求我们合理有效利用资源，提高资源利用率，同时还要调整子系统间的结构关系，优化复合系统的整体结构。另外，系统发展从长期时间来看，是一个较为平缓的演化过程，虽然有时会出现一些波动，但是从总体趋势上来看，一直保持着螺旋上升的状态。因此，"物流产业—区域经济"复合系统可持续协调发展的理想演化模式可用复合 Logistics 曲线来表示（见图 5-7）。

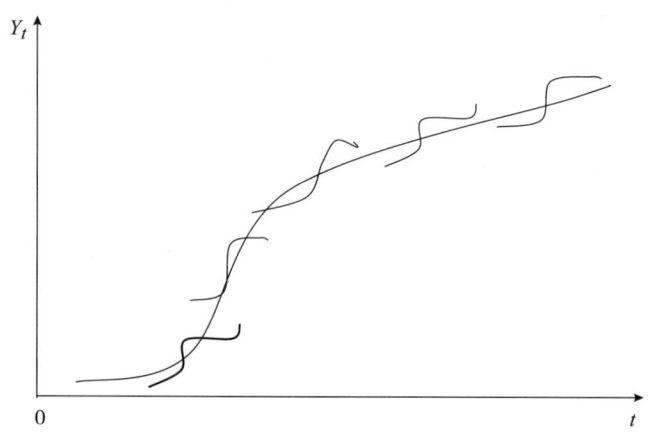

图 5-7　复合系统持续协调发展的理想演化模型

由上述分析可知，"物流产业—区域经济"复合系统可持续发展的前提基础和首要条件就是该复合系统的协调发展，要实现"物流产业—区域经济"复合系统的协调发展，必须遵循复合系统的演化机理，以复合 Logistics 模型为理论指导，并结合各区域物流产业及经济发展的实际情况，从资源环境以及劳动力结构等生产要素出发调整系统发展速度系数 r，可以通过提高资源利用率，调整劳动力结构，转变经济增长方式等多种途径提高物流产业及区域经济的发展水平，努力实现产业从粗放型增长转向集约型增长，并使复合系统尽量保持稳定增长的势头，缩短其衰退期的时间或尽量避免进入衰退期，通过物流产业与区域经济的协调发展以实现"物流产业—区域经济"复合系统的可持续发展。

第二节 "物流产业—区域经济"复合系统协调发展的内容解析

一、"物流产业—区域经济"复合系统协调发展的内涵

1. 协调发展的内涵

协调从字面上理解,可以被解释为配合的适当,它既是一种状态,也是一个过程。作为一种状态,协调包含两个或两个以上的事物,是指各要素之间相互作用,关系融洽,从而表现出"1+1>2"的最佳整体效应;作为过程,事物在组织规模、结构等各个方面都在不断地发生着变化,也就是说,协调是指两个以上的组成要素之间在发展过程中彼此和谐一致性的过程,是体现子系统间以及系统内各要素间关系的一个重要特征。系统地协调则是"两种或两种以上系统或系统要素之间配合得当、和谐一致、良性循环的关系",同时也是系统之间或系统内部各要素之间在相互联系、相互制约、相互适应、相互促进的过程中自我发展不断完善的态势[1]。从层次上看,不仅包括系统之间的协调,同时也包括系统内部诸要素之间的协调,只有子系统之间或系统要素之间协调有序,系统的发展才可能达到最优状态。

发展是指,"事物由小到大、由简单到复杂、由低级到高级、由无序到有序的运动变化过程",反之则为"负发展",介于"发展"与"负发展"之间的状态,可称为"零发展"。它的本质是新事物的产生,旧事物的灭亡。

协调发展是指既要协调,又要发展,是协调与发展的交集,是系统或系统内要素之间在和谐一致、配合得当、良性循环的基础上由低级到高级,由简单到复杂,由无序到有序的总体演化过程,最终达到一种良性的互动关系。协调发展不是单一的发展,而是一种多元的发展。在协调发展过程

---

[1] 张中强. 区域物流协调发展[M]. 北京:中国物资出版社,2011.

中，发展是系统运动的方向和协调的目的，可用发展水平来衡量；而协调则是对这种指向行为的有益约束和规定，可用协调度来衡量。因此，协调发展是一种强调整体性、综合性和内生性的发展聚合，它不是系统单个要素的"增长"，而是各个要素在协调这一有益约束和规定下的综合发展；同时，它不允许系统中任何一个要素的变化影响整体，追求的是一种全局优化、共同发展的美好愿景①。

2. "物流产业—区域经济"复合系统协调发展的内涵

复合系统的协调是指，"系统内部各个组成部分的子系统内部及子系统之间在外界环境的调节和管理活动的作用下，相互作用、相互依存、共同发展的状态"。而基于以上对系统协调发展的内涵的分析可知，"物流产业—区域经济"复合系统的协调发展就是指物流产业与区域经济在内部运行机制及外部调节机制的作用下，各子系统内部各构成要素以及子系统之间和谐共生、相互促进，从无序到有序、从简单到复杂的动态变化过程，只有子系统之间或系统要素之间协调有序，系统地发展才可能达到最优状态②，该过程的目标是要努力实现复合系统整体功能的提高以及"1+1>2"的"协同效应"，同时还要遵循复合系统的发展规律，沿着"高发展—协调—更高发展"的良性循环方向。也就是说，"物流产业—区域经济"协调发展一方面要结合本地区的产业发展特点及实际情况，充分发挥物流产业的"扩散效应"和"极化效应"，实现对区域经济增长的拉动作用；区域经济也要充分发挥对物流产业的支撑作用，为物流产业发展创造良好的市场环境和政策环境，只有二者相互配合、相互促进，才能实现复合系统的整体发展。因此，从这一层面上看，"物流产业—区域经济"的协调发展既是一个目标又是一个过程。

用系统的语言描述，"物流产业—区域经济"复合系统的协调发展是指各子系统以环境和对方作为为约束条件，在时间和空间上保持相互配合、协调作用、均衡发展以实现复合系统整体功能最大化的目标。在这一过程中要不断调整结构、完善功能，充分发挥各自的效用，最大限度地满足对方发展的需要；同时，由于"物流产业—区域经济"复合系统的演化是个

---

① 樊华，陶学禹．复合系统协调度模型及其应用 [J]．中国矿业大学学报，2006，35（4）：515-520．

② 朱李鸣．区域经济与科技协调发展水平的评价指标体系研究 [J]．数量经济技术经济研究，2000（8）：7-9．

动态反馈的过程，因此，要求二者在互动发展过程中形成良性机制，保证系统的螺旋式上升，从而实现复合系统的和谐、有序、协调和优化。二者的协调发展可用数学模型来表示，既包括物流产业和区域经济子系统内部的协调，同时还包括二者之间的协调两个方面。具体如式5-3所示。

$$\text{Max } F = F(X_1, X_2, R, T, f) \tag{5-3}$$

$$\text{s.t} \begin{cases} X_i = f_I(X_{I1}, X_{i2}, \cdots, X_{in}) \\ R = f_r(r_1, r_2, \cdots, r_m) \\ X_I > 0, \quad i = 1, 2 \end{cases}$$

其中，F 代表物流产业与区域经济复合系统的整体功能和效益；X_i（i = 1，2）分别代表物流产业子系统和区域经济子系统的发展水平；R 为 m 维关联变量；T 为时间变量，代表系统不同的发展阶段；f 为系统的协调发展机制。

根据对物流产业与区域经济协调发展的内容分析可知，协调发展是"系统动态演化发展的综合运行状态或过程，因此，可以把协调发展的形态大致分为四类：协调发展、基本协调发展、基本不协调发展和不协调发展"[1]。协调发展是两个子系统相互促进、共同发展的最佳状态，也就是说，物流产业的发展能够改变区域生产力布局、转变区域生产方式，有效提高区域经济效益，最大限度地满足区域经济发展的需要；而区域经济的发展也能为物流产业的发展提供重要支撑和保障。

综上所述，系统的演化过程是一个动态的、循环往复的过程，存在一定的波动。物流产业与区域经济之间的协调发展是暂时的，由于受到环境、资源以及其他因素的影响，系统在达到了协调发展的状态以后，并不是一直保持稳定，由于系统中动力机制的作用，新的量变又会产生，原有的协调状态被打破，出现了新的失调，这就需要不断地采取措施去纠正失调，同时由于系统内部动力机制的调节，系统又会从失调走向协调，如此循环往复，系统总是保持着"协调—失调—协调"的动态发展过程。这是系统演化发展的一般规律，任何系统的发展都要遵循这一规律。系统正是经历了这样一个否定之否定的发展过程才会不断趋于高级化，而物流产业与区域经济协调发展的过程也是如此。因此，对物流产业与区域经济协调发展的研究，要客观地评价二者之间的相互作用关系，合理分析不同阶段协调

---

[1] 姜钰. 区域科技与经济系统协调发展研究 [D]. 哈尔滨工程大学博士学位论文，2008.

发展的状态和趋势，并形成新的协调发展机制，逐步推动二者由不协调发展状态向协调发展状态演化。

二、"物流产业—区域经济"复合系统协调发展的目标和特征

1. 物流产业与区域经济协调发展的目标

从系统的演化发展过程来看，系统的发展应该是从不协调逐步走向协调，因此，物流产业与区域经济系统的发展过程也不例外，也应从不协调发展形态向协调发展形态演化，这是一种良性循环，也是系统演化发展的最终趋向和最佳目标。这种协调发展不仅要求物流产业和区域经济这两个子系统要实现健康、稳定、有序的良性发展，同时也要求它们所构成的复合系统也要实现健康、稳定、良性的运行，即以结构合理、功能高效、良性循环、不断进化作为标志，以最大限度地满足物流产业及区域经济发展的多种需求，实现整个系统的全面可持续发展。

"物流产业—区域经济"复合系统始终处于一个动态耦合发展的演化过程中，在这一过程中会受到很多复杂因素的影响，这些影响因素会使复合系统中各子系统的内部结构及功能发生变化，从而表现出不同的协调发展形态，即协调发展、基本协调发展、基本不协调发展和不协调发展四种形态。这些影响因素大体可分为两类：一类是利导因子，这个因素能够推动系统的协调发展演化，比如健全的法律环境、市场环境和政策环境等；另一类是限制因不利于协调发展演化的因素，比如目前物流产业与区域经济协调发展的障碍，如基础设施投入不足、物流技术水平低、物流人才缺乏等。当利导因子发挥主导作用时，系统演化发展的速度就会加快，向着协调发展的方向演化；随着利导因子的逐渐消耗和被利用，限制因子逐渐发挥主导作用，使系统发展演化的速度受到限制，且协调程度也逐渐下降。因此，物流产业与区域经济发展的最终目标就是不断增强利导因子的作用，如为物流产业的健康发展创造有利、良好的环境和平台；同时还要降低限制因子的作用，即清除阻碍二者协调发展的障碍，从而推进整个系统向协调发展的方向演化（见图5-8）。

2. 物流产业与区域经济协调发展的特征

物流产业与区域经济协调发展的过程是一个复杂的动态发展过程，其

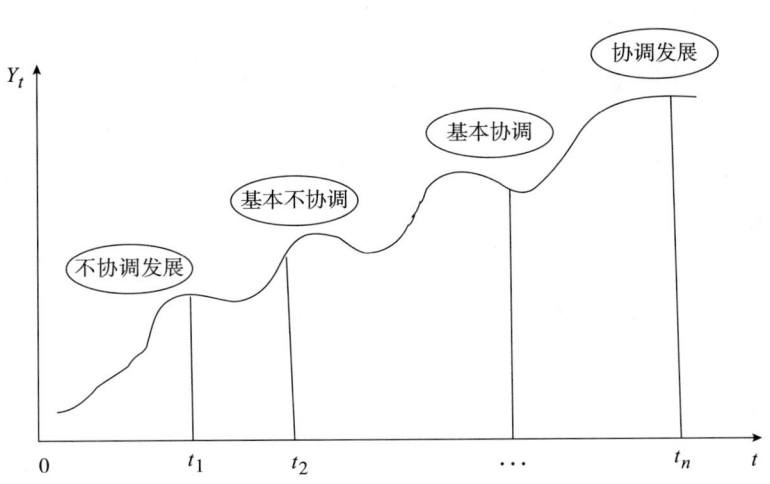

图 5-8 物流产业与区域经济协调发展的目标模式

特征主要表现在以下几个方面。

（1）整体性。物流产业与区域经济相互联系，相互作用耦合成一个全新的复合系统，而复合系统的全面发展要求各子系统之间和子系统内部诸要素达到和谐统一、共同发展，以求得最佳的整体效应。

（2）动态性。"物流产业—区域经济"复合系统协调是一个动态过程，由于各子系统的作用方式不断发生变化，所以协调是暂时的，其间会出现波动，但是从总体来看，复合系统的发展总要经历一个从"协调—失调—协调"的循环往复的过程，这是一个否定之否定的动态演化过程，在这个过程中，复合系统内部的动力机制会发挥重要作用。只有经历了这样的过程，系统才会向高级化发展。可以这样说，系统如果想达到理想状态，实现协调和可持续发展必须保持一定的动态性。

（3）非线性。主要是指物流产业和区域经济在发展过程中，如果二者达到协调状态，就能产生积极互动关系和正向催化作用，同时能够使各子系统获得能量发挥放大器的功能，达到"1+1>2"的效果。

（4）自组织。由于物流产业子系统和区域经济子系统二者既是信息系统，又是反馈系统，具有系统识别、最优控制以及自适应、自学习、自组织的能力，因而可以通过信息的获取、传输和反馈，自动控制系统的运行，实现系统的最优控制。

（5）互动性。是指复合系统内部存在各种形式的联系，各子系统之间是相互作用、相互制约的，其中某一子系统内部要素变化和结构调整往往会引发另一子系统结构和功能的变化,两者可以形成相互促进的正反馈环,使双方协同发展,而协调是在二者互动过程中完成的。

(6) 层次性。一是指"物流产业—区域经济"复合系统内部的组成结构具有明显的层次性,不仅包括物流产业和区域经济两个子系统,还包含系统环境。二是由于我国各区域经济、文化、地理、历史发展状况的不同,"物流产业—区域经济"复合系统协调程度也存在高度协调、中度协调和低度协调的差别,具有明显的层次性,这一现实从我国东、中、西部和东北地区的发展情况就能够得以证实。

从上述分析可知,"物流产业—区域经济"复合系统的协调发展状况,可以用两个指标来衡量:一是协调度,即各子系统内部构成要素及各子系统之间在发展过程中和谐一致的程度①,当系统各要素相互协调时,系统整体效应大于各要素效应的总和;反之,则小于各要素效应之和。这一指标主要侧重于反映子系统构成要素及子系统的相互作用关系,也是衡量一个系统从无序走向有序的重要标志。二是发展度,即反映系统发展的过程,它不仅反映系统目前的状态,还能从时间纬度上把握系统的发展历史和未来趋势。因此,从协调度和发展度两方面审视"物流产业—区域经济"复合系统的协调发展,可以更深刻地抓住物流产业与区域经济协调发展的本质。

第三节 "物流产业—区域经济"复合系统协调发展机理

哈肯的协同学理论和普利高津的耗散结构理论是研究复杂系统最有利的工具,也为我们研究物流产业与区域经济系统协调发展提供了理论依据。因此,此处我们借助系统科学中的系统学及耗散结构的理论与方法,对区域物流产业与经济系统协调发展机理进行深入分析,指出二者协调发展的内部动因及外部条件,并以此构建物流产业与区域经济系统协调发展的理论框架。

---

① 裴玲玲,陈万明,王正新. 江苏科技与经济发展的协调性分析 [J]. 科技与经济,2010,23 (1):13-15.

一、复合系统协调发展的内部动因——协同效应

1. 协同学的主要观点

协同学（Synergetics）是 20 世纪 70 年代由德国斯图加特大学教授、著名物理学家赫尔曼·哈肯（H. Haken）在多学科基础上创建的一门交叉学科。哈肯建立该学科的目的是为"建立一种用统一观点去处理复杂系统的概念和方法"。协同学的理论核心是自组织理论，主要研究一个处于非平衡状态的，与外部环境有物质、能量和信息交换的开放系统，通过内部子系统的协同作用和相干效应，使系统从无规则的混乱状态转变为客观有序状态的机理和规律。通过前文的分析可知，"物流产业—区域经济"复合系统正是这样一个处于平衡状态，各子系统之间相互作用的复杂开放系统，所以，完全符合协同学对于研究对象的要求。

协同论指出，"协调与有序是相互关联的，协同导致有序；反之，导致无序。这里，'序'指的是系统各要素的结构或运动按一定规律或方向取值的确定程度；'有序'是指事物内部的诸要素之间有规则的联系或转化，就系统结构而言，有序表征着系统结构在组合上的协调与适度，其外在表现就是协调性，这是系统发展所追求的最佳状态；而'无序'则指内部要素之间混乱、无规则的组合，且在运动转化上的无规律性；协同作用发挥得好，则有序化程度高，而这种协同所产生的作用力会极大地放大各子系统的相互作用，产生相干效应，最终达到系统的协调状态；若协同作用发挥得不好，则会对各子系统产生反向的作用力，破坏子系统及构成要素的协调，最终会导致系统崩溃"[①]。

按照协同学的思想，协同的实质在于强调事物或系统在发展过程中其内部各要素或各子系统之间保持合作性、集体性的状态和趋势，它强调系统中诸要素或子系统间在操作、运行过程中的合作、协调和同步。

2. "物流产业—区域经济"复合系统协调发展的内部动因—协同效应

根据前文研究可知，"物流产业—区域经济"复合系统具有一定的自组织特征，作为一种自组织系统，其演化发展的内在条件就是子系统之间的竞争与协同，这也成为了复杂系统演化发展的不竭动力。其中，竞争是协

---

① H. 哈肯. 高等协调学 [M]. 北京：科学出版社，1989.

同的前提，协同是系统整体性和相关性的内在体现，系统内部各子系统的竞争与协同程度会决定系统的有序性和稳定性。因此，物流产业子系统与区域经济子系统之间的竞争与协同就构成了"物流产业—区域经济"复合系统协调发展的内在条件。

从协同方面来看，物流产业与区域经济这两个子系统是相互关联、相互协同的。一方面，区域经济的发展能够为物流产业提供重要产业支持，同时，经济水平的提高，可以在很大程度上扩大物流需求，通过增加产品、资金和技术的投入，提高物流产业的发展水平。可以说，没有区域经济的支持和依托，物流产业无法实现可持续健康发展。另一方面，物流产业能够降低经济运行成本、推动区域产业结构的调整和优化，使区域间的经济联系变得更加紧密，并通过自身的创新、扩散和集聚效应带动整个区域经济的发展。因此，物流产业与区域经济子系统之间通过相互协同和非线性作用，能够推动复合系统从混乱走向有序，达到协调发展的目的。

从竞争方面来看，物流产业子系统与区域经济子系统一方面存在关联，另一方面，还存在一定程度的竞争。主要表现在：两个子系统为了维持自身的生存与发展，都要不断地从外部环境中吸收物质、能量和信息，由于自然资源和社会资源的稀缺性和有限性，必然会导致二者之间竞争的出现，使二者的复合系统处于非平衡状态，而这种非平衡会致使复合系统内耗的增加。按照复杂系统演化发展的规律，系统的发展是从"协调—不协调—协调"的循环往复的过程，在这个过程中，协调是主流、是核心，就要求我们运用系统的动力机制，并采取一定的措施去纠正这种非平衡状态，如采用先进的生产方式或加强技术的升级改造等，使系统逐步走向协调，这也是系统向有序化发展的必备条件。因此，在系统的动态发展过程中要正确引入和利用竞争机制，可以推动复合系统向有序结构的演化，实现更高级的协调发展。

二、复合系统协调发展的外在条件——负熵流入

1. 耗散结构理论基本观点

耗散结构的概念是比利时布鲁塞尔学派的创始人普利高津（I. Prigogine）于 1969 年在一次"理论物理和生物学"国际研讨会上提出的。这一理论主要探讨了一个系统从无序的初始状态向稳定有序的终止状态演化的机理、

条件和规律。该理论认为,"一个远离平衡态的开放系统,通过不断地与外部环境进行物质和能量交换,在外部条件变化达到一定临界值时,通过涨落系统可能发生突变,形成新的一种有序结构。这种结构需要不断与外界的物质和能量进行交换才能维持,并保持一定的稳定性,不因外界的微小扰动而消失"[1]。这种在远离平衡的非线性区形成的新的稳定有序结构被普利高津称为"耗散结构"。

按照耗散结构理论,一个典型的耗散结构的形成与维持至少需要具备四个基本条件:第一,系统必须是开放系统,这是形成耗散结构的首要条件。第二,系统必须处于远离平衡的非线性区,在平衡区或近平衡区都不可能从一种有序走向另一种更为高级的有序。第三,系统中必须存在某些非线性的相互作用,如正负反馈机制等,这种非线性动力学过程能够使系统内各要素之间产生协同动作和相干效应,从而使系统从杂乱无章走向井然有序,从而向更高的层次发展。第四,系统从无序向有序演化是通过随机的涨落来实现的。普利高津指出,一个开放系统可以从外界吸收负熵流来抵消自身的熵产生,使系统总熵逐步减少,从而实现从无序到有序,从简单到复杂的演化。

2. "物流产业—区域经济"复合系统协调发展的耗散结构特征

根据系统科学理论,系统始终处于动态变化发展过程中,系统内部以及系统之间的关系也处在不断调整中。"物流产业—区域经济"复合系统作为一个自组织过程,具有开放性、非平衡性、非线性、突变性和随机涨落等自组织特征。首先,该系统的运行过程实质上是物质、能量和信息的交换过程,即从外界获取信息、技术、资金和能量,并向外界提供产品和相关服务,这种交换过程充分体现了系统的开放性。其次,由于产业和地区的差异,物流产业子系统和区域经济子系统在发展过程中呈现出不均匀分布和发展不平衡性,远离了平衡状态,这从我国各区域的发展情况及特点就能得到证实。从总体来看,复合系统的发展、优化和升级都遵循着"无序—有序—无序—有序……"螺旋上升的规律。再次,复合系统内部系统内部各要素关系错综复杂,呈非线性结构;同时,各子系统之间受经济、资源、环境等各因素的影响,其间的耦合作用也是非线性的,这主要是由

---

[1] Prigogine I. I. Introduction to Themodynamics of Irreverscience Processes (3rd ed.) [M]. New York: Interscines Pub, 1967.

于物流产业与区域经济构成要素的多样性、层次性决定的,并且子系统之间也存在着相互推动的正反馈的"倍增效应"及负反馈的"饱和效应"等非线性关系,这主要在物流产业与区域经济的相互作用中有所体现。一方面区域物流是区域经济系统的一部分,区域经济的发展能够扩大对物流系统的服务需求,不断为物流产业的发展提供物质投入,推进物流体系的完善,增强扩充物流功能,同时还能为物流系统建设发展提供所需资源、所需的资源要素,如资本、劳动、土地等;另一方面区域物流的发展可以降低经济运行成本、推动区域产业结构的调整与优化、加深区域之间的联系,促进区域间的分工与协作,从而加速区域经济增长,形成正面反馈,而反之如果物流系统发展过度滞后,会在一定程度上阻碍区域经济增长,成为其发展的障碍。最后,"物流产业—区域经济"复合系统中存在随机涨落和"巨涨落"。比如物流产业子系统内部的物流企业、人员的变化可能会造成微小的涨落,这种微涨落只会使系统暂时处于非平衡,并不能改变系统状态;而市场机制、管理体制、产业政策等外部环境的变化则可能会导致系统发生"巨涨落",造成复合系统的突变,比如出现产业重大变革、结构调整、经济发展方式转变等,这时,系统会从当前的状态跃迁到更有序的状态,形成新的耗散结构。"物流产业—区域经济"复合系统协调发展就是在不平衡中寻找最佳的平衡,进而又被新的不平衡打破的过程。

综上所述,按照耗散结构理论,"物流产业—区域经济"复合系统本质上就是一个远离平衡状态的非平衡开放的复杂系统,当系统远离平衡态且控制参量达到某一特定的阈值时将出现突变,导致耗散结构的形成并随涨落而继续演化;同时,其内部各子系统具有"自催化"和复杂的非线性的竞争与协同作用,通过正反馈的促进、放大和负反馈抑制或偏离作用,产生"协同效应"并推动整个系统从无序状态走向有序状态或由有序状态走向更为有序的状态。

3. "物流产业—区域经济"复合系统协调发展的外在条件——负熵流入

由上述分析可知,"物流产业—区域经济"复合系统达到耗散结构是该系统达到的理想状态。这里,我们引入"熵"的概念来研究二者的协调发展。

"熵"理论作为研究系统发展演化的重要方法(傅祖芸,2001),最早是由Clausius引入用于表述热力学第二定律,描述的是系统能量的转化方向,继而Boltzmann和Planck用熵代表系统的无序度。作为经济系统的状态函数，熵值的大小能够突出系统的局部差异，并对经济系统具有指导作用。普利高津是第一个把"熵"明确地和系统演化联系起来的学者，并把熵作为系统演化的核心标度，同时认为熵增不仅会造成混乱，而且在一定程度上还会推动系统演化。因此，此处用物流产业与经济系统内部熵值的大小来表示该系统无序度的大小，熵值的增加意味着系统有序状态的破坏，即系统朝着不协同的方向发展。此过程如图 5-9 所示。

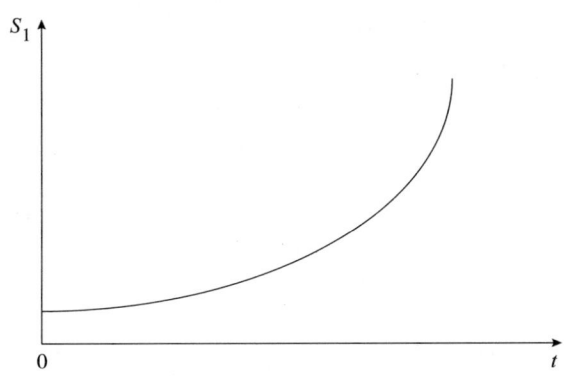

图 5-9 物流产业与区域经济系统内部熵值变化

伊·普利高津认为，系统的熵变应为

$$ds = d_i s + d_e s \tag{5-4}$$

其中，ds 表示系统的总熵变，$d_i s$ 表示系统本身由于不可逆过程产生的熵（内部演变产生的，$d_i s \geq 0$）；$d_e s$ 表示系统与外界交换物质、能量和信息所产生的熵，可正可负。当 $ds>0$，系统朝无序化方向发展；反之，系统朝着有序化方向发展。由式（5-4）可知，只有当 $d_e s<0$，且 $|d_e s|>d_i s$ 时，才会出现 $ds<0$，即系统朝有序方向发展。可见，系统从外界引入足够的"负熵流"以抵消系统内部的熵增，使系统总熵为负，是系统从无序走向有序的必要条件。

"物流产业—区域经济"复合系统作为一个开放的复杂系统，其内部存在着熵减机制。由于物流产业的发展、壮大和区域经济的不平衡发展，以及系统内部的不可逆发展过程，注定了复合系统内部的正熵增加。因此，要实现物流产业与区域经济系统协调有序发展的目标，必须通过系统外部输入"负熵流"使系统的熵值减小，以此抵消内部的正熵。通过"负熵流"的引入，可以使各系统、各种构成要素围绕着系统的总目标增强协同放大作用，最终达到系统的有序协调状态。因此，要维持复合系统的有序发展，需要不断地从外部引入"负熵流"。而要增加负熵流的流量，一方面，物流产业与区域经济内部要加强统筹管理，加大对物流人才的引进，加大对基础设施建设的投入，提高产业技术水平。另一方面，政府还要认真系统地分析具体产业、具体区域、具体政策的熵值，一切从本区域的实际出发，从区域外引入"负熵流"以抵消系统内部的"正熵流"，可以通过法律、政策、环境、机制的建设和完善，推动"物流产业—区域经济"复合系统耗散结构的进化。

第六章

物流产业与区域经济协调发展评价体系的构建

物流产业与区域经济的协调发展是实现物流与经济资源的优化配置，经济结构优化以及可持续发展的必由之路。因为一个地区经济的发展，不再单纯的是经济在"量"上的增加，而是在经济结构合理、社会、资源、环境等相互协调的前提下，区域经济的可持续发展。因此，对物流产业与区域经济协调发展的研究既涉及理论问题，又涉及现实问题，而对于二者协调发展的评价是协调发展研究从理论到实践的重要纽带，不仅需要定性协调机制的分析，同时还需要对二者的协调状况进行定量分析，这样才能准确把握物流产业与区域经济协调发展的演变规律，制定出科学的协调发展的战略方针和可操作性的规划措施。鉴于此，本章尝试建立一套科学的、严密的、便于操作的综合评价指标体系，并通过对以往各领域协调度评价模型的梳理，以复杂系统理论为指导，构建出适合于物流产业与区域经济复合系统协调发展的测算模型，为后文的物流产业与区域经济协调发展评价提供理论依据。

第一节 评价思路

物流产业与区域经济协调发展的评价是一项复杂的系统工程，由于物流产业与区域经济是一个复杂系统，对其进行协调发展状况的评价需要一整套完善的指标体系和评价模型，从不同角度、多方面地反映其协调发展运行状况，才能较为全面地诊断出其协调发展中存在的问题。具体评价思路（见图6-1）如下：第一，经过科学地调查和比较分析建立综合的评价指标体系；第二，对所选取的指标进行预处理，包括指标降维、指标标准化以及权重赋值；第三，通过查阅历年的统计年鉴，收集所需的指标数据；第四，运用协调度测算模型，分别计算物流产业、区域经济两子系统内部协调度和子系统之间的协调度，进而得到复合系统总的协调度和两子系统的综合发展指数；第五，构造基于层次分析法和灰色关联的模糊综合评价模型，评价各区域物流产业与经济系统的协调发展水平。

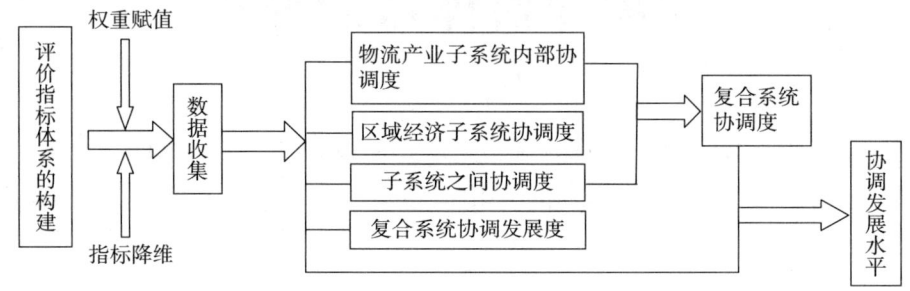

图 6-1 物流产业与区域经济协调发展评价思路

第二节 评价指标体系的构建

对物流产业与区域经济协调发展进行综合评价的前提和基础是科学地选择评价指标并构建评价指标体系，从而有助于评价目标的实现。

一、评价指标体系构建的功能与基本原则

为了达到科学评价的目的，评价指标体系的构建尤为重要，在构建过程中，不能简单地套用一般的衡量产业与经济发展的指标，主要是因为衡量物流产业与区域经济发展程度的指标较多、关系复杂且指标间的差异较大，尤其是物流产业与区域经济协调发展的评价是一个非常复杂的技术过程，因此，必须针对其产业特性构建新的指标体系和测度模型。

1. 评价体系的功能

（1）描述和解释功能。即要求指标能够较深刻、客观地动态反映物流

产业、经济各领域、各环节、各因素的发展现状。最好做到既有横截面指标，又有反映动态变化的指标；既有综合性指标，又有分项指标；既有反映各子系统内部协调水平的指标，又有反映两者之间协调水平的指标。

（2）评价和预测功能。我们可根据已建立的评价指标体系对现在和过去的状况进行综合评价，发现物流产业与区域经济发展中存在的问题；同时还可以通过一些动态性指标的变化特点来预测二者未来的发展趋势及协调状况，从而为政府制定产业政策提供理论依据。这充分说明了指标体系具有认识已知和前瞻未知的双重作用。

（3）预警功能。这是协调发展评价指标体系最主要的功能之一。这体现在通过本国、本区域及国际上物流产业与区域经济协调发展的规律研究，找出影响其协调发展的主要因素以及相应的数量关系，制定符合实际的指标，作为物流产业与区域经济严重失调的数量界限，及时对决策层发出预警，提示其应采取措施及时调整。

2. 评价的基本原则

物流产业与区域经济系统的协调发展是一个诸多因素相互作用的过程，对其进行评价也是一个复杂的技术过程。除了要建立科学的评价模型外，指标的选择及体系的构建也是一个极其重要的问题。科学合理的指标体系是建立评价模型的前提和基础，也是决定评价结果优劣的关键。为了保证评价结果的科学性和客观性，评价指标体系在构建过程中应遵循以下原则。

（1）科学性和客观性。任何评价指标体系的建立都要科学、准确地反映理论基础的内容，要求评价指标体系结构层次的划分，具体指标的选择，公式的引用和推导等都应该建立在充分认识、深入研究的基础之上；同时还要能够从不同侧面反映物流产业及区域经济的发展状况。客观性是指所选取的指标能反映产业和经济发展的实际情况，尽量选择那些可以量化的指标，定量化指标能降低评价的主观性，保证其科学性，同时也有利于评价操作。只有坚持科学性的原则，获取的信息才具有可靠性和客观性，量化的结果才具有可信性。

（2）实用性和可操作性。指标体系作为一个反映产业发展全貌有机整体，其设立要在尽可能科学、客观、合理的基础上，兼顾指标量化的难易程度和可靠性，所选取的指标要少而精，尽量选取那些概括性强、信息量大、可以量化的指标。同时还要考虑到数据的可获得性。指标的内容不应太繁太细，过于庞杂和冗长，要立足现状，减少烦琐性，增大可行性。在保证整个指标体系完整性的前提下，可以适当舍弃那些数据获取困难，无法量化的指标。此外，指标的设计要求概念明确、定义清楚，应符合现行统计规范，尽量利用和开发统计部门现有的公开资料，便于数据的收集和计算。

（3）简明性和代表性。由于产业发展受到多种因素的影响，但并不是所选取的指标越多越好。在指标体系的选取和构建过程中，要遵循完备性原则，指标数量不宜过大，在能够反映产业发展的前提下，指标要简明、并具有代表性，指标太多反而会影响评价结果的客观性和科学性，给评价带来困难。

（4）系统性和完备性。由于物流产业和区域经济的协调发展是多种因素共同作用的结果。系统性要求所建立的指标体系必须全面和完整，能够全面、客观地反映物流产业及区域经济的发展现状和特点，同时要求每个评价指标都能较好地解释评价结果。完备性则要求指标体系要由较强的逻辑性，且结构层次要清楚，能够概括全部信息，不能出现模棱两可的现象。

（5）动态与静态相结合的原则。物流产业与区域系统的协调发展是一个动态的过程，其具体指标最好采用时间序列数据，既要有静态指标，又要有动态指标；既能反映现状，又能反映发展趋势，同时还可以进行年度差异的对比分析，只有坚持动态和静态相结合的原则，才能更好地反映协调发展的变化趋势，为国家和地方政府的科学决策提供依据。

此外，指标的选取还要遵循可比性原则，指标的统计范围、统计口径和计量方法要尽可能地保持一致，以便进行统计上的操作和比较，只有这样，才能保证评价结果的科学性、合理性和客观性。

二、评价指标体系构建

要科学、客观地评价物流产业与区域经济之间的协调水平，评价指标体系的构建尤为重要。物流产业与区域经济系统是一个非线性的复杂系统，对于复杂系统的测度，需要采用多指标综合评价分析。除了必须遵循客观性、科学性、系统性、实用性、简明性、可操作性等原则之外，同时也要充分体现协调发展的内涵；体现各子系统相互促进发展的协调性，要求评价指标一方面能够反映物流产业系统的特征，另一方面还要充分反映区域经济的发展特点。由于两个子系统均是由复杂的多变量组成，因此，物流与经济系统各自的指标体系也是非常庞大的。根据物流产业与区域经济系统协调发展评价指标体系所描述的功能以及建构原则，在考虑指标的可行性和动态性以及数据的可获得性的基础上，我们从这些庞大而复杂的指标体系中选择少量有代表性的指标建立综合评价指标体系。在参照国内外研究成果的基础上，经过科学分析和比较，初步形成物流产业与区域经济系统协调发展评价指标体系的理论构架。

1. 物流产业子系统评价指标

物流产业作为一个系统，具有一定的复杂性，迄今为止，还没有一套完整的指标体系能全面地反映物流产业的发展变化状况。从现有的研究文献来看，裘炜毅（2004）主要研究的是国外对物流进行评价时选用的指标体系；倪蔚颖（2008）着重从物流供给、物流需求和物流总量规模三个角度来分析物流产业的发展基础与发展潜力；王新安等（2009）从物流内部发展水平与外部发展环境两大类别构建了四级综合评价指标体系对陕西省物流产业发展进行综合评价；张鹏（2010）选择基础设施、物流需求、产业规模和信息化水平四个方面对吉林省物流产业发展水平进行测算[①]；巩建国等（2010）选择从物流产业资源、成本、效益、结构和保障体系这几个方面来描述姜堰市的物流产业的发展情况；张红（2011）选择物流供给、物流需求和物流成效三个方面的评价指标对江西省的物流产业发展水平进行综合评价。综合相关文献，在上述学者研究成果的基础上，经过科学分析和比较，本节从物流投入、物流产出、物流发展规模三个方面构建物流产业系统的评价指标体系，如表6-1所示。

表6-1　物流产业子系统评价指标体系

	一级指标	二级指标	单位
物流产业子系统 X	物流投入指标 X1	物流基本建设投资 X11	亿元
		公路里程 X12	万公里
		铁路里程 X13	万公里
		内河航道里程 X14	万公里

---

① 张鹏. 区域物流水平测度研究 [D]. 吉林大学硕士学位论文，2010.

续表

	一级指标	二级指标	单位
物流产业子系统 X	物流产出指标 X2	货运量 X21	万吨
		货物周转量 X22	万吨
		邮电业务总量 X23	亿元
	物流发展规模指标 X3	物流产业总产值 X31	亿元
		物流产业增加值 X32	亿元
		交通运输仓储从业人员人数 X33	万人

2. 区域经济子系统评价指标

对于区域经济子系统评价指标体系，我们选择经济总量、经济结构、经济效益 3 个一级指标，进而又可细化为 14 个二级指标，以此来衡量各区域经济的协调发展程度，具体指标体系如表 6-2 所示。

表 6-2　区域经济子系统评价指标体系

	一级指标	二级指标	单位
区域经济子系统 Y	经济总量指标 Y1	GDP Y11	亿元
		第三产业产值 Y12	亿元
		工业总产值 Y13	亿元
		农林牧副渔总产值 Y14	亿元
		社会消费品零售总额 Y15	亿元
		居民消费水平 Y16	元
		地区财政收入 Y17	亿元
		固定资产投资总额 Y18	亿元
		进出口贸易总额 Y19	亿元
	经济结构指标 Y2	第三产业产值占 GDP 比重 Y21	%
		第三产业从业人员比重 Y22	%
		固定资产投资占 GDP 比重 Y23	%
	经济效益指标 Y3	人均 GDP Y31	万元
		财政收入占 GDP 比重 Y32	%

3. 物流产业与区域经济协调发展的评价指标体系

协调发展是指既要协调又要发展，是协调与发展的交集。在协调发展过程中，发展是系统运动的方向和协调的目的，可用发展度来衡量；而协调则是对这种指向行为的有益约束和规定，可用协调度来衡量。物流产业与区域经济的协调发展包括子系统内部的协调发展和子系统之间的协调发展两个方面。因此，衡量一个地区的物流产业与经济是否协调和可持续发展，关键是要对物流产业子系统、区域经济子系统以及二者之间的协调度和发展度进行测算。具体评价指标体系如表6-3所示。

表6-3 物流产业与区域经济协调发展评价指标体系

目标层	准则层	指标层
物流产业与区域经济协调发展评价指标体系	协调度 X1	物流产业内部协调度 Y1
		区域经济内部协调度 Y2
		物流产业与区域经济之间协调度 Y3
	发展度 X2	物流产业综合发展指数 Y4
		区域经济综合发展指数 Y5

三、指标的降维与指标权重的赋值

1. 指标的降维

在实证分析的过程中，往往会存在多个反映所研究问题信息的指标，而这些指标并不都是相互独立的，有的指标之间彼此存在一定的相关性，这就会导致指标数据反映的信息在一定程度上存在重叠，为了减少指标太多所增加的难度和复杂性，科学、客观地评价问题，因此，人们往往希望用较少的指标去解释原来资料中的大部分指标，同时又能保留原来较多变量所反映的信息，这就需要对已建立的指标进行降维，筛选出较少而且能够得到信息量较多的指标[①]。常用的指标降维的方法有以下两种。

（1）主成分分析法。主成分分析（Principle Component Analysis，PCA）也称主分量分析，是一种对复杂系统进行综合评价的特征提取方法和降维处理技术，旨在利用降维的思想把多指标转化为少数几个相互独立，且能反映观测变量大部分信息综合指标的变量提取过程。这种方法在多指标评价中得到了广泛的应用。

---

① 彭云飞，沈曦. 经济管理中常用的数量方法［J］. 北京：经济管理出版社，2011.

主成分分析的模型如下：

假设有 n 个样本点，每个样本点都有 p 个变量 x_1，x_2，$\cdots$，x_p 进行描述，这就构成了一个 $n \times p$ 阶的数据矩阵，即

$$X = \begin{bmatrix} x_{11} & x_{12} & \cdots & x_{1p} \\ x_{21} & x_{22} & \cdots & x_{2p} \\ \vdots & \vdots & \ddots & \vdots \\ x_{n1} & x_{n2} & \cdots & x_{np} \end{bmatrix} = [x_1, x_2, \cdots, x_p] \tag{6-1}$$

其中，$x_j = [x_{1j}, x_{2j}, \cdots, x_{nj}]^T$，$(j = 1, 2, \cdots, p)$，$x_{ij}$ 是第 i 个样本点第 j 个指标的观测值。

主成分分析是要设法将原来众多具有一定相关性的变量，重新组合为一组新的相互无关的综合变量。在数学上常用的处理方法就是取原来变量指标的线性组合，选出所有的线性组合中方差最大的作为新的综合变量 F_1，并称 F_1 为第一主成分。如果 F_1 不足以代表原来 p 个变量的信息，再考虑选取所有线性组合方差次大者 F_2 为第二主成分，以此类推可以构造出 p 个主成分。其中 F_1 在总方差中所占的比例最大，F_2，F_3，$\cdots$，F_p 的方差依次递减。

$$\begin{cases} F_1 = a_{11}x_1 + a_{12}x_2 + \cdots + a_{1p}x_p \\ F_2 = a_{21}x_1 + a_{22}x_2 + \cdots + a_{2p}x_p \\ \cdots \\ F_p = a_{p1}x_1 + a_{p2}x_2 + \cdots + a_{pp}x_p \end{cases} \tag{6-2}$$

简写为 $F_j = a_{j1}x_1 + a_{j2}x_2 + \cdots + a_{jp}x_p$ $(j = 1, 2, \cdots, p)$。模型要求满足以下条件。

第一，F_i，F_j 互不相关 $(i \neq j, i, j = 1, 2, \cdots, p)$，即 $\text{Cov}(F_i, F_j) = 0$；

第二，F_1 的方差大于 F_2 的方差大于 F_3 的方差，即 $\text{Var}(F_1) > \text{Var}(F_2) > \cdots$，依次类推；

第三，$a_{k1}^2 + a_{k2}^2 + \cdots + a_{kp}^2 = 1$ $(k = 1, 2, \cdots, p)$，其中，a_{ij} 称为主成分系数。

上述模型可用矩阵表示为：

$$F = AX \tag{6-3}$$

其中，$F = \begin{bmatrix} F_1 \\ F_2 \\ \vdots \\ F_p \end{bmatrix}$，$X = \begin{bmatrix} X_1 \\ X_2 \\ \vdots \\ X_p \end{bmatrix}$，$A = \begin{bmatrix} a_{11} & a_{12} & \cdots & a_{1p} \\ a_{21} & a_{22} & \cdots & a_{2p} \\ \vdots & \vdots & \ddots & \vdots \\ a_{n1} & a_{n2} & \cdots & a_{pp} \end{bmatrix} = \begin{bmatrix} a_1 \\ a_2 \\ \vdots \\ a_p \end{bmatrix}$

主成分分析的基本步骤如下：

1）对原始数据进行标准化处理。标准化公式为：

$$x_{ij}^* = \frac{x_{ij} - \bar{x}_j}{\sqrt{\text{var}(x_j)}} (i = 1, 2, \cdots, n), (j = 1, 2, \cdots, p) \tag{6-4}$$

其中，$\bar{x}_j = \frac{1}{n}\sum_{i=1}^{n} x_{ij}$，$\text{Var}(x_j) = \frac{1}{n-1}\sum_{i=1}^{n}(x_{ij} - \bar{x}_j)^2$。

2）计算样本相关系数矩阵。

$$R = \begin{bmatrix} r_{11} & r_{12} & \cdots & r_{1p} \\ r_{21} & r_{22} & \cdots & r_{2p} \\ \vdots & \vdots & \ddots & \vdots \\ r_{n1} & r_{n2} & \cdots & r_{pp} \end{bmatrix} \tag{6-5}$$

在式（6-5）中，$r_{ij}(i, j = 1, 2, \cdots, p)$ 为原来变量 x_i 与 x_j 的相关系数，其计算公式为：

$$r_{ij} = \frac{1}{n-1}\sum_{i=1}^{n} x_{ii}x_{ij} \ (i, j = 1, 2, \cdots, p) \tag{6-6}$$

3）求相关系数矩阵的特征值和特征向量，提取主成分并写出主成分表达式。首先根据特征方程 $|\lambda I - R| = 0$ 求出特征值 $\lambda_i(i = 1, 2, \cdots, p)$，并使其按大小顺序排列，即 $\lambda_1 \geq \lambda \geq \cdots \geq \lambda_p > 0$，其次分别求出对应于特征值 λ_i 的特征向量为 $(a_{j1}, a_{j2}, \cdots, a_{jp})^T$，由此可得到主成分表达式：

$$F_J = a_{j1}x_1 + a_{j2}x_2 + \cdots + a_{jp}x_p(i, j = 1, 2, \cdots, p) \tag{6-7}$$

4）计算主成分方差贡献率及累计贡献率。

某个主成分的贡献率，即其方差占全部方差的比重[①]。第 k 个主成分的方差贡献率为 $\lambda_k \Big/ \sum_{i=1}^{p} \lambda_i (i = 1, 2, \cdots, p)$，累计方差贡献率为 $\sum_{i=1}^{k} \lambda_i \Big/ \sum_{i=1}^{p} \lambda_i$。一般取累计贡献率大于 85% 的特征值 $\lambda_1, \lambda_2, \cdots, \lambda_k$ 所对应的第一，第二，$\cdots$，第 $k(k \leq p)$ 个主成分。

[①] 实际上就是某个特征值占全部特征值合计的比重。

5) 计算主成分载荷。

按照各个样本把第一步所计算得到的标准化数据分别代入主成分表达式,进而计算主成分得分,具体形式如下:

$$F = \begin{bmatrix} F_{11} & F_{12} & \cdots & F_{1k} \\ F_{21} & F_{22} & \cdots & F_{2k} \\ \vdots & \vdots & \ddots & \vdots \\ F_{n1} & F_{n2} & \cdots & F_{nk} \end{bmatrix} \quad (n < k) \tag{6-8}$$

(2) 聚类分析法。聚类分析(Cluster Analysis)是根据事物的本身特征,通过统计方法对事物进行分类的多元统计分析方法,可以通过数据建模达到简化数据的目的。聚类分析也被称为分类分析、数值分类或集群分析等。聚类分析就是将数据分为不同的类或者簇的过程,同一类或同一簇中的对象有较大的相似性,而不同簇之间的对象有很大的相异性。聚类分析的目标就是在相似的基础上收集数据进行分类。目前存在着两类聚类分析——样品(Cases)聚类分析和变量(Variable)聚类分析。前者是指对样品进行聚类,在多元统计分析中也被称为 Q 型聚类;后者是对样品的指标进行聚类,在统计学中又称为 R 型聚类,经常用相似系数来测量变量之间的亲疏程度。利用变量聚类,可以把众多指标变为较少的几类互相独立的指标,从而达到指标降维的目的。本书采用变量聚类法对指标进行降维。

聚类分析的基本步骤为:①数据预处理;②为衡量数据点间的相似度定义一个距离函数;③聚类或分组;④评估输出。

2. 指标权重的赋值

指标权重是一个相对的概念,是指标在评价过程中不同重要程度的反映,是评价过程中指标相对重要程度的一种主观评价和客观反映的综合度量。对指标权重的赋值是否合理,会直接影响到评价结果的科学性和合理性。因此,在对指标进行赋值时,权重确定方法的选取至关重要。目前对于指标权重的确定方法大致可分为两大类:主观赋权法和客观赋权法。

主观赋权法大多采取的都是定性方法,通常是由专家根据知识、经验及偏好进行主观判断来确定权重系数,然后再对指标进行综合评判。常用的方法有层次分析法、德尔菲法、二项系数法、环比评分法、最小平方法、序关系分析法和模糊综合评价法。其中层次分析法是实际应用中使用最多的方法,它是一种定性和定量相结合的系统化、层次化的分析方法,这种方法的特点是对复杂的决策问题的本质、影响因素及其内在关系进行深入分析的基础上,利用较少的定量信息使决策的思维数学化,可为多目标、多准则的复杂决策问题提供简便。

由于主观赋权法主要基于评价者的主观偏好和经验,是非理性的,容易造成评价结果与现实情况相偏离,因此,常用客观赋权法来弥补其不足。客观赋权法则是根据实际数据来研究指标之间的相关关系,从而对研究结果进行综合评价的方法。这种赋值方法虽然通常利用比较完善的数学原理和方法,克服了主观赋值法容易受人为因素影响这一缺陷,使评价结果更趋于科学、合理,但也存在一定的弊端,如忽视决策者的主观信息、计算比较烦琐、增加了评价分析的难度等。常用的客观赋值法主要有熵值法、主成分分析法、多目标规划法、变异系数法、最大离差法等。在现实操作中,人们为了使评价结果更加科学、客观,常采用两种相集成的方式,具体如下。

设由主观赋权法得到的主观权重为 $w_s = (w_{s1}, w_{s2}, \cdots, w_{sn})$;由客观赋权法得到的客观权重为 $w_o = (w_{o1}, w_{o2}, \cdots, w_{on})$,则每一个评价指标的权重为 $w_i = \alpha w_s + \beta w_o$,其中,$\alpha$、$\beta$ 为赋权系数,分别代表主观权重和客观权重的重要程度。综合以上对主观赋权法和客观赋权法的分析,本书采用层次分析法和主成分分析法相集成的方法对指标进行赋权。为使问题简化,可认为赋权系数 α、β 同等重要,即 $\alpha = \beta = 0.5$。

四、指标标准化处理

在运用多指标体系进行综合评价时,由于指标过多,且量纲和数量级不同,不能直接进行计算,因此需要对评价对象的指标值作标准化处理,即将不同量纲的指标,经过适当的变换,化为无量纲的标准化指标。常用的指标标准化的方法有:极差变换法、线性比例变换法、向量归一化法、标准样本变换法等。本书采用级差法对指标进行标准化,计算公式如下。

对于正向指标:$Z_i = \dfrac{X_i - X_{\min}}{X_{\max} - X_{\min}}$ (6-9)

对于逆向指标:$Z_i = \dfrac{X_{\max} - X_i}{X_{\max} - X_{\min}}$

一般来说,正向指标多为效益型、产出型指标;逆向指标多为成本型、投入型指标。

第三节 物流产业与区域经济协调度测算模型与评价方法

协调度是指"系统之间或系统要素之间在发展过程中和谐一致的程度，描述了系统内部各要素或子系统之间协调状况的好坏，体现系统由无序走向有序的趋势，而只有子系统内部要素或子系统之间协调有序，系统地发展才可能达到最优状态"[①]。而系统协调发展定量评价方法的核心就是协调度测算模型[②]。只有测算模型构建得合理得当，才能对物流产业和区域经济这两个子系统的协调发展做出科学、客观的评价。

一、协调度测算模型评述

近些年来，国内外学者对不同领域、从不同的角度对协调问题进行了大量深入研究，提出并建立了众多协调度的测算模型和方法，为本书的评价研究提供了理论和方法，通过对以往协调度测算方法模型的梳理，大致可分为以下几类。

1. 隶属函数协调度模型

由于"协调"本身就是一个内涵明确而外延不清的模糊概念，而系统的协调发展状况较多都是处于"协调"与"不协调"之间，因此，系统之间的协调程度只能用模糊数学中的隶属度进行描述。根据这一思想，可以建立系统协调度函数，以表示在给定数值下，系统对"协调"这一模糊概念的隶属程度[③]隶属函数协调度模型为式（6-10）。

$$U_S = \exp\left[-\frac{(x-x')^2}{s^2}\right] \quad U_S \in [0,1] \quad (6\text{-}10)$$

---

① 王维国. 协调发展的理论与方法研究 [M]. 北京：中国财政经济出版社，2000.

② 汤铃，李建平等. 基于距离协调度模型的系统协调发展定量评价方法 [J]. 系统工程理论与实践，2010（4）：594-602.

③ 奚秀兰，于鸿泽. 区域经济增长与物流业发展的关联研究——以四川省为例 [J]. 物流技术，2008，27（9）：37-39.

其中，U_s 为状态协调度；x 为实际值；x' 为协调值，可以通过回归求得；s^2 为方差。

静态协调度的计算如式（6-11）所示。

$$U_S(i, j) = \frac{\min\{U_S(i/j), U_S(j/i)\}}{\max\{U_S(i/j), U_S(j/i)\}} \tag{6-11}$$

其中，$U_S(i, j)$ 是 i 系统对 j 系统的静态协调度，是 i 系统的实际指标值 X_i 与 j 系统的实际指标值 X_j 与 i 系统协调值 X'_i 之间的接近程度；反之，$U_S(j/i)$ 是 X_j 系统对 X_i 系统的静态协调度[1]。一般定义 $U \geq 0.95$ 为很协调；$0.85 \leq U < 0.95$ 为基本协调；$0.5 \leq U < 0.85$ 为不协调；$U < 0.5$ 为极不协调。

动态协调度的计算公式为：

$$U_d(t) = \frac{1}{T} \sum_{i=0}^{T-1} U(t-1) \qquad 0 < U_d(t) \leq 1 \tag{6-12}$$

陈长杰等（2004）应用隶属度函数协调度模型初步评价了中国经济—资源系统在 1980~2000 年的综合发展状况。范中启、曹明（2006）利用隶属度评价模型对能源—经济—环境 3E 系统发展的协调性进行测度。司光南（2008）利用模糊数学中的隶属度概念，建立人口—经济系统的隶属度评价模型，对二者的协调度进行评价。樊元（2011）采用回归和隶属度函数相结合的方法对甘肃省的物流系统与区域经济系统的协调度进行综合评价，得出甘肃省物流系统与经济系统的静态协调度波动较大，而动态协调度相对稳定。

2. 距离协调度模型

距离型协调度也是一种常用的协调度测量模型，又称为变异系数协调度或离散系数协调度，主要是通过系统间的特定距离来表示系统间的协调程度。中科院的汤铃、李建平等对此问题进行了深入研究，总结并阐述了协调度的本质，引入欧式距离来度量系统实际状态与理想状态的距离[2]，构建了协调度测量模型和距离协调度模型的度量公式为：

$$\overline{S'_t} = \sqrt{\sum_{i=1}^{m}(x_{it} - x'_{it})^2 \Big/ \sum_{i=1}^{m} s_i^2} \tag{6-13}$$

其中，x_{it} 为变量的实际值，x'_{it} 为变量的理想值（即协调值），$\overline{S'_t}$ 值越大

---

[1] 陈志卷，赵放. 物流网络规模与区域经济发展关联度及协调度分析——以天津市为例 [J]. 物流技术，2011，30（3）：53-56.

[2] 即评价变量的实际值与理想值的偏差。

表示系统的协调效应越低，系统的实际状态越偏离理想协调状态；进一步构造距离协调度模型如式（6-14）所示。

$$c_t = \left(\sqrt{1-\overline{S'}_t}\right)^k, \ c_t \in [0, 1] \qquad (6-14)$$

其中，c_t 值越大，表明系统的协调性越高，k 为调节系数。

孙倩、汤放华（2012）采用最优分段聚类法，构建了欧氏距离协调发展度聚类模型，对湖南省 14 个地州市的区域协调发展状况进行综合评价。实证分析的结果表明，欧氏距离协调发展度聚类模型不仅实现了将区域协调和区域发展有机结合在一个模型中，还能对区域多子系统进行综合评价，其模型思路符合当前区域协调发展中多维度多指标的特征。

3. 序参量功效函数协调度模型

序参量功效函数协调度模型较多地运用于复杂系统协调度的测量方面。协同论认为，系统在临界点的内部变量可分为快驰豫变量和慢驰豫变量两类，其中，慢驰豫变量是决定系统相变过程的根本变量，即系统的序参量决定着系统演化的特征与规律。系统相变的进程、方向以及系统的协调有序状态取决于临界区域内部变量的协同作用，这种协同作用可用协调度来度量。若研究"物流产业—区域经济"复合系统的协调度，设其子系统发展过程中的序参变量为 e_i，$e_i = (e_{i1}, e_{i2}, \cdots, e_{in})$，其中，$n \geq 0$，$\beta_{ij} \leq e_{ij} \leq \alpha_{ij}$ 可建立复合系统协调度模型，定义系统序参量分量 e_{ij} 的系统有序度为：

$$u_i(e_{ij}) = \begin{cases} \dfrac{e_{ij} - \beta_{ij}}{\alpha_{ij} - \beta_{ij}} & i \in [1, k] \\ \dfrac{\alpha_{ij} - e_{ij}}{\alpha_{ij} - \beta_{ij}} & i \in [k+1, n] \end{cases} \qquad (6-15)$$

其中：当 $u_i(e_{ij}) = \dfrac{e_{ij} - \beta_{ij}}{\alpha_{ij} - \beta_{ij}}$ 时，$u_i(e_{ij})$ 具有正功效；当 $u_i(e_{ij}) = \dfrac{\alpha_{ij} - e_{ij}}{\alpha_{ij} - \beta_{ij}}$ 时，$u_i(e_{ij})$ 具有负功效，α_{ij} 和 β_{ij} 分别是系统稳定临界点上的序参量的上、下限值，当对应的发展目标越大越好时，为正指标；当对应的发展目标越小越好时，为逆指标，$u_i(e_{ij})$ 为变量 e_{ij} 对系统有序的功效，$u_i(e_{ij}) \in [0, 1]$，其值越大，对系统有序性的贡献度越大，反之则越低。

从总体上看，序参量对系统有序程度的"总贡献"可通过 $u_i(e_{ij})$ 的集成实现，常见方法有几何平均法和线性加权和法，即：

第六章 物流产业与区域经济协调发展评价体系的构建

$$u_i(e_{ij}) = n\sqrt{\prod_{i=1}^{n} u_i(e_{ij})} \tag{6-16}$$

$$u_i(e_{ij}) = \sum_{i=1}^{n} \lambda_i u_i(e_{ij}), \lambda_i \geq 0, \sum_{i=1}^{n} \lambda_i = 1 \tag{6-17}$$

显然，以上两个模型中的协调度 $u_i(e_{ij})$ 都介于 0 和 1 之间，当 $u_i(e_{ij}) = 1$ 时，协调度极大，系统走向有序结构；当 $u_i(e_{ij}) = 0$ 时，协调度极小，系统的有序崩溃，由有序走向无序。

在研究系统之间的协调度时，对于给定的初始时刻（或时间段）t_0 而言，各系统序参量的系统有序度为 $u_i^0(e_i)$（$j=1, 2, \cdots, k$），则对于整体复合系统在发展演化过程中的时刻（或时间段）t_1 而言，若此时的各子系统序参量的系统有序度为 $u_i^1(e_i)$（$j=1, 2, \cdots, k$），则复合系统的协调度为：

$$SM = \theta \left(\left| \prod_{i=1}^{k}(u_i^1(e_i) - u_i^0(e_i)) \right| \right)^{1/k} \tag{6-18}$$

其中，$\theta = \dfrac{\min_i(u_i^1(e_i) - u_i^0(e_i))}{|\min_i(u_i^1(e_i) - u_i^0(e_i))|}$，$(i = 1, 2, \cdots, k)$ (6-19)

对复合系统协调度模型的说明：

（1）式（6-18）中，$u_i^1(e_i) - u_i^0(e_i)$ 为子系统从 t_0 到 t_1 时刻序参量的系统有序度的变化幅度，刻画了子系统从 t_0 到 t_1 时刻在多大程度上变得更加有序。由前文介绍可知，$u_i^1(e_i) - u_i^0(e_i) \in [-1, 1]$，其值越大，复合系统协调发展的程度越高，反之则越低。

（2）当且仅当下式成立时，复合系统才有正的协调度：

$$u_i^1(e_i) - u_i^0(e_i) > 0, \forall \in [1, k] \tag{6-20}$$

（3）上式的含义可视为复合系统在所讨论的时间区间 $[t_0, t_1]$ 是协调发展的，反之则表明复合系统中至少有一个子系统未向有序方向转化。特别地，如果 $SM \in [-1, 0]$ 则说明复合系统中至少有一个子系统是向无序方向转化。因此可以认为复合系统从 t_0 到 t_1 时段是处于非协调发展状态。

赵延峰、陈艳艳、罗铭（2006）[①] 以协同学理论为基础，建立了土地利用—城市交通复合系统协调度模型，从而为制定具体的土地利用与城市交

[①] 赵延峰，陈艳艳，罗铭. 城市交通复合系统协调度模型研究 [J]. 道路交通安全，2006（4）：31-35.

通政策提供参考。张毅，陈圻（2010）① 采用复合系统模型计算了全国30个省份的物流产业子系统与经济子系统的有序度，得出全国与东部、中部、西部三大地区的复合系统协调度，在此基础上进一步分析了环渤海地区、长三角经济区、海峡西岸经济区和珠三角经济区的协调度在研究时段内的变化情况。

4. 灰色系统理论协调度

灰色系统理论是研究灰色系统分析、建模、预测、决策和控制的理论。它一般把系统论、信息论和控制论的观点及方法延伸到社会、经济和生态等抽象并结合数学方法，发展出一套解决信息不完全系统的理论和方法。灰色关联分析的目的就是寻求系统中各因素之间的主要关系，找出影响目标值的主要因素，掌握实物的主要特征，促进和引导系统迅速、有效地发展。目前，越来越多的学者运用灰色关联分析的原理来分析复杂系统的协调问题，即把系统看成是灰色系统，用灰色理论描述序参量的有序度，通过计算关联系数来衡量系统中序参量的实际值与阈值之间的吻合程度，系数越大，说明二者关联程度越高，序参量的有序度也就越高，即序参量对系统有序度即协调度的贡献越大。

陈静、曾珍香（2004）② 在借鉴国内外可持续发展相关成果的基础上，应用复相关系数法求得社会、经济、资源、环境等子系统各层指标的发展水平，应用灰色GM（1，N）模型对系统之间的协调状况进行了分析。余沛、杜文、池茂儒（2010）③ 运用多维灰色动态协调模型，对河南省的交通运输与区域经济的协调性进行数学建模分析，得出铁路运输与区域经济发展之间有极强的相关性。

5. 数据包络分析（DEA）协调度模型

数据包络分析（DEA）协调度模型通过引入数据包络分析，用DEA相对效率值描述系统的投入产出效应，以评价系统的协调性。该模型规定DEA相对效率值越高，系统越协调。可知该模型隐含着的系统理想协调状

---

① 张毅，陈圻. 中国区域物流产业与经济发展协调度研究——基于复合系统模型与30个省区面板数据 [J]. 软科学，2010（12）：70-79.

② 陈静，曾珍香. 社会、经济、资源、环境协调发展评价模型研究 [J]. 科学管理研究，2004（6）：9-12.

③ 余沛，杜文，池茂儒. 铁路运输与区域经济系统相关性与协调性定量评价 [J]. 铁路运输经济，2010，32（2）：14-17，23.

态假定为：系统理想协调时，系统投入产出高效；相应地，该模型设定系统的投入产出效应为评价变量，选用 DEA 相对效率值来度量，规定当其值为 1 时，系统投入产出是有效的，系统处于理想协调状态，当其取值为 0 时，系统处于最不理想协调状态。

柯健、李超（2005）[①] 采用 DEA 理论及 DEA-最优分制聚类分析方法对中国各区域资源、环境及经济协调发展进行评价；王晓兰（2007）[②] 以江苏省为研究对象，从协调发展的理论出发，运用数据包络分析方法（DEA）从静态和动态两个角度对江苏省的交通建设与区域经济的协调发展状况进行定量分析和评价。巩建国（2010）通过引入带有 AHP 约束锥的 DEA 模型，建立区域物流与区域经济之间的协调程度的评价模型，分析区域物流与区域经济之间的关系。

6. 逼近于理想排序（TOPSIS）方法

TOPSIS 方法是系统工程中有限方案多目标决策分析的一种常用方法，基本步骤为：

（1）评价指标同趋势化。

（2）对同趋势化后的原始数据矩阵进行规范化处理，并建立相应矩阵。其指标转换公式为：

$$a_{ij} = x_{ij} \bigg/ \sqrt{\sum_{i=1}^{n} x_{ij}^2} \quad （原高优指标） \qquad (6-21)$$

$$a_{ij} = x'_{ij} \bigg/ \sqrt{\sum_{i=1}^{n} (x'_{ij})^2} \quad （原低优指标） \qquad (6-22)$$

$$A = \begin{bmatrix} a_{11} & a_{12} & \cdots & a_{1m} \\ a_{21} & a_{22} & \cdots & a_{2m} \\ \vdots & \vdots & \ddots & \vdots \\ a_{n1} & a_{n2} & \cdots & a_{nm} \end{bmatrix}$$

（3）根据矩阵 A 得到最优值向量和最劣值向量，即有限方案中的最优方案（正理想解）和最劣方案（负理想解）。

（4）分别计算评价对象所有各指标值与最优方案及最劣方案的距离 s_i^+

[①] 柯健，李超．基于 DEA 聚类分析的中国各地区资源、环境与经济协调发展研究［J］．中国软科学，2005（2）：144-148．

[②] 王晓兰．江苏省交通建设与区域经济协调发展的实证研究［D］．南京理工大学硕士学位论文，2007．

和 s_i^-。

$$s_i^+ = \sqrt{\sum_{j=1}^{m}(a_j^+ - a_{ij})^2}, \quad s_i^- = \sqrt{\sum_{j=1}^{m}(a_j^- - a_{ij})^2}, \quad i=1,2,\cdots,n \tag{6-23}$$

其中，s_i^* 是距离理想点的距离，s_i^- 是距离负理想点的距离。

（5）建立协调度度量模型。

$$C_i = \frac{s_i^-}{s_i^+ + s_i^-}, \quad 0 \leq C_i \leq 1, \quad i=1,2,\cdots,n \tag{6-24}$$

如某系统的各属性值为正理想解，则相对协调度为1，如为负理想解，则为0，一般协调度值在0~1。越靠近1表明协调度越好，越靠近0表明协调度越差。

苏开拓（2010）[①] 以2000~2007年数据为基础，运用TOPSIS方法计算了物流产业发展水平与经济增长之间的协调系数，并评价了城市物流与城市经济发展的协调性。

二、物流产业与区域经济协调发展评价模型

1. 物流产业与区域经济子系统内部协调度测算模型

基于前文对协调测算模型的介绍，本书在对物流产业与区域经济子系统内部协调度进行测算时，选择复杂系统协调度的常用模型——序参量协调度评价模型。具体方法可参照本节协调度测算模型中的相关内容。

基本思路与步骤如下：

（1）选择系统内部序参量 $e_i = (e_{i1}, e_{i2}, \cdots, e_{in})$，其中 $n \geq 2$，$\beta_i \leq e_i \leq \alpha_i$，$i \in [1, n]$，序参量 $e_i = (e_{i1}, e_{i2}, \cdots, e_{in})$ 是反映系统综合发展水平的一系列评价指标。设 $(e_1, e_2, \cdots, e_k)$ 的取值越大，系统的有序度越高，呈正相关关系；设 $(e_{k+1}, e_{k+2}, \cdots, e_n)$ 的取值越小，系统有序度越高，呈负相关关系。

---

① 苏开拓. 基于Topsis法的城市物流与城市经济发展协调性评价研究——以广州市为例 [J]. 商业经济，2010（2）：89-90.

(2) 计算系统序参量有序度：

$$u(e_i) = \begin{cases} \dfrac{e_i - \beta_i}{\alpha_i - \beta_i}, & i \in [1, k_1] \\ \dfrac{\alpha_i - e_i}{\alpha_i - \beta_i}, & i \in [k_1 + 1, n] \end{cases} \quad (6\text{-}25)$$

显然，$u(e_i) \in [0, 1]$，且 $u(e_i)$ 越大，序参量 e_i 对系统的有序的"贡献"越大。

(3) 计算系统有序度：

具体计算方法有两种，如下：

方法一，几何平均法 $u(e_i) = \sqrt[n]{\prod_{i=1}^{n} u(e_i)}$ （6-26）

方法二，线性加权求和法 $u(e_i) = \sum_{i=1}^{n} \lambda_i u(e_i)$ （6-27）

其中，λ_i 为序参量 e_i 在指标体系中的重要性程度，$\lambda_i \in [0, 1]$，$\sum_{i=1}^{n} \lambda_i = 1$。

2. 物流产业与区域经济子系统之间协调度测算模型

系统之间的协调度，指的是一个系统的实际发展水平与该系统受其他系统影响作用下的应该达到的发展水平之间的关联程度[①]。本书把主成分分析法、回归拟合模型以及灰色关联法进行综合集成构建物流产业系统与区域经济系统之间的协调度模型。主要思路与步骤如下：

(1) 用主成分分析法计算物流产业系统与区域经济系统的综合发展指数 X 和 Y，具体计算方法与步骤可参照上一节介绍的主成分分析法相关内容（可由 SPSS17.0 实现）。

(2) 利用回归拟合模型确定物流产业和区域经济两个子系统的综合发展指数预测值，即协调值。具体计算方法与步骤参照本节协调度测算模型中的相关内容（由 Eviews6.0 实现）。

计算物流产业系统协调值：以 X 为因变量，Y 为自变量，回归拟合得到并选取合适的方程 $X = f(Y)$，代入物流产业系统综合发展指数 X，就可得到

---

① Cheng Longsheng, Wang Xiaolan, Sun Ying. Coordination between the transportation development and economy development of JiangsLi province [C]. Proceedings of 2007 International Conferenee on Transportation Engineering, 2007.

协调值 X'。同理,以 Y 为因变量,X 为自变量,回归拟合得到并选取合适的拟合关系方程 $Y=f(X)$,代入区域经济综合发展指数 Y,则可得协调值 Y'。

(3) 利用模糊隶属度评价模型,计算物流产业系统与区域经济系统二者之间的协调度。构建二者隶属度评价模型,具体计算公式为:

$$U(i,j) = \frac{\min\{u(i/j), u(j/i)\}}{\max\{u(i/j), u(j/i)\}} \tag{6-28}$$

其中,$U(i,j)$ 为物流产业系统与区域经济系统发展水平协调值;$u(i/j)$ 为物流产业系统对区域经济系统协调发展的协调值;$u(j/i)$ 为区域经济系统对物流产业系统协调发展的协调值。

$$u(i/j) = \exp\left[-\frac{(x-x')^2}{s_1^2}\right] \tag{6-29}$$

其中,x 为物流产业系统综合发展指数预测值;x' 为区域经济系统对物流产业最佳综合发展预测值;s_1^2 为区域物流产业系统综合发展值的均方差。

同理:

$$u(j/i) = \exp\left[-\frac{(y-y')^2}{s_2^2}\right] \tag{6-30}$$

其中,y 为区域经济系统的综合发展预测值,y' 为区域物流系统对经济系统需求的最佳综合发展预测值;s_2^2 为区域经济系统综合发展值的均方差。

$U(i,j) \in [0,1]$,越趋近于 1,说明物流产业发展与区域经济发展越协调;反之,越不协调。

3. 物流产业与区域经济复合系统协调度测算

物流产业与区域经济复合系统的总协调度由三部分组成:①物流产业系统内部协调度;②区域经济系统内部协调度;③物流产业与区域经济两个系统之间的协调度。

采用线性加权法,得到复合系统总协调度,公式如下:

$$T = \alpha \sum_{i=1}^{2} w_i u_i + \beta U \tag{6-31}$$

其中,α,β 分别代表两个子系统内部协调度与子系统之间协调度的重要性程度,通过专家咨询得到,w_i 代表子系统的重要性程度,本书取 $w_i = 0.5$,即物流产业系统与区域经济系统同样重要。

4. 物流产业与区域经济协调发展评价模型——基于灰色关联度的模糊综合评价方法

物流产业与区域经济协调发展现状的综合评价是一项极其复杂的技术经济过程，影响因素有很多，且相互关系错综复杂；同时，对于究竟达到什么程度才算是协调发展很难准确地界定，因此，使得物流产业与区域经济系统综合协调发展度的评价具有了一定的模糊性。基于以上考虑，本书构建基于灰色关联度的模糊评价模型，采用灰色关联度，求解模型的隶属度，按层次分析法等主观赋值法赋予各影响因素权重，确定物流产业与区域经济协调发展的综合评价指标，据此评价各区域物流产业与区域经济协调发展程度。

（1）灰色模糊评价模型构建。

首先确定评价对象因素集，设参与评价的四大区域组成的集合为 $A = \{a_1, a_2, \cdots, a_4\}$，评价指标集为 $Y = \{y_1, y_2, \cdots, y_5\}$，如表6-3所示，$y_i$ ($i=1, 2, \cdots, 5$) 是第 i 个指标对于某一指定区域 a_j，可以表示为一个向量 $a_j = (a_{1j}, a_{2j}, \cdots, a_{5j})$，$y_{ij} \in y_i$，$i=1, 2, \cdots, 5$；$j=1, 2, \cdots, 4$。在指标 y_i 上建立一个单目标模糊决策函数：

$$f_i : y_i \to [0, 1], i=1, 2, \cdots, 5 \quad (6-32)$$

对于给定区域集 $A = \{a_1, a_2, \cdots, a_4\}$，函数值 $f_i(a_j) \stackrel{\Delta}{=} f_i(y_{ij}) \in [0, 1]$ 表示就指标、对 y_i 而言，区域 a_j 属于优越的程度。令

$$\eta_j(i) \stackrel{\Delta}{=} (y_{ij}) \stackrel{\Delta}{=} f_i(a_j), i=1, 2, \cdots, 5, j=1, 2, \cdots, 4 \quad (6-33)$$

由此可得到一个模糊关系矩阵

$$R = \begin{bmatrix} \eta_1(1) & \eta_2(1) & \cdots & \eta_4(1) \\ \eta_1(2) & \eta_2(2) & \cdots & \eta_4(2) \\ \vdots & \vdots & \ddots & \vdots \\ \eta_1(5) & \eta_2(5) & \cdots & \eta_4(5) \end{bmatrix} \quad (6-34)$$

其中，称 R 为综合评价矩阵，R 的第 i 行向量 $R_i = [\eta_1(i), \eta_2(i), \cdots, \eta_4(i)]$ 为每一个分量 $\eta_j(i)$ ($i=1, 2, \cdots, 5; j=1, 2, \cdots, n$) 为第 j 个区域 a_j 的第 i 个指标 Y_{ij} 与第 i 个最优指标（虚拟区域）Y^* 的关联度。因此，需要求出每个因素对于评价等级的隶属度 $\eta_j(i)$，并依据 $\eta_j(i)$ 的大小对其进行排序，进而求出单因素评判矩阵。

由于 Y 中各指标的地位和影响程度不同，因此，用模糊 $P = (P_1,$

P_2, …, P_5)来表示各指标的权重分配,$P_i \in [0, 1]$ 且 $\sum_{i=1}^{5} P_i = 1$。故建立各区域物流产业与区域经济协调发展评价模型如下:

$$B = P \cdot R \tag{6-35}$$

其中,B 为区域 a_j 综合考虑协调度和发展度的所有指标 y_i($i = 1, 2, …, 5$)后,属于优越的程度,$b_j \in [0, 1]$。

(2) 基于灰色关联度的隶属度计算。

$\eta_j(i)$ 为区域 a_j 就指标 y_i 而言的协调发展程度,通常称为隶属度,它往往用构造隶属函数来求解。本书通过计算灰色关联系数来求解,其实质是区域 a_j 在指标 y_i 上,其指标 Y_{ij} 与虚拟最优指标 y_i^* 的关联程度,计算步骤为:

1) 确定最优指标集 y^*。

$$y^* = (y_1^*, y_2^*, …, y_5^*) \tag{6-36}$$

其中,y_i^*($i = 1, 2, …, 5$)表示第 i 个指标在各区域中的最优值,其中最优值越大越好,由此可以构造初始矩阵 E:

$$E = \begin{bmatrix} y_1^* & y_2^* & \cdots & y_m^* \\ y_{11} & y_{12} & \cdots & y_{1m} \\ y_{21} & y_{22} & \cdots & y_{2m} \\ \vdots & \vdots & \ddots & \vdots \\ y_{n1} & y_{n2} & \cdots & y_{nn} \end{bmatrix} \tag{6-37}$$

其中,y_{ij} 为区域 j 在指标 y_i 的指标值,$i = 1, 2, …, m$,$m = 5$;$n = 4$。

2) 指标值的无量纲化处理。

根据上一节指标标准化处理相关内容中所给的方法与公式,对指标进行标准化处理,得到各区域指标值为:

C_j($j = 1, 2, …, m$)。

3) 计算灰色关联系数。

设标准化后最优指标集为 $C^* = (C_1^*, C_2^*, …, C_m^*)$,各评价区域 $C_j = (C_{j1}, C_{j2}, …, C_{jm})$ 作为被比较数列,那么区域 a_j 在第 i 个指标下的值 y_{ij} 与最优指标 y_i^* 的关联系数为 $\eta_j(i)$($i = 1, 2, …, m$;$j = 1, 2, …, n$)

$$\eta_j(i) = \frac{\min\limits_{j}\min\limits_{i}|C_i^* - C_{ji}| + \rho\max\limits_{j}\max\limits_{i}|C_i^* - C_{ji}|}{|C_i^* - C_{ji}| + \rho\max\limits_{j}\max\limits_{i}|C_i^* - C_{ji}|} \tag{6-38}$$

其中，$\rho \in [0, 1]$，一般取 $\rho = 0.5$，称为分辨系数。从而求出隶属度（关联系数）。

（3）权重分配计算（基于层次分析法）。

将指标集 $Y = \{y_1, y_2, \cdots, y_m\}$ 中的第 k 个指标与其他指标进行比较，按照其重要程度，用 1~9 标度，1 为不重要，9 为重要，中间存在不同的重要程度，即可得出第 k 行指标的比率判断标度值 $U_{k1}, U_{k2}, \cdots, U_{km}, i=k$。

权向量 $P = (P_1, P_2, \cdots, P_m)$，由层次分析法可得：

$P_i = P_j \cdot U_{ij}, i, j = 1, 2, \cdots, m$，因为 $i = k$，故可得：

$P_k = P_j \cdot P_{kj}, j = 1, 2, \cdots, m$

改写为　　$P_j = \dfrac{P_k}{U_{kj}}, j = 1, 2, \cdots, m$ 　　　　　　　　　　　　（6-39）

由此可得，$P_1 + P_2 + \cdots + P_m = \sum\limits_{j=1}^{m} \dfrac{P_k}{U_{kj}} = P_k \cdot \sum\limits_{j=1}^{m} \dfrac{1}{U_{kj}}$

又 $\sum\limits_{j=1}^{m} P_j = 1$，故 $P_k \cdot \sum\limits_{j=1}^{m} \dfrac{1}{U_{kj}} = 1$，

因此，$P_k = \left(\sum\limits_{j=1}^{m} \dfrac{1}{U_{kj}} \right)^{-1}, j = 1, 2, \cdots, m$ 　　　　　　　　（6-40）

其中，由 $U_{kj} = (j = 1, 2, \cdots, m)$ 可知，因此可求得 P_k，代入式（6-39）便可得各指标权重 P_j $(j=1, 2, \cdots, m)$。

最后代入式（6-35）便可求得模型中 $B = (b_1, b_2, \cdots, b_n)$，依据 b_i 的大小，即可对各区域物流产业与区域经济协调发展情况进行分析和评价。

第七章

中国物流产业与区域经济协调发展的实证研究

本章结合我国各区域经济系统及物流产业发展的现状,根据第六章所建立的物流产业与区域经济协调发展的评价指标体系及测算模型,对我国四大区域物流产业及区域经济发展状况进行综合评价,为后文物流产业与区域经济协调发展的对策研究提供现实依据。

第一节 中国各区域经济系统发展现状

进入21世纪以来,随着西部大开发、振兴东北、中部崛起和东部率先发展的区域发展战略的实施,我国各区域的宏观经济都出现了较快的发展势头,本节从经济总量、经济结构以及经济效益三个方面对四大区域经济系统的发展情况加以分析。

一、经济总量情况[①]

1. 经济发展规模分析

2008~2017年,我国四大区域的国内生产总值均呈现稳步上升的趋势,其中,2017年东部地区实现国内生产总值为447835.47亿元,占全国经济总量的52.86%,而中部地区、西部地区和东北地区分别占20.83%、19.9%和6.41%(见图7-1)。从GDP增长速度来看,西部地区一直处于领先位

---

① 基础数据情况见附录。

置,平均增速达到17.89%,其后依次为中部地区17.56%、东部地区14.82%和东北地区9.1%(此处所指均为名义增速);同时各区域在这十年间都出现波动,波动最大主要集中在2008年,主要是受国际金融危机的影响所致。在2009年的GDP增长速度明显降低,2011年之后,各大区域GDP增长速度均呈现向下趋势,尤其是东北地区变化明显(见图7-2)。伴随着全球经济的进一步回暖和国内生产总值的快速增长,各地区的社会物流需求水平将迅速提升,为物流产业的发展创造良好的物质环境。

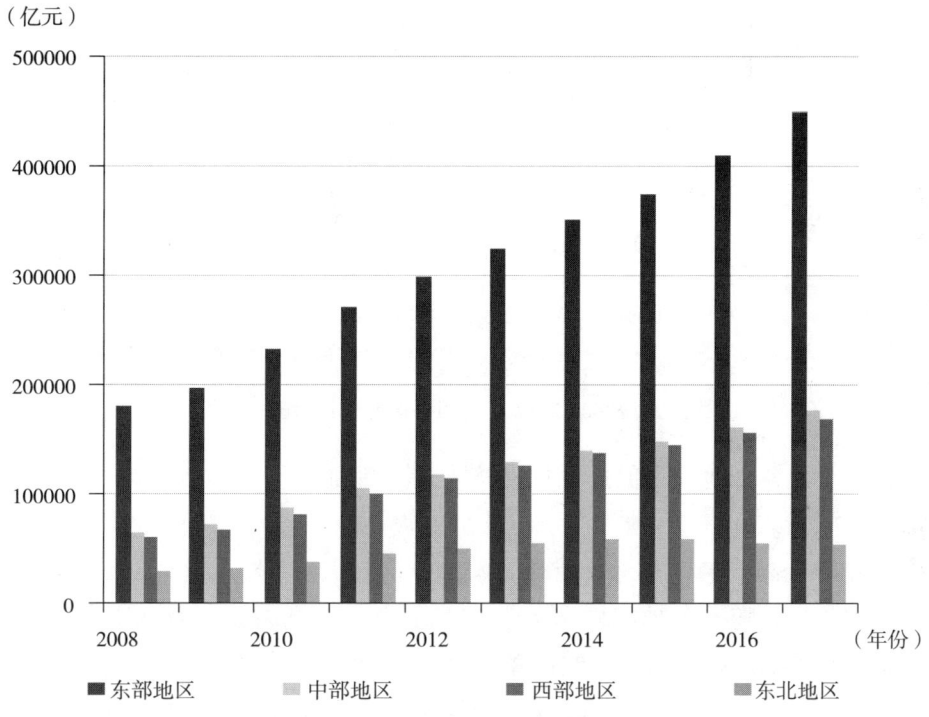

图7-1　2008~2017年我国各区域国内生产总值

2. 固定资产投资情况

从全社会固定资产投资情况看,各区域都在逐年增加,2017年,东部地区固定资产投资额已达到260910.8亿元,中部和西部地区基本持平,东北地区由于只包括辽宁、吉林和黑龙江三省,所以总额要远远少于其他三个地区(见图7-3);从投资增长速度来看,2008~2017年,各大区域这几年的增长速度基本上都在10%以上,中部和西部的投资增长速度普遍高于东部地区,东北地区投资增速波动较大,从2014年开始出现了负增长。充

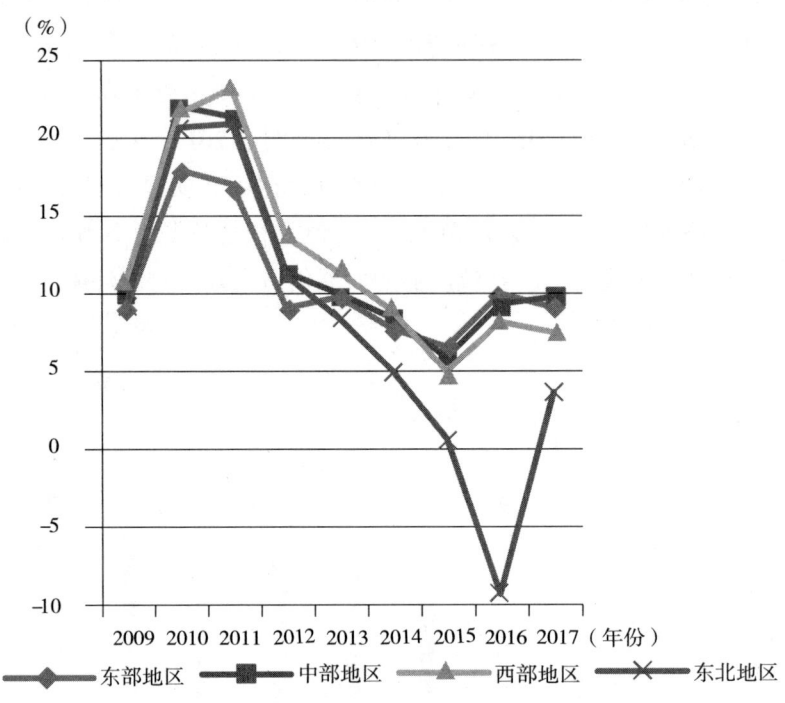

图 7-2　2008~2017 年我国各区域 GDP 增长速度

分说明全国各个地区为促进区域经济发展，都加大了固定资产的投资力度（见图 7-4）。

3. 社会消费品零售总额情况

近年来，随着各地家电下乡、汽车下乡、提高城镇低收入群体补贴，推进农村养老保险和医疗体制改革等"促销费"组合政策的出台，有效带动了城乡居民消费。2017 年，全国全社会消费品零售总额更快，从 2008 年的 183918.6 亿元增长到 2017 的 363905.4 亿元，总增幅达到 97.86%，年均增长 9.79%；各地区社会消费品零售总额也稳步增长，从地区构成来看，东部地区为 187569.8 亿元、中部地区为 77474.6 亿元、西部地区为 68098.8 亿元、东北地区为 30762.2 亿元。从增长速度来看，各大区域增长速度基本在 10% 左右，变化趋势也基本一致，西部和中部地区呈现更快的增长趋势，东北地区的增速较为缓慢，2015 年的增速只有 6% 左右（各省份情况及增长趋势见图 7-5 和图 7-6）。伴随着各地区社会消费品需求总量及层次的进一步提升，各地区的物流产业将迎来更加广阔的发展空间。

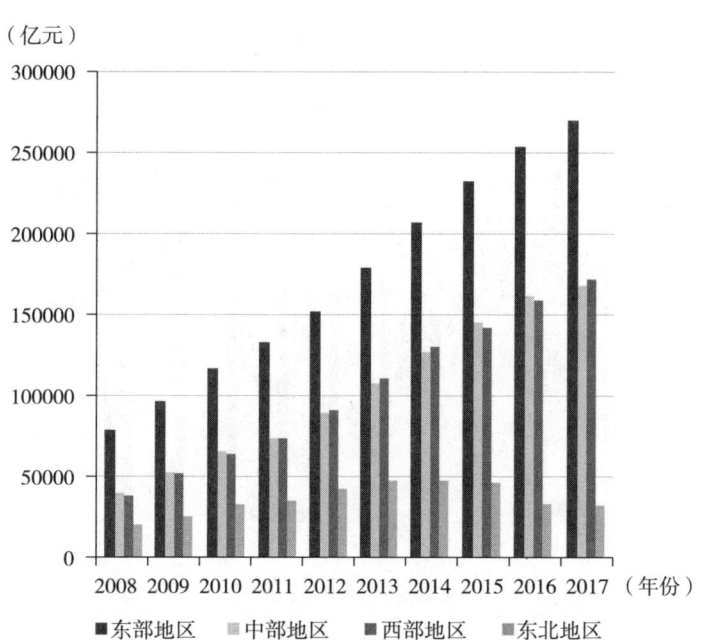

图 7-3　2008~2017 年我国各区域全社会固定资产投资情况

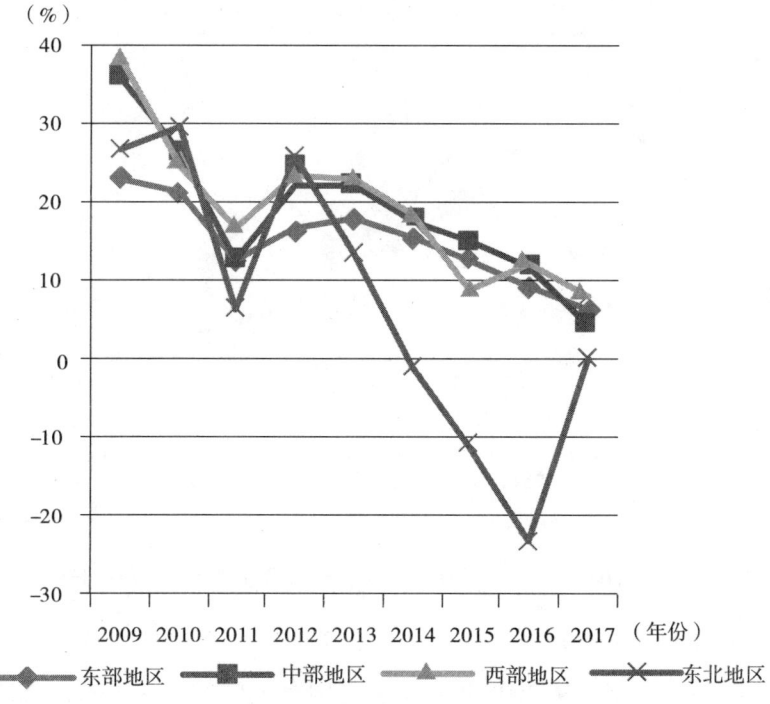

图 7-4　2008~2017 年我国各区域全社会固定资产投资年增长趋势

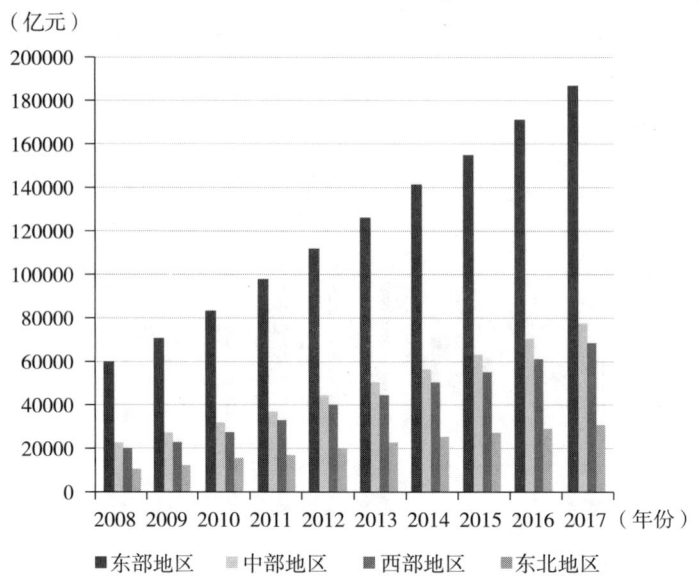

图 7-5　2008~2017 年我国各区域社会消费品零售总额情况

图 7-6　2008~2017 年我国各地区社会消费品零售总额年增长趋势

4. 进出口贸易情况

由图 7-7 可知，从 2008 年开始，受国际金融危机的影响，我国各区域的进出口贸易总额有所降低，增长速度也呈现负增长。2016 年，东部、西部和东北部三个区域增速均为负数,尤其是东北地区达到-30%以上,与2014年相比,下降趋势明显(见图7-7)。从增长趋势来看,从2012年开始,各大区域的进出口贸易总额均呈现逐年下降趋势,到了2017年才有所恢复。

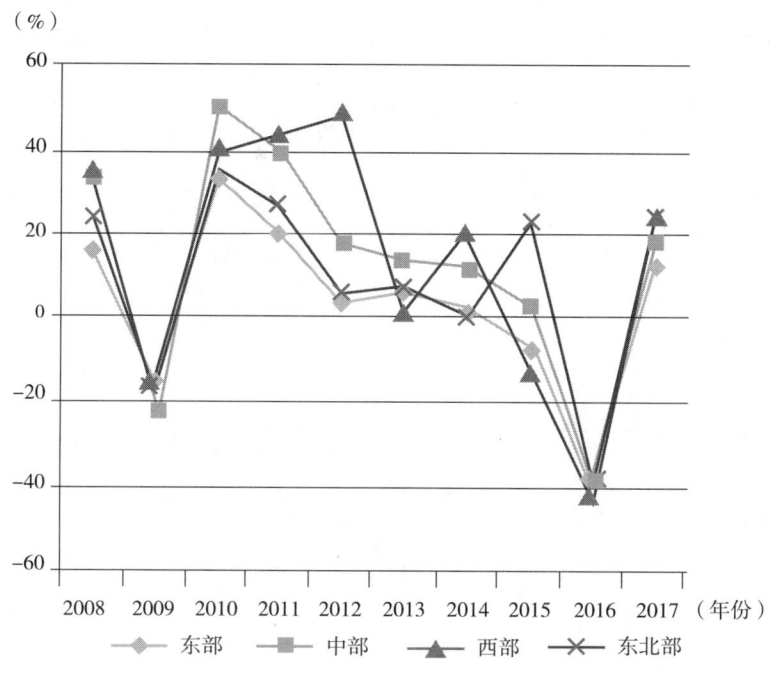

图7-7　2008~2017年我国各区域进出口贸易情况

二、经济结构情况

从总体趋势上来看,2008~2017年,四大区域第一产业占GDP的比重都在逐年下降,第二产业的比重基本上保持逐年上升,而第三产业的比重呈上下波动的趋势(见图7-8)。从各区域具体情况来看,东部地区三次产业占GDP的比重分别由2011年的10.77%、43.67%、44.86%变动到2017年的5%、53%、54%,经济结构不断趋于合理。而中部、西部和东北地区虽然第一产业的比重不断下降,但第二产业的比重却有所上升,但是近几年来第三产业的比重也呈现下降的趋势,这与产业结构发展的一般规律相悖,充分说明了这三个地区的经济结构不合理,而经济结构的不合理会在很大程度上影响区域内各产业的发展。因此,这三个地区急需调整和优化产业结构，使第三产业的比重不断提高，经济结构趋于合理，从而推动区域内各产业的协调发展。

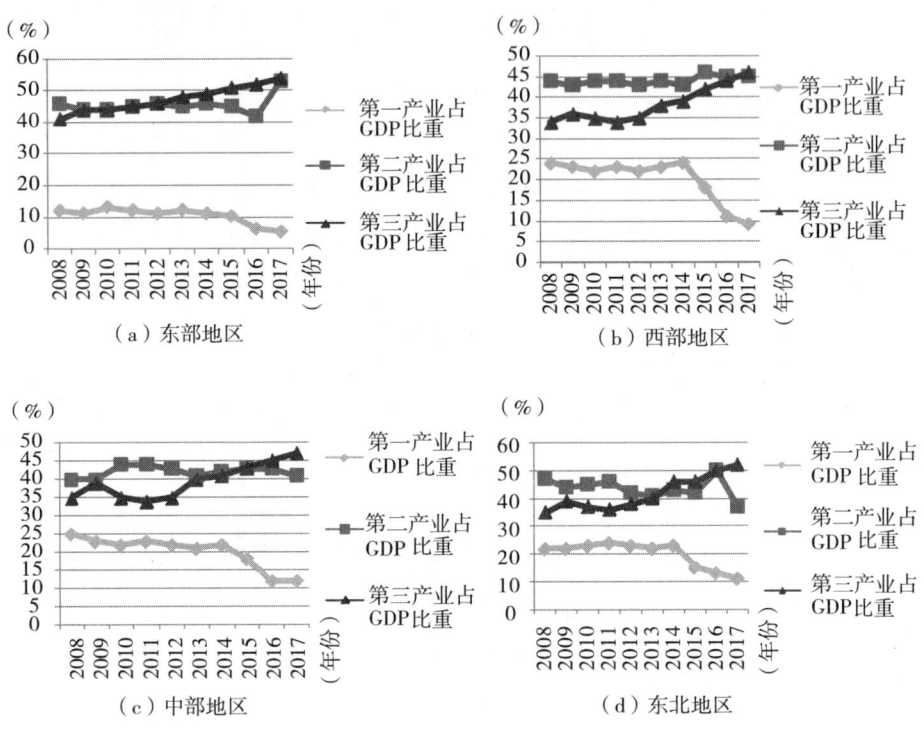

图 7-8　2008~2017 年我国四大区域三次产业占 GDP 比重变化趋势

三、经济效益情况

衡量经济效益最重要的一个指标就是人均国内生产总值，这里通过横向和纵向两个角度来进行对比说明。从横向时间维度来看，2008~2017 年我国四大区域的国内生产总值都呈逐年上升趋势。从纵向空间维度来看，东部地区的人均 GDP 从 2008 年的 41467 元上升为 2017 年的 904012 元，增长速度非常快，排名第二的是西部地区，2017 年人均 GDP 达到 546919 元，其次是中部地区，2017 年人均 GDP 为 285316 元，排在最后的是东北地区 2017 年人均 GDP 已达到 150281 元；从各省份来看，排名第一的是北京，人均 GDP 达到 128994 元，排在最后的是甘肃省，仅为 28497 元，由此可以看出中西部地区与东部地区还存在着较大差距（见图 7-9 和图 7-10）。

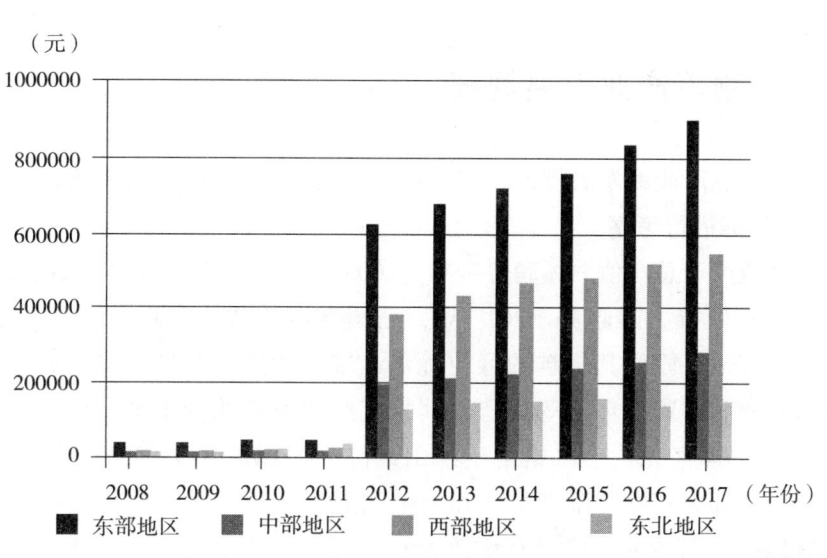

图 7-9　2008~2017 年我国各区域人均国内生产总值情况

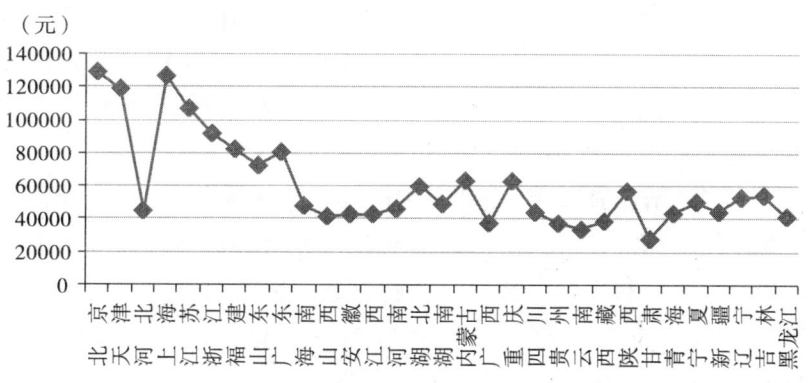

图 7-10　2017 年我国 31 个省份人均国内生产总值对比情况

第二节　中国各区域物流产业发展现状

近些年来，随着我国国民经济快速稳定的发展，以及国家各项利好政策的推行，我国各区域的物流产业取得了长足的发展，总体规模不断扩大、服务水平显著提高、发展的环境和条件也在不断改善。本节从物流发展规模、物流投入与物流产出三个方面分析目前我国四大区域物流产业的发展情况。

一、物流产业发展规模

对于物流产业的发展规模,主要通过物流产业产值①以及物流产业增加值②两个指标进行考察。

从物流产业总产值总体趋势来看,2008~2017年,我国各区域物流产业总产值一直保持上升趋势。2017年,全国物流总产值实现36802.7亿元,其中,东部地区凭借其优越的区位优势、雄厚的区域经济基础、完善的基础设施和便利的贸易环境等优势,其物流产业发展尤为迅速,物流总产值达到19854.64亿元,已占据半壁江山,占全国总量的53.95%;而近几年来,随着西部大开发、振兴东北和中部崛起等区域经济发展战略的逐步实施,区域发展不平衡的情况有所改善,中部、西部及东北地区物流产业虽然也保持稳定增长的趋势,但是与东部地区相比,增长幅度较为缓慢(见图7-11),2017年,中、西部地区物流产业总产值分别为7872.69亿元、7791.41亿元,仅为东部地区的1/3,东北地区为2714.47亿元,仅为东部地区的1/10,由此可见,各区域物流产业的发展规模还存在较大差距,发展极不均衡,如图7-12所示。

从物流产业增加值来看,2008~2017年,各区域发展趋势与物流总产值发展趋势截然不同。其中,东部地区物流产业增加值增长幅度最大,处于遥遥领先的位置,其次为中部地区、西部地区和东北地区;2017年,东部地区增加值达到2025.4亿元,中部为726.47亿元,西部和东北分别为532.27亿元和152.81亿元(见图7-13、图7-14)。

二、物流投入情况

固定资产投资额是衡量物流投入情况极其重要的指标。近10年来,我国物流产业的固定资产投资额一直保持逐年上升的趋势,从2008年的169093.5亿元上升到2017年的636018亿元,可见我国物流产业发展速度之快。从固定资产投资的构成上来看,无论是对交通运输业、仓储业、批发

---

① 由于对物流产值的统计缺乏统一的口径,因此,此处用交通运输、仓储、邮电业的产值代替。
② 物流产业增加值以交通运输、仓储、邮电业增加值代替。

第七章 中国物流产业与区域经济协调发展的实证研究

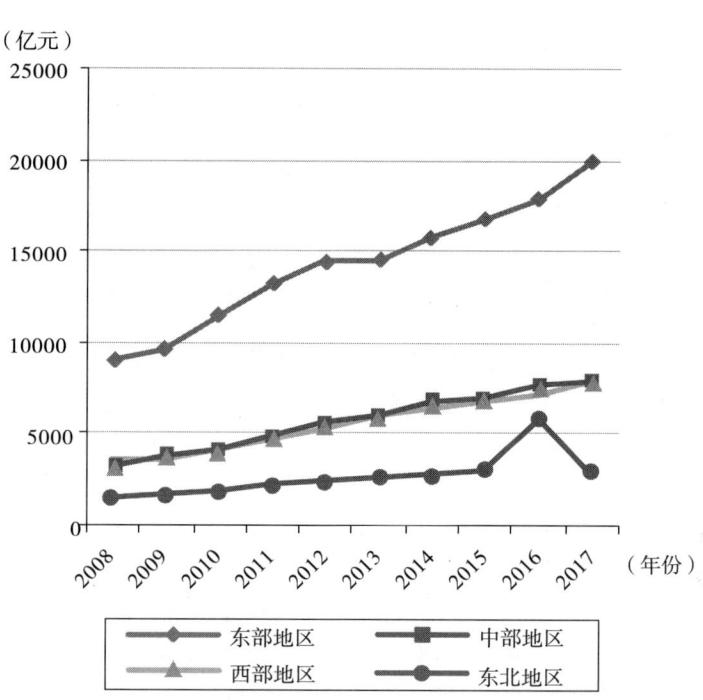

图7-11 2008~2017年我国各区域物流产值发展趋势

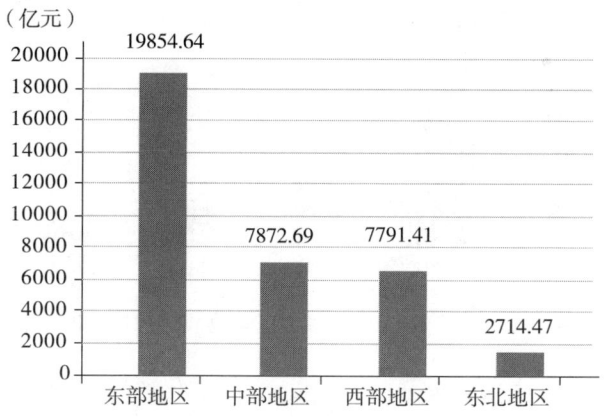

图7-12 2017年我国各区域物流产值情况

零售业、流通加工包装业，还是邮政业一直保持着逐年上升的趋势，并且对交通运输业的投资占对物流产业投资的比例最高，2017年已达到75.7%，充分说明交通运输也是国民经济的"先行官"，同样也是发展物流产业的基础。

· 157 ·

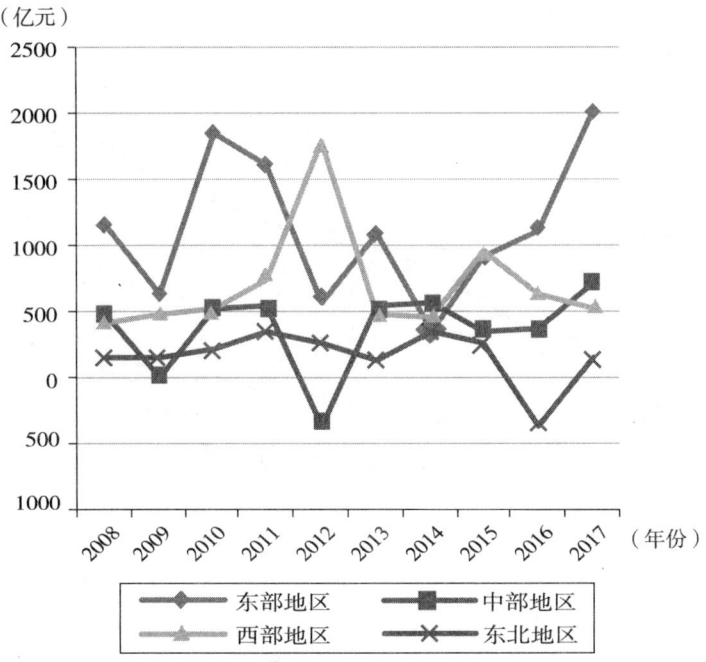

图 7-13 2008~2017 年我国各区域物流增加值发展趋势

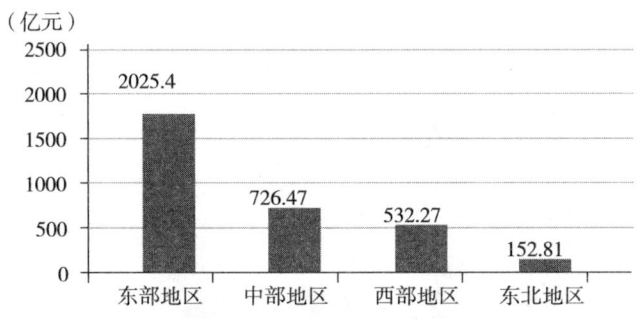

图 7-14 2017 年我国各区域物流增加值情况

从各区域的发展情况来看，2008~2017 年，我国各区域的物流基本建设投资都呈逐年上升趋势，2017 年，除中西部地区，各区域物流基本建设投资总额都有所下降，由高到低依次为，东部地区 268910.8 亿元，占全国总量的 42.28%，中部地区 166139.4 亿元，西部地区 169715.2 亿元，东北地区 31252.6 亿元（见图 7-15 和图 7-16）。从 2017 年我国 31 个省份交通运输、仓储和邮电业基本建设投资情况来看，投资额最高的是广东，为 3580.94 亿元，最低的是西藏，为 34.08 亿元，由此可以看出东西部差距如此之大（见图 7-17）。

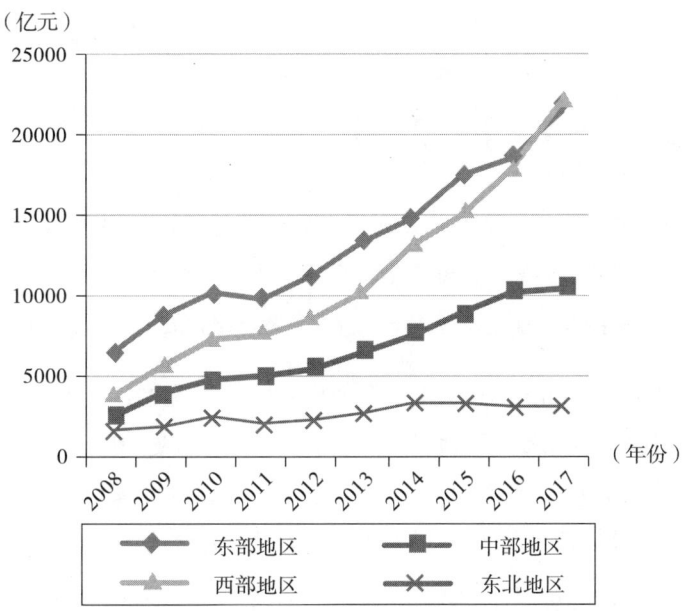

图 7-15　2008~2017 年我国各区域物流基本建设投资变化趋势

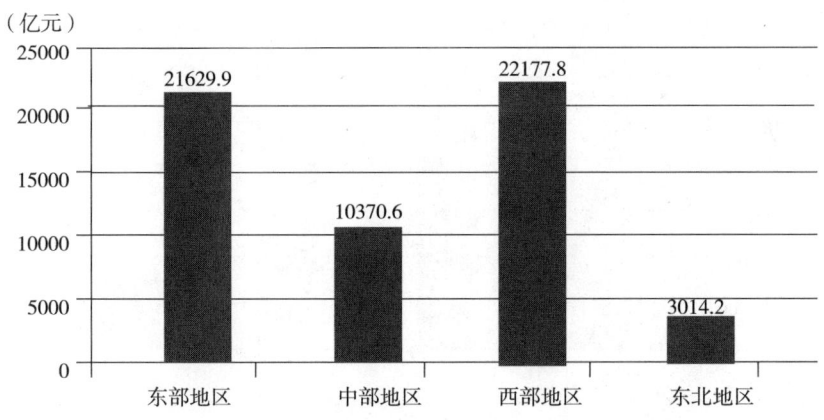

图 7-16　2017 年我国各区域物流基本建设投资情况

三、物流产出情况

我国各区域的物流产出情况可用货运量和货物周转量两个指标来衡量。2008~2017 年，我国各区域的货运量和货物周转量都有了较大的提升（见图

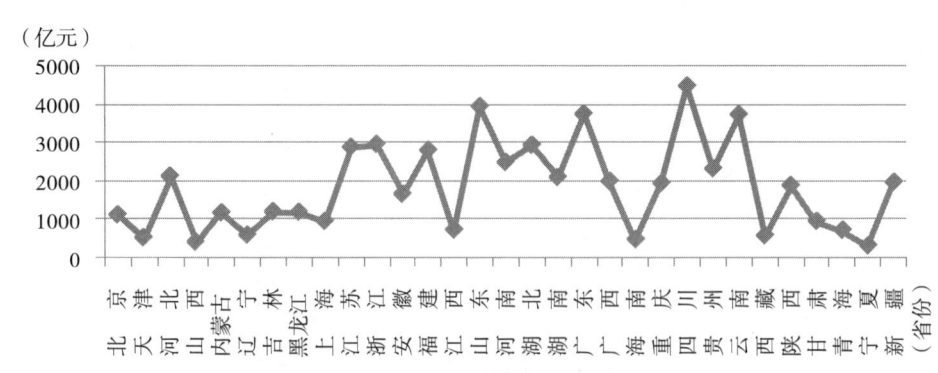

图 7-17　2017 年我国 31 个省份交通运输、仓储和邮电业基本建设投资情况

7-18、图 7-19）。截止到 2017 年，全国货物运输量为 472.12 亿吨，比上年增长 5.89%，其中，东部地区货物运输量为 1733615 万吨，中部地区货物运输量为 1273949 万吨，比上年增长 2.34%，西部地区增长幅度最大，比上年增长 19.39%；东北地区货运量为 322436 万吨，比上年增长 5.48%。

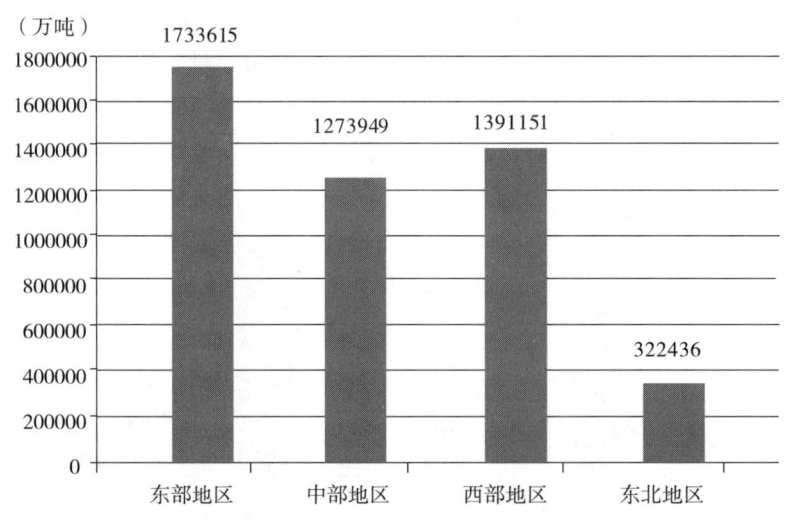

图 7-18　2017 年我国各区域货运量情况

同时，我国货物运输周转量也以较快的速度增长，截止到 2017 年，全国货物周转量为 189809.4 亿吨公里，其中东部地区为 105955.36，占全国总量的 55.82%，中部、西部和东北地区完成货物周转量分别为 38706.34 亿吨公里、29098.16 亿吨公里和 16049.54 亿吨公里，分别占全国总量的 20.39%、15.33% 和 8.46%，如图 7-20 所示。2008~2017 年，全社会总的货物运输周转

第七章　中国物流产业与区域经济协调发展的实证研究

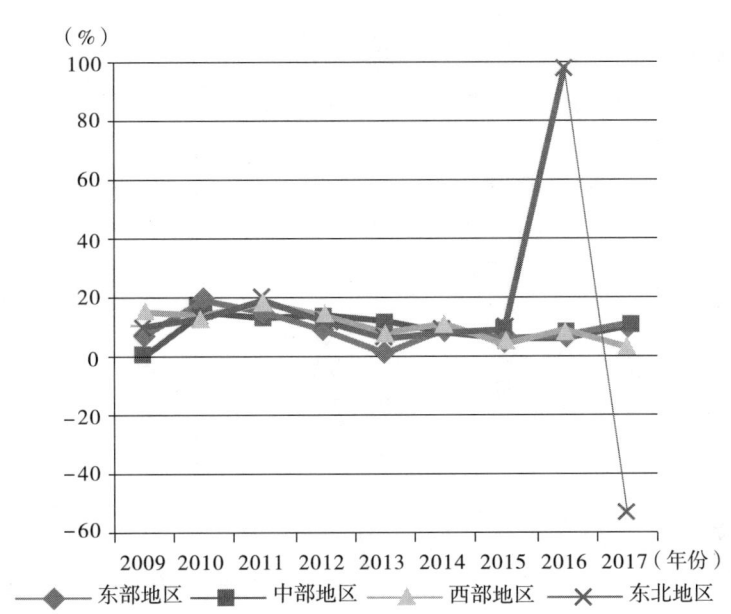

图7-19　2008~2017年我国各区域货运量增长情况

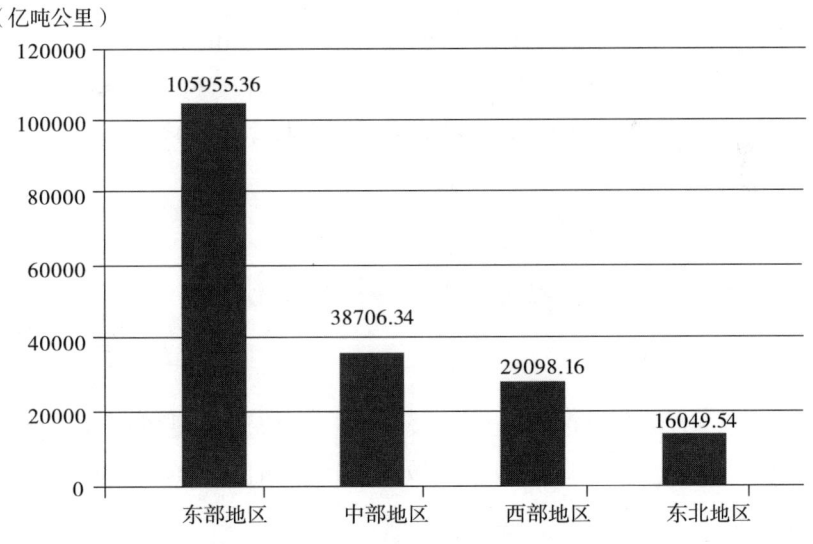

图7-20　2017年我国各区域货物周转量情况

量年平均增幅为9.13%，东部地区货物周转量年均增幅10.29%，中部、西部、东北地区年均增幅分别为8.67%、7.74%、6.24%，中、西部及东北三个地区的增长说明近几年来国家实行的西部大开发、振兴东北和中部崛起的区域发展战略取得了良好的效果,如图7-20、图7-21所示。

通过以上分析,可见东部、中部、西部和东北部区域经济和物流产业发展水平均存在较大的发展差距。我国存在的区域发展的不平衡现象,影响着全国经济发展的总体实力和水平,应采取适当的政策措施给物流产业创造好的发展条件和环境,进而推进区域经济的发展。

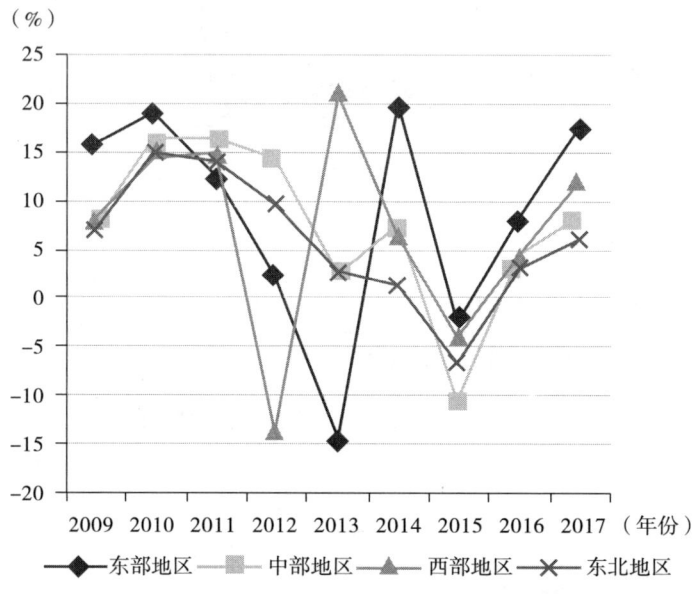

图7-21 2008~2017年我国各区域货物周转量增长情况

第三节 实证分析

根据上一章所建立的物流产业及区域经济协调发展的评价指标体系及协调度测算模型,本节对我国各区域物流产业与区域经济协调发展状况进行综合评价。

一、物流产业子系统内部协调度评价

1. 数据来源与指标变量聚类

数据来源:根据研究的需要以及数据的可获得性和选取原则,本书选

取 2009~2018 年《中国统计年鉴》以及《中国物流年鉴》中反映物流产业发展的若干数据（区域划分与第四章相同，分为东部、中部、西北、东北四大区域）。由于物流产业系统指标体系庞大、计算烦琐，而且指标之间存在相关性。因此，为了方便计算，同时也为了消除指标的相关性，获得独立性较强且能够概括反映物流产业发展的指标，首先对指标进行降维处理，方法是变量聚类法（R型聚类），选取 2008~2017 年中国物流产业统计指标数据，根据前文所建立的评价指标体系以及实际指标数据的可获得性，对其中 10 个指标进行分层聚类，聚类结果如图 7-22 所示（采用 SPSS17.0）。

聚类表

阶	群集组合		系数	首次出现阶群集		下一阶
	群集 1	群集 2		群集 1	群集 2	
1	5	8	0.995	0	0	3
2	6	9	0.995	0	0	3
3	5	6	0.987	1	2	5
4	1	3	0.982	0	0	5
5	1	5	0.969	4	3	6
6	1	10	0.907	5	0	7
7	1	2	0.825	6	0	8
8	1	7	0.692	7	0	9
9	1	4	0.616	8	0	0

根据指标变量的聚类结果并结合专家的意见，本书选取货运量、物流产业产值、物流基本建设投资、公路里程、邮电业务量以及货物周转量 6 个指标作为评价物流产业系统内部协调度的最终评价指标。

2. 物流产业系统内部协调度测算

上述聚类分析的结果选择物流产业发展的 6 个指标作为序参量，运用公式（6-25）计算得到四大区域物流产业系统序参量有序度，再通过公式（6-27）计算出物流产业系统内部协调度。我国四大区域物流产业系统协调度分析结果如表 7-1 所示（用 Excel 表编程计算所得）。

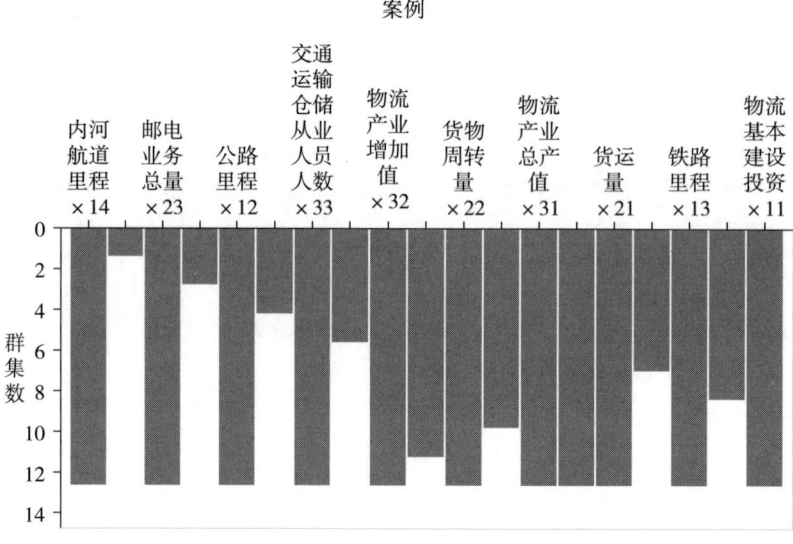

图 7-22 物流产业指标变量聚类结果

表 7-1 2008~2017 年我国四大区域物流产业系统内部协调度

年份	东部地区	中部地区	西部地区	东北地区
2008	0.285	0.205	0.101	0.093
2009	0.258	0.287	0.196	0.179
2010	0.339	0.296	0.201	0.205
2011	0.398	0.307	0.268	0.268
2012	0.473	0.428	0.339	0.396
2013	0.638	0.534	0.507	0.494
2014	0.626	0.676	0.541	0.613
2015	0.794	0.741	0.696	0.767
2016	0.887	0.826	0.738	0.793
2017	0.945	0.904	0.834	0.865

为了进行更直观的比较，把图 7-22 用折线图表示如图 7-23 所示。

由图 7-23 可知，2008~2017 年，我国各个区域的物流产业均得到长足的发展，主要表现：在纵向上，各个区域物流产业的各个评价指标（系统序参量）都随时间推移而呈现明显的上升趋势，由此带来整个物流产业内部协调度增强；从横向上看，我国物流产业系统内部协调程度仍然具有区域差异性，东部地区波动较大，其他地区波动不大，一直呈现平稳上升趋

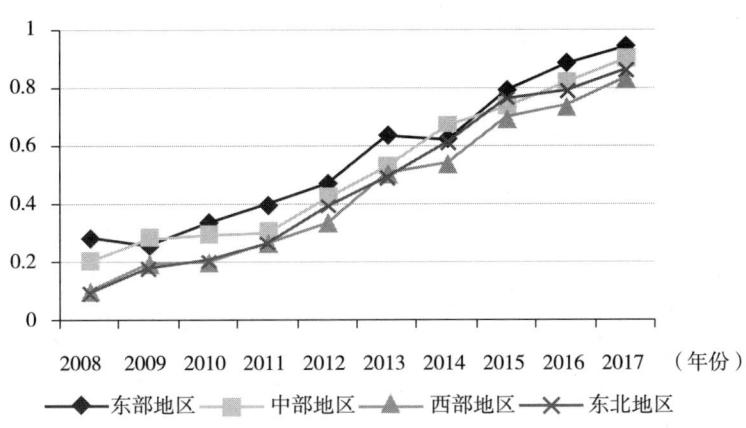

图 7-23 2008~2017 年我国四大区域物流产业系统内部协调度变动趋势

势。随着国家"西部大开发""东北振兴"及"中部崛起"等区域经济发展总体战略的提出，四大区域交替处于领先位置，区域物流产业发展不平衡的局面有所缓解，但东部地区（长三角、珠三角、环渤海经济区）仍凭借着历史积累的区域经济优势及良好的区位条件、丰富的资源、便捷的交通以及完备的基础设施，较好地满足了物流产业发展的需要，极大地带动了东部地区物流产业的发展。

二、区域经济子系统内部协调度评价

1. 数据来源与指标变量聚类

数据来源：根据前文所建立的指标体系以及数据的可获得性，本节选取了《中国统计年鉴》（2009~2018 年）中能够反映区域经济发展的若干数据，并对其中 14 个指标进行分层变量聚类，其变量聚类分析结果如图 7-24 所示。

聚类表

阶	群集组合		系数	首次出现阶群集		下一阶
	群集 1	群集 2		群集 1	群集 2	
1	1	13	1.000	0	0	3
2	2	6	1.000	0	0	3
3	1	2	0.999	1	2	4
4	1	7	0.999	3	0	6

续表

阶	群集组合		系数	首次出现阶群集		下一阶
	群集1	群集2		群集1	群集2	
5	5	8	0.998	0	0	8
6	1	3	0.998	4	0	7
7	1	4	0.997	6	0	8
8	1	5	0.992	7	5	9
9	1	14	0.986	8	0	11
10	11	12	0.968	0	0	11
11	1	11	0.956	9	10	12
12	1	9	0.943	11	0	13
13	1	10	0.885	12	0	0

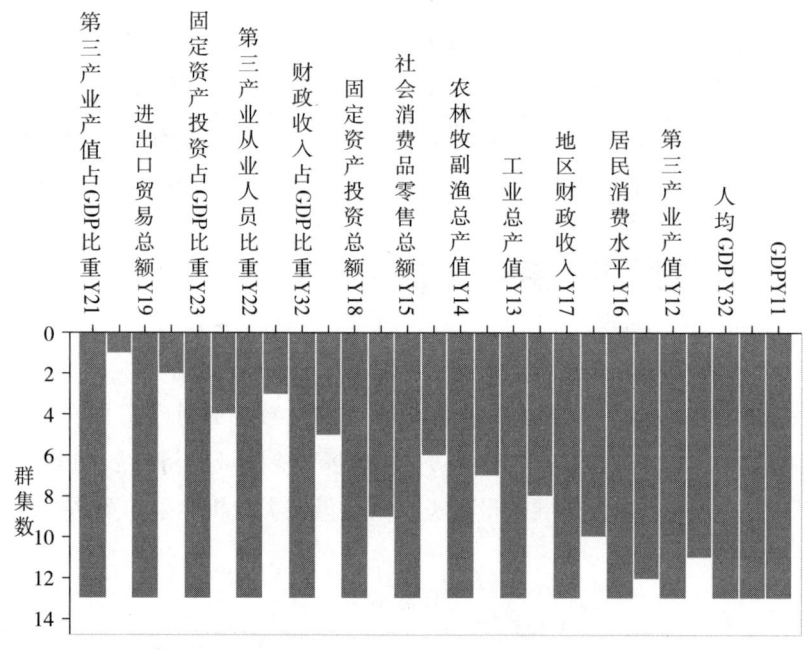

图7-24 区域经济系统指标聚类结果

根据经济指标变量聚类结果，本节选取 GDP、人均 GDP、第三产业产值、居民消费水平、地区财政收入、社会消费品零售总额、进出口贸易总额、第三产业产值占 GDP 的比重 8 个指标作为评价区域经济协调发展的最终指标。

2. 区域经济系统内部协调度测算

同物流产业系统协调度的计算方法相同,以上文聚类分析的结果所选取的 8 个指标作为序参量,运用式(6-25)计算得到各区域经济系统序参量有序度,并通过式(6-27)计算出区域经济系统内部协调度。我国各区域经济系统内部协调度分析结果如表 7-2 所示。

表 7-2　2008~2017 年我国各区域经济系统内部协调度

年份	东部地区	中部地区	西部地区	东北地区
2008	0.144	0.093	0.054	0.062
2009	0.169	0.145	0.103	0.125
2010	0.251	0.196	0.146	0.164
2011	0.323	0.254	0.201	0.227
2012	0.424	0.293	0.225	0.327
2013	0.509	0.439	0.349	0.416
2014	0.691	0.474	0.381	0.523
2015	0.742	0.611	0.503	0.578
2016	0.824	0.723	0.642	0.696
2017	0.956	0.877	0.812	0.896

为了进行更直观的比较分析,把表 7-2 用折线图表示如图 7-25 所示。

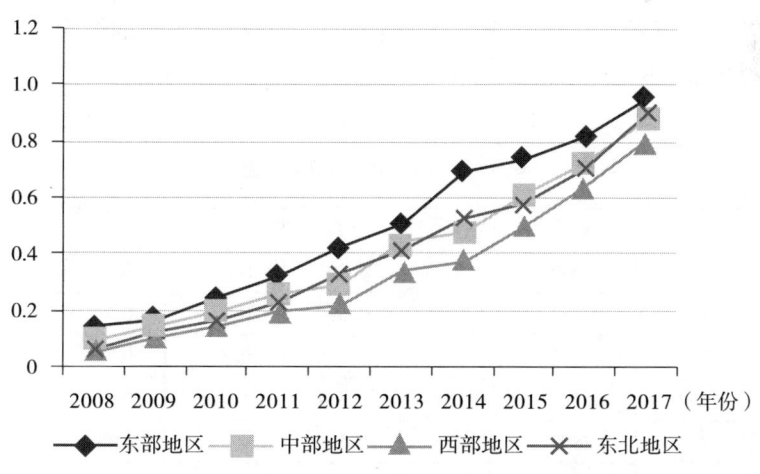

图 7-25　2008~2017 年我国各区域经济系统内部协调度变动趋势

由表 7-2 和图 7-25 可以看出:2008~2017 年,我国四大区域的各项经济指标(序参量)呈明显的增长趋势,导致整个区域经济协调度稳步上升。

东部地区凭借着区位优势仍然处于领先地位，而中部地区和东北地区协调度交替上升，西部地区处于末位，区域经济发展不平衡的问题仍然存在。对于中国这样一个人口众多、幅员辽阔、资源分布不均、各地区基础条件千差万别的大国来说，这是一个必然要经历的过程。从世界各国经济发展的演进过程来看，也大都经历过从不平衡到平衡发展的过程。同时，对比前文物流产业系统协调度的区域差异性，可以看出，区域经济协调度与物流产业系统协调度具有大体相同的区域性，凡是区域经济系统协调程度高的地区，其物流产业系统协调度也较高；反之也成立，这充分证明了第四章的结论，物流产业发展与区域经济发展具有高度的相关性。

三、物流产业系统与区域经济系统之间协调度评价

1. 物流产业及区域经济综合发展指数的计算

用主成分分析法分别计算物流产业系统与区域经济系统的综合发展指数 X 和 Y，具体计算方法与步骤可参照第六章第二节相关内容。以 2017 年为例，选取物流产业发展的 6 个指标数据，在进行计算之前首先要对原始数据进行标准化处理，以消除由于原始数据量纲不同所造成的统计结果不准确的影响①。因此，首先利用 SPSS17.0 处理得到各变量的样本相关系数矩阵，如表 7-3 所示，并进一步计算该年四大区域物流产业的综合发展指数，计算过程如下：

表 7-3 样本相关系数矩阵

		X11	X12	X21	X22	X23	X31
相关	X11	1.000	0.657	0.902	0.906	0.898	0.971
	X12	0.657	1.000	0.598	0.128	0.276	0.225
	X21	0.902	0.598	1.000	0.834	0.869	0.856
	X22	0.906	0.128	0.834	1.000	0.983	0.992
	X23	0.898	0.276	0.869	0.983	1.000	0.998
	X31	0.971	0.225	0.856	0.992	0.998	1.000

---

① SPSS 在调用 Factor Analysis 过程进行分析时，会自动对原始数据进行标准化处理。

从表 7-3 可以看出，在我们所选取的 6 个指标中，除 X12 外，各相关系数均大于 0.3 说明各指标间相关性很强，信息耦合度高，特别是 X11 与 X21、X22 和 X31 具有较强的相关性，如果直接进行分析，可能会带来共线性问题。因此，适合使用主成分法提取成分，以便于进一步分析。为确定能否进行因子分析，进一步对数据进行 KMO 和 Bartlett 球形检验[①]，结果如表 7-4 所示[②]。依据 Kaiser（1974）的观点，若 KMO 值<0.5，不适合进行因子分析。

表 7-4　KMO 和 Bartlett 球形检验结果

取样足够度的 Kaiser-Meyer-Olkin		0.586
Bartlett 球形检验	近似卡方	96.578
	df.	27
	Sig.	0

经过检验表明：KMO 值为 0.586，接近 0.6；Bartlett 值为 96.578，$p<0.0001$，说明该相关矩阵不是一个单位矩阵，通过检验，表明该样本数据可以进行因子分析。进一步计算得到相关系数矩阵的特征值、贡献率和累计贡献率，同时根据特征根大于 1 的原则，确定主成分因子，如表 7-5 所示。

表 7-5　解释的总方差

成分	初始特征值			提取平方和载入		
	合计	方差的百分数（%）	累计方差贡献率（%）	合计	方差的百分数（%）	累计方差贡献率（%）
1	4.792	79.864	79.864	4.792	79.864	79.864
2	1.099	18.317	98.181	1.099	18.317	98.181
3	0.109	1.819	100.000			
4	3.414E-16	5.690E-15	100.000			
5	5.733E-17	9.555E-16	100.000			
6	-1.177E-16	-1.961E-15	100.000			

提取方法：主成分分析法。

[①] KMO 能够检验给出抽样充足量的测度，检验变量间的偏相关系数是否过小，Bartlett 球形检验相关系数矩阵是否为单位阵。

[②] 张红坡，张海锋．SPSS 统计分析实用宝典［M］．北京：清华大学出版社，2012．

由表 7-5 可知，F_1、F_2 这两个主成分的值均大于 1，累计方差贡献率达 98.181%，大于 85%，充分说明前两个主成分基本上包含了全部指标原始数据的主要信息。变量相关矩阵的两个最大特征根为 4.792 和 1.099，累计方差贡献率达到 98.181%，根据主成分分析法的基本思想，选取这两个主成分评价的综合指标。另外，从崖底碎石图可以比较直观看出碎石图在 $n=2$ 时出现拐点，第一主成分和第二主成分的特征值均大于 1，其他主成分的特征值均小于 1，进一步验证了主成分为 2 个，第一主成分和第二主成分能概括绝大部分信息，如图 7-26 所示。

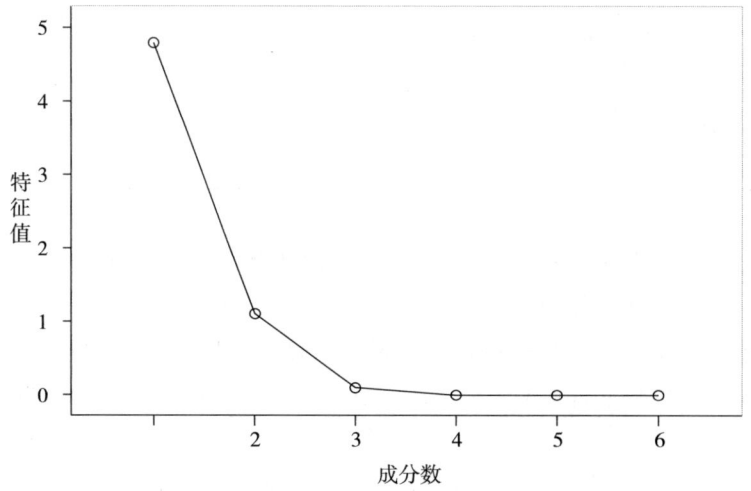

图 7-26　崖底碎石图（因子载荷碎石图）

由初始因子载荷矩阵可以看出，一些样本指标的内在联系，但由于初步主成分因子分析的结果对于某些因子的解释还不是十分明显，因此需要对因子进行正交旋转①，从而得到旋转后的因子载荷矩阵，如表 7-6 所示。

---

① 由于初始因子载荷矩阵中各个因子的系数过于集中，难以解释它们的经济含义，因此，进行因子旋转后其经济含义更为鲜明（旋转后的因子系数已经出现了明显的变化）。

表 7-6　因子载荷矩阵与旋转后的因子载荷矩阵

	因子载荷矩阵			旋转后的因子载荷矩阵	
	成分			成分	
	1	2		1	2
X11	0.958	0.226	X11	0.785	0.595
X12	0.475	0.88	X12	0.078	0.997
X21	0.949	0.173	X21	0.797	0.543
X22	0.933	−0.358	X22	0.998	0.051
X23	0.974	−0.214	X23	0.977	0.199
X31	0.963	−0.266	X31	0.988	0.148

根据上表主成分分析结果，分别计算两个主成分的特征向量，得到主成分表达式：

$$F_1 = 2.19X_1 + 0.22X_2 + 0.43X_3 + 0.43X_4 + 0.44X_5 + 0.44X_6 \quad (7-1)$$

$$F_2 = 0.22X_1 + 0.84X_2 + 0.17X_3 - 0.34X_4 - 0.20X_5 - 0.25X_6 \quad (7-2)$$

其中，X_i 为标准化后数据，然后以每个主成分所对应的特征值占所提取主成分总的特征值之和的比例作为权重计算主成分综合模型：

$$F = \frac{\lambda_1}{\lambda_1 + \lambda_2} F_1 + \frac{\lambda_2}{\lambda_1 + \lambda_2} F_2，即 F = 0.823F_1 + 0.177F_2 \quad (7-3)$$

根据式（7-3），可计算出 2017 年各区域物流产业的综合发展指数（即主成分得分）。

同理，可计算其他年份的物流产业系统的综合发展指数 X 及区域经济系统的综合发展指数 Y，计算结果汇总如表 7-7 所示。

表 7-7　2008~2017 年各区域物流产业系统综合发展指数

年份	东部地区	中部地区	西部地区	东北地区
2008	0.077	0.046	−0.093	−0.017
2009	0.132	0.253	−0.021	0.073
2010	0.283	0.268	0.162	0.231
2011	0.519	0.406	0.249	0.398
2012	0.868	0.602	0.351	0.593
2013	1.067	0.996	0.403	0.747
2014	1.185	1.25	0.576	0.925
2015	1.593	1.46	0.832	1.297
2016	1.871	1.485	1.125	1.394
2017	2.562	2.05	1.518	1.899

表 7-8 2008~2017 年各区域经济系统综合发展指数

年份	东部地区	中部地区	西部地区	东北地区
2008	0.323	0.017	-0.059	0.106
2009	0.364	0.172	-0.002	0.117
2010	0.429	0.212	0.02	0.153
2011	0.491	0.112	0.049	0.212
2012	0.602	0.285	0.151	0.274
2013	0.764	0.494	0.303	0.398
2014	1.008	0.705	0.576	0.635
2015	1.393	0.888	0.832	0.874
2016	1.542	1.117	0.968	1.109
2017	1.845	1.518	1.307	1.425

2. 物流产业子系统与区域经济子系统协调值的测算

通过回归拟合模型确定物流产业系统及区域经济系统的综合发展指数预测值，即协调值。

计算物流产业系统协调值：以物流产业综合发展指数为因变量 X，区域经济系统综合发展指数为自变量 Y，回归拟合得到并选取合适的方程 $X = f(Y)$，代入物流产业系统综合发展指数 X，就可得到协调值 X'。同理，以 Y 作为因变量，X 为自变量，回归拟合得到并选取合适的拟合关系方程 $Y = f(X)$，代入区域经济综合发展指数 Y，则可得协调值 Y'。

下面以东部地区为例，数据采用表 6-10 和表 6-11，应用软件 SPSS17.0 分别计算东部地区物流产业系统、区域经济系统的协调值，以物流产业发展综合指数 X 为因变量，以区域经济综合指数 Y 为自变量，进行回归拟合，得到：

一次回归拟合方程为：$X = 1.46Y - 0.268$ $R^2 = 0.963$

二次回归拟合方程为：$X = -0.353 + 1.690Y - 0.108Y^2$ $R^2 = 0.964$

三次回归拟合方程为：$X = -1.569 + 6.449Y - 5.203Y^2 + 1.586Y^3$ $R^2 = 0.995$

选择三次回归拟合方程，代入 Y 计算可得物流产业发展协调值 X'；

同理，以物流产业发展综合指数 X 为自变量，以区域经济综合指数 Y 为因变量，进行回归拟合：

一次回归拟合方程为：$Y = 0.657X + 0.209$ $R^2 = 0.963$

二次回归拟合方程为：$Y = 0.237 + 0.575X + 0.034X^2$ $R^2 = 0.965$

三次回归拟合方程为：$Y=0.389-0.319X+0.946X^2-0.234X^3$ $R^2=0.990$
选择三次回归拟合方程，代入 X 计算可得区域经济发展协调值 Y'。
计算结果汇总如表 7-9 所示。

表 7-9 2008~2017 年东部地区物流产业系统与区域经济系统协调值

年份	物流产业 X	区域经济 Y	协调值 X'	协调值 Y'
2008	0.176	0.128	0.321	0.419
2009	0.232	0.166	0.364	0.447
2010	0.283	0.365	0.429	0.55
2011	0.519	0.531	0.491	0.777
2012	0.868	0.774	0.602	1.226
2013	1.067	1.028	0.764	1.522
2014	1.185	1.269	1.008	1.706
2015	1.593	1.605	1.393	2.352
2016	1.871	1.819	1.542	2.765
2017	2.562	2.579	1.845	3.481

依据同样方法，运用 SPSS17.0 软件对各地区进行回归拟合，得到回归拟合方程并计算各地区 2008~2017 年物流产业系统与区域经济系统的协调值。计算结果汇总如表 7-10 所示。

表 7-10 2008~2017 年四大区域物流产业系统与区域经济系统协调值

地区	东部地区				中部地区			
年份	X	X'	Y	Y'	X	X'	Y	Y'
2008	0.176	0.128	0.321	0.419	0.046	0.013	0.017	0.078
2009	0.132	0.166	0.364	0.447	0.253	0.371	0.172	0.12
2010	0.283	0.365	0.429	0.55	0.268	0.453	0.212	0.125
2011	0.519	0.531	0.491	0.777	0.406	0.24	0.112	0.175
2012	0.868	0.774	0.602	1.226	0.602	0.593	0.285	0.272
2013	1.067	1.028	0.764	1.522	0.996	0.93	0.494	0.541
2014	1.185	1.269	1.008	1.706	1.25	1.197	0.705	0.755
2015	1.593	1.605	1.393	2.352	1.46	1.389	0.888	0.95
2016	1.871	1.819	1.542	2.765	1.485	1.607	1.117	0.974
2017	2.562	2.579	1.845	3.481	2.05	2.021	1.518	1.538

续表

地区	西部地区				东北地区			
年份	X	X'	Y	Y'	X	X'	Y	Y'
2008	-0.093	-0.025	-0.059	-0.067	-0.017	0.05	0.106	0.123
2009	-0.021	0.069	-0.002	-0.047	0.073	0.086	0.117	0.113
2010	0.162	0.103	0.02	0.055	0.231	0.2	0.153	0.13
2011	0.249	0.145	0.049	0.124	0.398	0.366	0.212	0.192
2012	0.351	0.278	0.151	0.22	0.593	0.518	0.274	0.309
2013	0.403	0.438	0.303	0.273	0.747	0.758	0.398	0.429
2014	0.576	0.662	0.576	0.467	0.925	1.044	0.635	0.588
2015	0.832	0.873	0.832	0.769	1.297	1.217	0.874	0.95
2016	1.125	1.013	0.968	1.076	1.394	1.403	1.109	1.043
2017	1.518	1.546	1.307	1.282	1.899	1.907	1.425	1.43

3. 物流产业系统与区域经济系统之间协调度的测算

根据模糊隶属度模型，利用式（6-29）和式（6-30）分别计算各区域物流产业系统对区域经济系统协调发展的协调值 $u(i/j)$，即协调系数（关联系数），用 ξ 代表；以及区域经济系统对物流产业系统协调发展的协调值 $u(j/i)$，用 ξ' 代表；计算结果汇总如表7-11所示。

表7-11　2008~2017年四大区域物流产业系统和区域经济系统协调系数

年份	东部地区		中部地区		西部地区		东北地区	
关联系数	ξ	ξ'	ξ	ξ'	ξ	ξ'	ξ	ξ'
2008	0.716	0.986	0.395	0.612	0.614	1.000	0.534	0.764
2009	0.748	1.000	0.368	0.535	0.425	0.665	0.718	1.000
2010	0.807	0.96	0.485	0.636	0.833	0.587	0.834	0.689
2011	1.000	0.896	0.632	0.83	1.000	0.738	0.871	0.724
2012	0.538	0.861	0.635	0.773	0.557	0.461	0.502	0.582
2013	0.640	0.572	0.684	0.817	0.705	0.554	0.957	0.829
2014	0.505	0.549	0.821	0.726	0.641	0.529	0.838	0.945
2015	1.000	0.933	0.701	0.627	0.938	0.813	0.884	0.818
2016	0.571	0.541	0.84	0.929	0.842	0.708	0.898	0.824
2017	0.962	0.887	0.797	0.869	1.000	0.885	1.000	0.947

利用物流产业系统与区域经济系统之间协调度式（6-28）得出

$$U(i, j) = \frac{\min\{\xi, \xi'\}}{\max\{\xi, \xi'\}}$$

表7-11 计算各区域物流产业系统与区域经济系统之间的协调度 $U(i, j)$，结果如表7-12所示。

表7-12　2008~2017年各区域物流产业系统与区域经济系统之间的协调度

年份	东部地区	中部地区	西部地区	东北地区
2008	0.726	0.645	0.614	0.699
2009	0.748	0.687	0.639	0.718
2010	0.841	0.762	0.705	0.826
2011	0.896	0.768	0.738	0.831
2012	0.871	0.822	0.827	0.893
2013	0.904	0.837	0.786	0.866
2014	0.871	0.841	0.825	0.906
2015	0.933	0.894	0.867	0.925
2016	0.948	0.904	0.841	0.918
2017	0.975	0.917	0.885	0.947

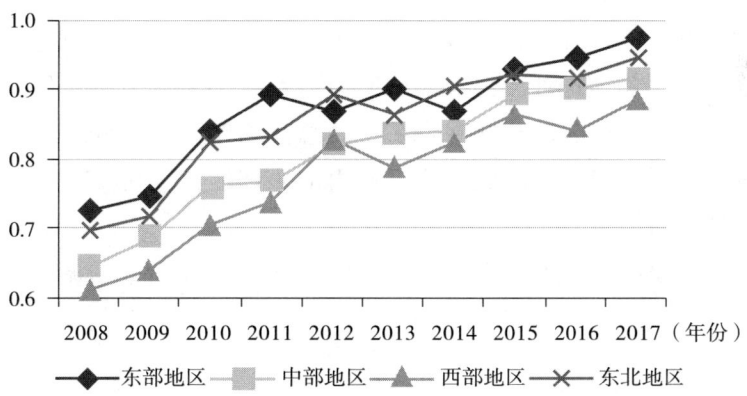

图7-27　2008~2017年各区域物流产业系统与区域经济系统之间的协调度变动趋势

由表7-12数据及图7-27可以看出，2008~2017年，我国各个区域物流产业与区域经济之间的协调度均在0.6以上，总体呈上升趋势，但四大区域都并非一直都是稳步上升，期间出现过波动，但是波动的幅度不是很大，这与我国物流产业及区域经济发展受国家宏观经济政策调控的影响有很大关系；同时，由于各个区域的物流产业及区域经济的发展情况不同，所以出现波动的时间也不尽相同，2008年世界范围内的金融危机也导致了多数地区物流产业与区域经济的协调度降低。这也充分说明：在不同时期，物流产业与区域经济发展的步伐并不完全一致，两个系统哪个过快或过慢发展都会导致协调度发生波动，只有二者均衡发展，才会达到较高的协调度。从测算结果以及图7-27可以看出（2009年以后），二者的协调度由高到低排序是：东部地区、东北地区、中部地区和西部地区；区域经济不发达的地区也伴随着物流产业不发达，从国家这个大范围看还存在物流产业发展的不均衡现象，因此，应针对不同的地区采取不同的物流发展战略。

以上分析表明：系统之间的协调性随着时间的推移不是总是维持在同一水平上，经常会出现波动，但是从总体趋势上看，一直保持着从"协调—不协调—协调"的状态。系统内部的构成要素在发展过程中不断调整，相互促进，充分体现了系统协调性变化的动态性，这也充分验证了复合系统协调发展的理论。通过对各区域物流产业与经济系统间协调度的对比发现，二者协调程度的高低既不取决于地区的经济发展水平，也不取决于区域物流产业的发展水平，而是要看二者的协同发展程度，只有两个子系统协调发展、彼此相互促进，才能使整体系统达到最优状态。

4. 物流产业与区域经济复合系统协调度的测算

由于本书是从复合系统的视角研究物流产业与区域经济的协调发展，所以有必要对"物流产业—区域经济"复合系统的协调度进行测算。由前文可知，物流产业与区域经济复合系统的总协调度由三部分组成：①物流产业系统内部协调度；②区域经济系统内部协调度；③物流产业与区域经济两个系统之间的协调度。

本书采用线性加权法，利用式（7-4）得到复合系统总协调度，计算结果如表7-13所示。

$$T = \alpha \sum_{i=1}^{2} w_i u_i + \beta U \tag{7-4}$$

其中，α代表两个子系统内部的协调度的重要性程度，β代表两个子系统之间协调度的重要性程度，这两个权重的赋值可以通过专家调查法得到（本书取$\alpha=0.5$，$\beta=0.5$），w_i代表每个子系统的重要性程度，本书取$w_i=0.5$（$i=1, 2$），即认为物流产业系统与区域经济系统同样重要。

表 7-13　2008~2017 年"物流产业—区域经济"复合系统协调度

年份	东部地区	中部地区	西部地区	东北地区
2008	0.493	0.426	0.404	0.455
2009	0.502	0.483	0.441	0.492
2010	0.603	0.541	0.493	0.571
2011	0.681	0.577	0.544	0.597
2012	0.684	0.645	0.625	0.686
2013	0.772	0.704	0.651	0.718
2014	0.786	0.746	0.71	0.788
2015	0.867	0.816	0.766	0.82
2016	0.911	0.858	0.801	0.849
2017	0.965	0.902	0.86	0.92

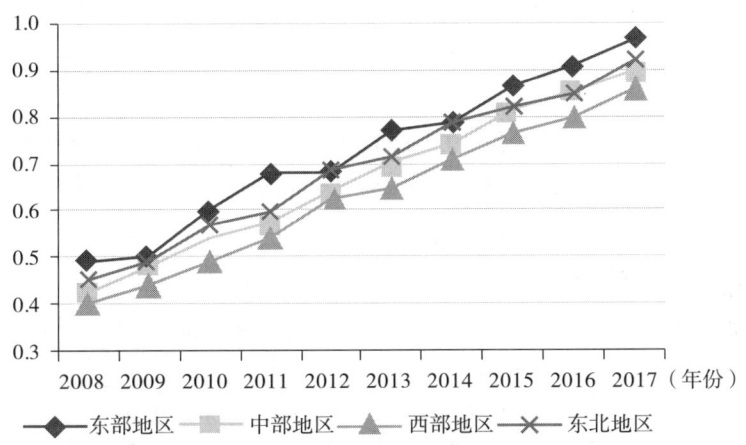

图 7-28　2008~2017 年各区域"物流产业—区域经济"复合系统协调度变动趋势

从表 7-13 及图 7-28 可以看出，各个区域"物流产业—区域经济"复合系统的协调度的趋势基本上与二者之间的协调度相吻合，但这并不能说明各区域物流产业与经济均是完全协调发展的，有时会出现各地区各子系统内部不协调，但是二者之间的测算结果却显示很协调的现象，这就是测算模型所存在的缺陷（不同的测算模型可能会出现不同的结果），往往会出现假象的协调或低水平的协调。因此，在评价物流产业与区域经济是否协调发展时，为了使研究结果更加科学和客观，必须加入发展度这个指标。

四、物流产业与区域经济协调发展的综合评价

协调发展是指既要协调，又要发展，是协调与发展的交集，它不是指构成要素的单一发展，而是指所有构成要素的互动发展。因此，对物流产业与区域经济协调发展情况的综合评价，是一项极其复杂的技术经济过程，不仅要对二者之间的协调程度进行测算，同时还要对其发展程度进行综合评价。由于"物流产业—区域经济"复合系统协调发展过程受多种因素的影响，参数很多，且相互关系错综复杂；同时，对于究竟达到什么程度才算是协调发展很难准确界定，因此，使得两个子系统综合协调发展度的评价具有一定的模糊性，基于以上考虑，本书构建了基于层次分析法和灰色关联度的模糊评价模型，采用灰色关联度，求解模型的隶属度，按层次分析法求解各影响因素之间的权重分配，确定物流产业与区域经济协调发展的综合评价指标，据此对各区域物流产业与区域经济协调发展程度进行综合评价。

根据式（6-39）、式（6-40）计算求得各评价指标权重 $P = (P_1, P_2, P_3, P_4, P_5) = (0.173、0.157、0.389、0.139、0.142)$；并构建灰色模糊评价模型，选择最优指标集 $y^* = (y_1^*, y_2^*, \cdots, y_5^*) = (2.56, 1.548, 1, 2.36, 1.97)$，根据公式（6-38）、式（6-35）应用软件 MCEv1.0 计算可得各区域物流产业与区域经济协调发展评价结果，如表 7-14 所示。

表 7-14　2008~2017 年各区域物流产业与区域经济发展度评价结果

年份	东部地区	中部地区	西部地区	东北地区
2008	0.636	0.631	0.593	0.617
2009	0.642	0.621	0.601	0.625
2010	0.646	0.612	0.603	0.629
2011	0.638	0.612	0.595	0.636
2012	0.664	0.639	0.594	0.639
2013	0.671	0.651	0.594	0.653
2014	0.693	0.662	0.585	0.689
2015	0.744	0.669	0.608	0.72
2016	0.792	0.704	0.629	0.699
2017	0.829	0.712	0.636	0.733

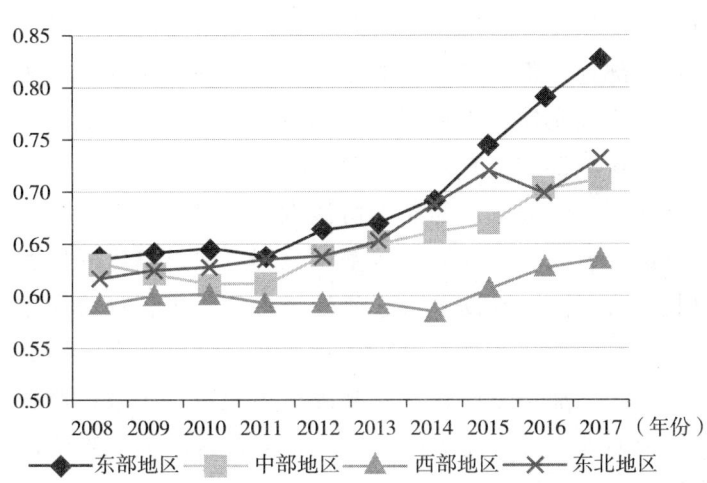

图 7-29 2008~2017 年各区域物流产业与区域经济协调发展度演变趋势

由表 7-14、图 7-29 可以看出，我国各区域物流产业与经济协调发展程度从总体上看仍然呈上升趋势，但是与前面二者之间的协调度相比，还存在比较明显的差距，这与本书先前的判断基本相符，即有些地区的物流产业与区域经济子系统的协调程度虽然较高，但从总体发展程度来看还处在较低水平，也就是说这是一种假象的协调；换句话说，就是即使物流产业与区域经济子系统各自的发展水平都比较低，但是也可能会出现相互协调程度高的情况。从时间维度来看，2008 年以前，各区域的物流产业与区域经济协调发展程度比较平缓、波动不大，尤其是西部地区在这期间基本维持在同一水平上（0.6 以下），由于该地区经济基础薄弱，且基础设施建设不足导致物流产业发展滞后，虽然国家提出"西部大开发"战略，国家的政策支持和资金投入很大，但在短时间内很难实现物流产业的跨越式发展。2009 年以后，受全球经济复苏的影响，各区域的外贸进出口逐步走出低迷，为物流产业的发展创造了良好的契机，使各区域各自协调发展度逐步上升。但是从空间维度来看，我国四大区域的协调发展度仍然存在一定的差异，发展不均衡。按照测算结果，大致可以划分为三大梯队：第一梯队，东部地区（长三角、珠三角及环渤海经济圈），该区域凭借优越的区位优势、雄厚的区域经济基础、完善的基础设施和便利的贸易环境等，其物流产业发展非常迅速，且在区域经济发展起到了很好的引领、带动和辐射作用。第二梯队，中部地区和东北地区，这两个区域具有比较雄厚的传统产业基础，且资源较为丰富，同时随着"中部崛起"和"振兴东北"战略的顺利实施，物流产业的发展前景良好。但这两个区域在产业各自的发展过程中还存在诸多问题,如中部地区物流市场机制不健全,存在着条块分割现象,且缺乏强有力的物流市场主体,物流规划整体协调性差;东北地区物流基础设施建设不足等,这些都需要有效整合多方资源,积极推进经济结构的调整和发展方式的转变,促进区域物流的协调发展。第三梯队,西部地区,该地区物流产业起步较晚,且区域经济基础薄弱,缺乏整体规划和区域间协调,经济结构不合理,物流技术服务还处于较低水平,物流人才缺乏,同时能够支撑物流产业快速发展的各种条件尚未形成,因此,仍然需要以发展区域经济为主线,加强制度建设和基础设施建设,积极培养和引进具有现代物流理念的专业人才,发展绿色物流,促进西部地区物流产业的可持续发展,从而带动区域经济的更快增长。

五、物流产业与区域经济协调发展中存在的问题

根据实证分析的结果,我国四大区域的协调发展度仍然存在着一定的差异,发展不均衡,有些地区还未实现物流与经济系统的协调发展,在这一发展过程中,还存在如下问题。

1. 物流管理体制存在弊端

管理体制不健全是制约物流产业与区域经济协调发展的主要因素。一方面,物流产业尚未形成完整的体系。由于受计划经济的影响,中国传统的物流社会化程度较低,物流管理体制混乱,政出多门、机构多元化,与物流体制建设相关的各个机构由铁道部、交通运输部、发展和改革委员会、财政部等不同的政府部门进行管理,没有一个部门或机构统筹协调全社会的物流管理,物流体系的内在联系被人为地分割,这种条块分割式的管理体制,使部门之间、地区之间的权力和责任存在交叉和重复,难以有效合作和协调,物流组织布局分散,地方封锁和行业垄断对物流资源的整合和一体化运作形成障碍,行业和区域物流发展的程度和水平差距拉大,无法适应和满足物流产业发展的需要。要解决经济发展与资源短缺的矛盾,实现可持续发展,必须打破部门分割的管理体制。另一方面,从横向来看,经济区划与行政区划不尽相同,地方政府在规划制定、设施建设、运输管理等方面更多地考虑本地的经济利益,争相提出建立区域性甚至国际性物流中心的设想。在具体操作层面,不同程度地推行"地方保护主义",是当

前我国物流发展的严重障碍。为此,要按照全国物流发展和经济区域的需要,强化大交通、大物流管理。

2. 物流市场机制不健全

目前,我国的物流市场机制不健全,存在着条块分割的现象,物流供求矛盾突出,尤其是中西部地区,在总体上还未形成一个成熟的市场。主要表现在:一是物流市场主体不成熟,还存在地方保护、暗箱操作、恶性竞争等问题,行业诚信体制不健全;物流企业"小、散、乱、弱"问题突出,"大而全""小而全"的工业与商业运作模式低下;同时,物流企业总体规模偏小,资源分散服务功能单一,且发展水平与区域经济社会的发展要求还不相适应,与东部地区差距较大。二是物流资源没有完全市场化,没有做到可以自由流动。三是由于缺少必要的法律、标准,导致物流市场运作极其不规范,同时物流的管理体制不顺、政出多门、形不成合力。此外,物流的中介组织也不发达。作为一个成熟的物流市场,应该是一个商流、物流、资金流、信息流相互协同并高效运作的统一的市场。而我国目前各区域物流产业发展的最大误区就是忽视了物流市场的培育,资源分散、缺乏整合、社会化的服务体系尚未形成,严重阻碍了各区域物流产业与经济的协调发展。

3. 物流供需结构不合理

要实现物流产业与区域经济的协调发展,仅仅做到总量上的增加是远远不够的。各个产业的发展对物流服务量和质的需求是不同的;物流产业各个生产环节的生产能力要相适合;我国地区经济的发展极不平衡,各个区域对物流产业的发展有各自的需要;同一区域不同时期对物流需求也是有差别的;同一行业对物流服务的需求也有层次上的差异,因此,物流供需结构的平衡也应得到足够的重视。

近些年来,我国物流产业供给能力快速增长,我国的交通运输基础设施建设、物流园区建设等都得到了快速的发展。物流供给快速发展的同时,我国有效物流需求的发展却相对较慢。以第二产业为例,其物流外包的比例太低,且都集中在传统物流,即运输与仓储,高端服务外包很少。以制造业销售物流为例,完全外包给第三方物流公司的不到20%,加上部分外包,约占60%。供应链物流全部或部分交给第三方物流公司的则大约占18%。由此可见,物流产业供需的矛盾也成为我国物流产业与区域经济协调发展的障碍。

4. 区域间物流资源分散，亟须加强交流与合作

目前，我国各区域物流设施资源缺乏统筹规划，比较分散，不利于物流技术水平、标准化和信息化程度的提升。物流产业对基础设施的依赖性非常高，如果这些必要设施过于分散，则不利于一定范围内有限物流资源的共享和技术水平的提升，对区域物流业标准化发展也会产生不利影响，从而阻碍物流业的进一步发展。加强合作、充分利用邻近区域的物流设施资源，是解决该问题的方法之一。除此之外，物流服务功能单一，传统物流方式在区域物流体系中还占统治地位，其主要原因是以货物运输和仓储为主要功能的物流基地、物流园区与物流配送、流通加工企业这一完整链条的断裂。因此，各区域需要在充分发挥本区域物流产业优势的同时，加强区域之间的协商与合作，通过完善各类物流节点的衔接，达到丰富物流服务功能的目的，这样也才能推动区域物流产业的进一步发展。

5. 物流人力资源匮乏

随着物流产业在国民经济发展中的地位和作用的不断显现，以及物流功能的不断扩展，物流人才需求也随之发生了变化，不但在数量上急增，而且在质量上提出了更高的需求，尤其是科学技术在现代物流业中应用的不断扩大，如电脑的大量使用、电子商务、人工智能的应用，以及物流信息交换中对电子数据交换系统的依赖等，使物流管理人员的工作环境发生了深刻变化，这些对中国物流人才的要求也随之提出更高的要求。

目前，我国各区域物流人才数量与需求之间存在着较大的差距，权威数据表明：到2016年底，中国大专以上物流人才需求量达60万人以上，普通物流从业人员需求量达250万以上，在职人员培训需求达到100多万人。但是与之相对应的物流人才培训却较为落后，无论是在学历教育方面，还是在非学历教育方面，都不能很好地满足对物流人才的需求，尤其是西部地区，物流人才紧缺的问题极其严重，这种现状与物流产业在中国国民经济中的地位，与物流产业的发展速度极不相称。

第八章

中国物流产业与区域经济协调发展的对策建议

物流产业与区域经济的协调发展是一项长期而且艰巨的系统工程,不仅要求物流产业与区域经济两个子系统各自有序发展,同时要求两个子系统之间能够协调同步发展。根据前文的实证分析,虽然近些年来,我国各区域物流产业系统和经济系统内部的协调度都有所提高,但是从复合系统协调发展的内涵和目标来看,各区域并未真正实现二者的协调、均衡和可持续发展。本章基于实证分析的结果,提出促进二者协调发展的总体思路和政策建议。

第一节 总体思路

物流产业作为一种是融运输、仓储、货代、流通加工等在内的新兴复合型产业,是区域经济的重要组成部分。促进物流产业与区域经济的协调发展,对于转变经济发展方式、调整优化产业结构、扩大对外开放和提升区域竞争水平具有十分重要的促进作用。

总体思路是:深入贯彻科学发展观,以经济结构调整优化为主线,以实现各区域物流产业的跨越式发展与促进物流产业与区域经济协调发展为目标,结合目前各区域物流产业的发展特点及趋势,实行东部地区优先发展,中部、西部和东北地区逐步推进的梯度发展战略,优化物流产业发展布局,切实加强物流基础设施建设,不断创新物流产业服务运作模式,大力推进现代物流信息化和标准化建设,积极营造物流产业发展的政策环境,完善物流产业发展的体制、机制,加强区域物流产业的合作互动,从而推动物流产业与区域经济的快速、协调和可持续发展。

第二节　各区域发展物流产业的路径选择

一、充分考虑各区域的基础、资源和特色

各区域在发展物流产业时必须充分考虑区域的基础条件，以及所处的经济发展阶段，结合当地经济社会的发展目标以及本区域的发展规划来确定物流产业的发展模式和发展路径。同时，各区域在制定物流产业发展规划时一定要与国家的政策及当地的总体发展规划相协调，有计划、有步骤地加以实施，以非均衡发展为途径实现均衡发展。除此之外，还要明确区域资源和特色，如东部长三角地区是我国重要的先进制造业基地，应着重发展制造业物流，同时协同发展港航物流和商贸物流等；珠三角位于我国东南沿海，具有港口、航空、高速公路、铁路、城际轨道等构成发达、密集的交通运输网络，同时具有家电、纺织、服装、汽车、高新技术等雄厚的产业基础，可大力发展汽车物流、家电物流以及港口物流等。中部地区地处我国的经济腹心，是连接我国东部和西部的重要桥梁以及南北方的过渡地带，也是我国重要的粮食生产基地，煤炭和水电资源也较为丰富，要充分发挥其承东启西、贯通南北的区位优势，大力发展粮食物流及煤炭物流，加快培育第三方物流企业，推动制造业与物流产业的联动发展，不断提升物流产业发展水平，形成与东部物流区域的有机衔接。西部12个省份大多身居内陆，交通运输业发展缓慢，同时也是我国重要的能源及原材料基地，应着力发展能源物流。东北地区城镇化率在全国领先，城市居民消费较好，是我国重要的粮食产区之一，同时资源丰富，可发展农产品物流、冷链物流、大宗商品物流等。

二、各区域发展物流产业的路径

物流产业作为我国重要的新兴产业，已成为国民经济发展的动脉和全

球新的经济增长点，对推动区域经济发展具有不可忽视的作用。世界各个国家对现代物流产业在社会经济发展中的重要作用都已经达成了共识，纷纷制定物流产业的发展规划。我们国家也顺应了时代发展的要求，把发展物流产业作为一项长期战略，同时各个区域也在大力发展物流产业。但是，由于我国区域经济发展极不平衡，各区域的经济基础、发展状况、物流产业发展水平及社会发展等方面存在较大差异。因此，各地区在发展物流产业时，应在国家总体战略的指导下，结合本区域实际情况及产业发展特点，寻求各自的发展重点及路径。根据前文分析，按照各区域物流产业与经济系统协调发展水平的测算结果，可把我国的四大区域分为三大梯队，每一梯队都应有各自的发展重点及发展路径。

1. 第一梯队：东部地区

东部地区主要包括长江三角洲、珠江三角洲及京津冀环渤海经济区，该地区具有雄厚的经济基础，基础设施完善，国际贸易、信息交流、技术交流都较为便捷，同时汇集了我国绝大多数的高层次、强实力的高等院校和科研院所，拥有丰富的人力资源，而且外资企业和民营企业较多，这一系列优势都促成了该区域物流产业发展的规模大、实力强、层次高，在全国一直处于领先地位。因此，东部地区应以市场机制为主导，充分利用自身的经济基础条件和区位优势，不断加强技术自主创新，加快物流运作模式的创新；同时加快发展制造业物流、国际物流和商贸物流，培育一批具有国际竞争力的现代物流企业，在全国率先做大做强，对其他区域起到示范表率作用。作为我国物流产业的示范区域，东部地区还应积极加入国际分工，在全球价值链中占有一席之地。

2. 第二梯队：中部地区和东北地区

中部地区和东北地区的物流产业从总体上看发展也较快、前景良好，但是物流总量较小、层次比较低、同质化现象严重、物流市场的成熟度不足且产业结构相对单一，比较优势和协作效益不明显。目前的发展模式主要是围绕各中心省会城市建立物流园区，且呈点状分布，物流园区之间的相互衔接较差，产业集群还不明显。因此，选择一条符合区情的物流产业发展路径极为重要。中部地区和东北地区既不能完全坚持以政府为主导，也不能像东部地区那样以市场机制为主导，应注重政府参与同市场机制相结合，形成政府和市场互补的机制，并采用区域合作模式加强区域间的经济合作。中部物流区域要充分发挥中部地区承东启西、贯通南北的区位优势，加快培育第三方物流企业，推动制造业与物流产业的联动发展，不断提升物流产业发展水平，形成与东部物流区域的有机衔接。东北地区应凭借地域优势和产业条件，以粮食、煤炭、石油化工、钢铁、汽车、装备制造等东北地区大宗商品和重要产业为服务重点，建立和完善东北地区现代物流服务体系；积极推进物流服务模式的创新，充分发挥物流园区的平台效应，推动消费性物流的较快增长，不断加强与东、中、西部地区的经济合作，加快东北区域物流的一体化进程。

3. 第三梯队：西部地区

近年来，由于国家的大力扶持，西部地区（西北、西南物流区域）的物流产业发展虽然也取得了一定的成效，但是与东部发达地区相比，还存在较大差距。因此，西部地区在以后的发展中，要加快改革步伐，应以促进区域经济一体化协调发展为目标，以经济结构调整为主线，按照本区域承接产业转移和发挥资源优势的需要，以政府为主导、以企业为主体、以市场需求为导向，发挥其"后发优势"，通过搭建较为先进的物流基础设施平台，进一步推广现代物流管理理念和技术，完善物流产业政策法规体系，改善区域物流环境，大力发展绿色物流，提高物流产业整体服务能力和水平，实现西部地区物流产业的跨越式发展，逐步缩小与东部、中部及东北地区之间的差距。因此，西部地区以西安、重庆、成都、兰州、乌鲁木齐、昆明等大城市经济圈的发展为重点，加强区域内地区间的分工协作，充分利用区域内便利的信息网络来提高生产效率、降低生产成本和流通成本，增强企业和产品的竞争力，从而以推动区域经济一体化的实现。

同时，为了实现不同地区物流资源的空间优化整合，还有必要从提高全社会物流运作效率的角度出发，打破地区物流各自为政、条块分割的局面，构建区域性的大型现代物流综合系统。在全国范围内开展区域物流系统规划，分层次打造多个国家级的现代物流中心和节点地区。如以上海为中心的长三角物流圈，以广州为中心的珠三角物流圈，以北京、天津为中心的环渤海物流圈，以大连、沈阳为中心的东北物流圈，以及分别以中原城市圈、武汉城市圈、长株潭城市群、皖江城市带为中心的中部物流圈，分别以成渝、北部湾为中心的西部物流圈。

第三节　促进中国物流产业与区域经济协调发展的对策建议

从各区域物流产业发展的现实需要出发，并借鉴国外发展物流产业的成功经验，提出促进我国物流产业与区域经济协调发展的对策建议。

一、深化管理体制改革，加快制度建设

物流产业是国民经济的基础性、复合性产业，涉及政府多个部门，因此，要加强政府在管理体制改革和经济环境维护过程中的重要作用。首先，必须完善政府的公共服务职能，深化各区域物流管理体制改革，打破行业垄断，消除地区封锁，克服物流产业条块分割、职责不明确的问题；同时在原有各省份物流产业发展联席会议制度的基础上，酝酿成立省级权威性的物流产业管理机构，统一领导、组织、协调各省份物流产业发展中带有全局性、战略性的问题，通过政策引导、改进管理、强化服务功能，为物流产业的发展创造良好的宏观环境。其次，建立一个统一的物流管理部门或机构，设立一个由交通、铁道、民航、邮政、工商、税务等政府部门和行业管理部门以及相关行业协会参加的综合协调机构，弱化部门利益，改变行业管理政策理念，从全局出发，统一领导和协调物流发展工作。最后，各区域应加大政策支持力度，努力消除影响物流产业发展的不利因素，为物流产业的发展创造良好环境。从长远发展来看，将进一步致力于培育各区域物流市场主体，引导和鼓励物流企业加强管理创新，促进物流企业的兼并重组，完善物流产业的法律法规体系，完成产业链的融合，保证各区域物流产业在规范的制度中健康发展。

另外，由于我国经济发展不平衡，各地区市场状况、企业素质和融资能力不同，物流发展的规模和水平存在较大差异，近期在建立全国性的物流政策法规体系的同时，各地区应根据自身的基础和条件，制定出一些符合本地区的物流政策法规。这样，既能为逐步建立全国性的宏观政策提供依据和经验，又有利于各地区的物流企业根据地区特点加快发展。

二、完善物流产业市场机制

建设成熟的物流市场是促进物流产业与区域经济协调发展的重要途径之一。物流市场的成熟程度决定了一个地区物流产业发展的水平。因此，现代物流产业发展的一个根本任务，就是要尽快建立和完善物流市场机制，在建设中通过政府引导、社会参与、市场化运作，实施物流市场化策略。首先，要充分发挥市场机制在物流资源配置过程中的基础性作用。现代市场经济的生机与活力来自有序和有效的竞争，而有序和有效的竞争只有靠对竞争行为的规范才能形成与维持，因此，要有效利用市场的竞争机制，建立规范的物流市场秩序。其次，应建立公平的市场准入机制，制定合理的产业组织政策，降低物流产业的进入壁垒，形成由市场主体、市场客体、市场载体和市场中介组织构成的物流市场体系。

三、保证区域物流供需结构的平衡

要实现物流产业与区域经济的协调发展，必须保证区域物流供需结构的平衡。首先，是产业结构物流供需的平衡。在经济发展过程中，产业结构也在不断地趋于合理化和高度化，而在物流产业的不断发展过程中，我国的产业结构也在不断地变化。物流业隶属于现代服务业，是为国民经济中的各个生产和服务行业提供交通运输、仓储、流通加工等服务的产业。由于不同的产业、不同的产品对于物流服务的需求内容和数量是不一样的；同时，由于产业结构的高度化，社会经济增长对物流量的拉动作用在减小。因此，要满足不同行业的顾客物流服务需求，就必须对各个行业的物流服务需求进行研究，有针对性地发展物流产业，使之能提供个性化的服务，使物流供给变得更有效率。其次，要注重物流环节的供需平衡。物流系统是由运输、仓储、流通加工等一系列的物流环节构成，每个环节都有一定的生产能力，且各个环节的生产能力是相互关联的，而不是互相独立的，因此，要想实现各个物流环节生产能力上的基本平衡，就要从系统的角度出发，而不是把各项物流活动单独考虑，否则会造成生产能力的浪费。最后，要注重物流空间结构的供需平衡。我国地区间经济发展不平衡，物流产业的发展也存在极大的地区差异。由前文可知，区域经济的发展与物流产业的发展是相辅相成的，经济的快速发展会产生相应的物流需求，从而带动物流产业的发展，为物流业的发展提供机会；反之，物流产业的快速发展，使商品流通更加顺畅，也会对经济发展起到积极的推动作用。目前，我国的经济发达地区无论是物流设施还是物流服务水平都远远高于经济欠发达地区，今后要保持物流空间结构的平衡，注重经济欠发达地区物流产业的发展，以实现物流与经济在空间上的协调发展。

四、加强物流管理，实现区域经济的整体效益

要真正实现区域经济的整体效益，必须在其内部实现商流、物流、信息流及资金流的一体化，加强物流管理，加快物流基础设施建设、推进物流信息化和标准化建设。

第一，要加强各区域现代物流基础设施规划的科学性与建设力度。首先，科学整合现有物流基础设施的布局和规模，加大对落后设施改造的力度，提高现有设施的有效使用率，加强其综合功能的建设。其次，加强新建物流设施的功能整合和宏观协调，应从战略角度科学地制定物流发展的相关规划，厘清不同规划之间的关系，使不同运输方式的节点、场站建设的规划与工业级商贸流通行业的仓储设施规划能够有机衔接，从而避免重复建设，土地资源的浪费。再次，加大对交通体系建设的投资规模，基于城市间物流配送体系、加强公路、铁路、水运、航空、管道和信息网络设施建设力度。政府要增加对基础性、公益性设施的投入，构建投融资平台，扩大投融资渠道，鼓励企业投资经营性基础设施的建设。最后，通过实现各种运输方式的无缝对接，加快构建完善的综合交通运输网络，实现物流配送的多式联运。

第二，要推进物流产业信息化、标准化建设。21世纪是以信息技术为基础，以网络、通信、计算机等为载体的新经济时代，物流需求市场对信息的准确性、及时性和顺畅性提出了更高的要求。而区域性的网络化物流体系对于规范区域内的物流运作，拓展区域内的物流服务和功能，提升区域内的物流服务质量和效率至关重要。应充分利用信息基础设施和互联网，以信息化带动传统物流企业的改造，优化物流管理系统，提升整体效率。一是推进企业信息化物流管理。以实现高效、低成本物流管理为目标，引导和鼓励企业利用现代信息技术和先进物流理念优化业务流程，开发和运

用供应链管理、企业资源计划等先进的管理系统,实现集成化和智能化的物流管理,提高资金周转率,降低库存成本,提高企业综合竞争力。二是大力发展电子商务物流,加强数字证书认证建设。积极推动电子商务认证的技术标准向企业资源计划系统的转变,为企业实现网上交易、网上支付营造良好的信用环境,提升物流企业资源共享和企业信用。三是加快现代物流公共信息服务平台的建设,加强政府引导、提倡企业运作。加强总体规划,实行分布推进。积极完善政府信息管理系统,制定物流信息共享和数据交换的相关规范和准则,建设城市物流公共信息平台,加快形成各区域统一的公共物流信息服务平台,实现资源共享。

现代物流是一项跨行业、跨部门、跨地区,甚至是跨国界的系统工程。物流标准化是实现物流合理化、高效化的基础条件,但是就目前的行业发展状况来看,全国范围内都还没有完善的物流系统标准化规范,这极大地影响了中国物流一体化和电子商务的发展。物流产业的标准化建设,可以提高物流交易活动的可控性、便利性,降低物流交易成本,提高物流效率。因此,应尽快建立一套现代化的国家物流标准体系,在装卸、仓储、流通加工、配送等领域尽快做到物流作业标准化,同时加强研究和开发物流信息关键技术,实现物流信息标准化和规范化。鼓励和引导企业应用互联网、全球卫星定位系统电子数据交换智能交通系统、智能标签、条形码、射频等技术,提高物流企业的信息化水平。

五、加强各区域物流产业的合作互动

区域物流协调是社会发展的时代潮流。作为政府,对区域间的物流产业合作与发展,重点是建立区域物流合作的工作协调机制,打破行政区划的界限,按照经济区划和物流产业发展的客观规律,积极推进和加深不同地区之间物流领域的合作,引导物流资源的跨区域整合,逐步实现区域物流的一体化。以跨区域物流通道为纽带,以物流企业为主体,积极推进和加深各区域物流领域的合作与互动,可以在三个层面逐步展开:一是东、中、西和东北地区之间的优势互补和相互协作。东部地区依托市场优势,中西部及东北地区依托资源和农产品优势,展开各区域间的交流与合作,通过工业消费品、农产品和重要能源及生产资料跨区域物流网络与通道体系的发展。二是区域一体化发展进程加速,特别是长三角、珠三角和京津冀环渤海三大经济区域,其物流产业一体化发展趋势已进入规划和实施阶段。三是与周边地区的跨境(CEPA)、跨国(如中国—东盟、中国—东北亚)的物流合作也将得到一定程度的推进。各区域通过这种深层次的交流与合作,以获取区域经济聚集的优势和效应,并依托市场力量对资源进行更为充分合理的配置,促进专业化分工和产业结构优化,缩短区域间差距,进而提升区域综合竞争力。

六、加快物流人才的培养和引进

物流人才是影响物流产业发展的最主要因素。我国的物流产业与发达国家的差距,不仅是装备、技术、资金上的差距,更重要的是观念和知识上的差距。只有物流从业人员素质不断提高,不断学习与应用先进技术、方法,才能构建出适合我国国情的第三方物流产业。因此,各区域要采取多种形式,加快物流人才的培养。加强物流人才需求预测和调查,制定科学的培养目标和规划;积极引导各高校和科研机构与国内外著名物流企业的教育与合作,加强物流专业学科建设,支持建立校企结合的物流综合培训和实验基地。积极面向国内外引进高素质物流人才,鼓励物流企业采取长期培养和短期培训相结合,正规教育和在职培训相结合的方式,开展多层次的人才培训,通过多种渠道和方式,培养和引进市场急需的物流专业人才。

研究结论

根据经济学理论,任何国家或经济区域,只有流通活跃,才能使经济充满活力。物流活动是流通环节的重要组成部分,它渗透于生产和消费的各个环节,是区域经济运行及发展必不可少的纽带。纵观世界各国物流产业与经济发展的实践历程,无一例外,物流产业发展对区域经济具有不可忽视的拉动作用,同时,区域经济发展也为物流产业的发展提供重要依托和支撑,二者的协调发展是实现二者共赢的必由之路。目前,我国对于物流产业与区域经济协调发展的研究尚处于起步阶段,主要侧重于研究物流产业与区域经济发展的相互作用机理、物流产业对经济增长的贡献等宏观或中观层面,而对二者的协调发展机制,以及各地区协调性差异的研究还较为鲜见。本书在查阅大量文献资料的基础上,以协调发展为中心论题、以协调发展机制为研究核心、以协调发展评价为研究重点,尝试运用产业经济学、区域经济学、系统科学以及计量经济学的相关理论与方法对物流产业与区域经济协调发展的主要问题进行梳理、整合和创新。通过研究得出以下结论:

(1)本书通过对我国物流产业总体概况和特点的分析,指出目前我国物流产业还存在物流运行效率低下、基础设施投入不足以及区域发展不均衡的问题;同时通过国际经验借鉴指出我国在未来发展物流产业的过程中,要结合我国国情,根据东、中、西部及东北地区的经济发展差异及产业发展特点,选择合适的物流产业发展模式,同时需要加强政府和市场的双重作用,以推动我国各区域物流产业实现跨越式发展。

(2)本书分别从定性和定量的角度对物流产业与区域经济的相互作用关系进行深入剖析。在对二者进行相关性评价时,突破了以往的研究视角和思路,从物流产业贸易效应的角度,运用我国2017年省级面板数据构建物流产业发展与区域经济之间的分析模型并进行实证检验,指出物流产业与区域贸易壁垒间存在相关关系。其中,东部地区由于物流产业基础设施完备、物流市场供求旺盛、经济辐射能力强，其贸易壁垒较低，区域经济一体化程度较高；而中西部和东北地区由于地处内陆，省际贸易外向度低，区域经济一体化程度较低。因此，物流产业可以通过资源要素的合理流动与优化配置，降低区域贸易壁垒，提升区域贸易外向度和产业竞争力，从而缓解省际，尤其是东、中、西部及东北地区的经济差距。

（3）为进一步探究物流产业与区域经济的长期均衡关系，本书采用协整分析方法，分别对我国东、中、西部和东北地区进行实证分析，得出：我国东部、中部、西部地区的GDP与各自的物流产业产值（以交通运输、仓储、邮电业总产值代替）之间存在长期均衡发展关系（由于东北地区GDP与物流产业产值未通过迹统计量检验及最大特征值检验，因而不存在长期协整关系），但三个地区的物流产业对国民经济的贡献存在较大差别，其中东部地区物流产业对GDP的贡献是全国平均水平的1.17倍，而中部和西部则只有全国平均水平的90%和82%。充分说明了物流产业对经济增长的贡献及促进作用，可能与经济发展水平和经济结构有较大关系。因此，在东部等经济发达地区，大力发展物流产业对经济发展将产生较为明显的促进作用，而在中部、西部和东北等经济相对落后的地区，优化经济结构才能为物流产业发展提供坚实的基础。

（4）通过构建"物流产业—区域经济"的复合系统，指出其具有复杂系统的开放性、非均衡性、非线性和自组织性等耗散结构的特征；并运用Logistic曲线深入剖析了物流产业与区域经济复合系统的演化机理，指出"物流产业—区域经济"复合系统的协调发展是实现该系统可持续发展的首要条件和前提性因素，应结合各区域物流产业及经济发展的实际情况，通过调整系统发展速度系数，转变经济增长方式以推动二者的协调可持续发展。此外，运用协同学和耗散结构理论对二者协调发展机理进行深入探究，指出"协同效应"是物流产业与区域经济系统协调发展的内在动因，同时借助复合系统之外的"负熵流入"，即通过法律、政策、环境、机制的建设和完善，推动二者的协调发展。

（5）本书基于"物流产业—区域经济"复合系统的特征及二者的协调发展机制建立了一套科学的、严密的、便于操作的综合评价指标体系，指出复合系统协调发展的评价应该从协调度和发展度两方面来衡量；同时以复杂系统理论为指导，应用协同学中的序参量、聚类分析、主成分分析、灰色关联度及回归分析法构建出适合我国物流产业与区域经济复合系统协调发展的测算模型，运用面板数据对我国东部、中部、西部和东北地区物流产业与区域经济的协调发展情况进行综合评价，得出：我国各区域物流产业与经济协调发展程度从总体上看仍然呈上升趋势，其间也存在波动；从横向比较来看，各区域的协调发展度仍然存在较大差异，按照测算结果大致可划分为三大梯队，第一梯队为东部地区，第二梯队为中部和东北地区，第三梯队为西部地区，进一步验证了物流产业的发展水平与区域经济发展水平有较强的相关性。

（6）基于实证分析的结果，指出各区域由于区位条件、资源条件以及经济发展水平的差异，因此，在发展区域物流产业时，应结合各区域的实际情况及产业发展特点，选择各自的发展模式及路径。同时，政府还应在加强制度建设和物流基础设施建设，创新物流服务运作模式，培育物流市场主体，完善物流产业发展的政策法规，加快物流信息化和标准化建设，发展第三方物流企业及加强物流人才的培养等方面下大功夫，以实现我国各区域物流产业与经济系统的协调发展。

本书应用系统分析和定量的方法对我国各区域物流产业与经济系统的协调发展情况进行了综合评价，目的是试图构建一套比较完善的产业与区域经济协调发展的研究理论和方法体系，为产业政策的制定和协调发展的管理提供理论基础和科学依据。研究取得了初步成果，但仍然存在不足之处：一是由于物流产业与区域经济协调发展涵盖了产业经济、区域经济以及政府政策等多层面的内容，是一项复杂的系统工程，而本书只是从中观层面对物流产业与区域经济的协调发展进行了定性和定量的评价，在实证分析过程中，由于个人能力、时间和资料搜集的限制，仅仅把研究范围划分为四大区域，没有进一步加以细化，有待于进一步加强和完善。二是由于统计指标、统计数据的缺乏和统计口径的变化，使得对于物流产业的定量分析比较困难，因此，对本书实证结果的准确性会造成一定的影响。三是对于评价指标的选取和权重赋值方法还有待商榷。本书取得的研究成果仅是初步的，今后还有许多问题有待探索，如物流产业与区域经济协调发展的预测与优化控制；物流产业与区域经济协调发展预警指标体系的建立和预警方法；物流产业与区域经济协调发展与产业结构的关系等，本人将继续对相关问题进行研究和探讨，希望专家给予指导和协同创新。

参考文献

[1] 阿虎. 纵看美国物流业 [J]. 城市管理, 2002 (6): 25-26.

[2] 艾德加·M. 胡佛, 弗兰克·克莱塔尼. 区域经济学导论（中译本）[M]. 上海: 上海远东出版社, 1992.

[3] 白华, 韩文秀. 复合系统及其协调的一般理论 [J]. 运筹与管理, 2000 (3): 1-6.

[4] 贝塔朗菲. 一般系统论 [M]. 北京: 清华大学出版社, 1987.

[5] 陈长杰等. 基于可持续发展的中国经济——资源系统协调性分析 [J]. 系统工程, 2004 (3): 34-39.

[6] 陈春明. 企业再造工程集成研究 [M]. 哈尔滨: 黑龙江人民出版社, 2005.

[7] 程必定. 区域和区域经济学的研究对象 [J]. 财贸研究, 1989 (3): 62-66.

[8] 崔晓迪. 区域物流供需耦合系统的协同发展研究 [D]. 北京交通大学博士学位论文, 2009.

[9] 大道. 区位论与区域研究方法 [M]. 北京: 科学出版社, 1984.

[10] 戴维·罗默. 高级宏观经济学 [M]. 上海: 上海财经大学出版社, 2001.

[11] 邓聚龙. 灰色系统理论教程 [M]. 武汉: 华中理工大学出版社, 2002.

[12] 丁俊发. 正确认识物流、物流产业等概念 [N/OL]. 人民网, 2005-09-16.

[13] 董秀月. 基于复杂系统理论的区域物流系统协调发展研究 [D]. 北京交通大学硕士学位论文, 2011.

[14] 樊元, 马丽梅. 甘肃省物流产业与经济发展的协调性评价分析 [J]. 数学的实践与认识, 2011 (6): 29-36.

[15] 范中启,曹明. 能源—经济—环境系统可持续发展协调状态的测度与评价 [J]. 预测,2006 (4):68-72.

[16] 巩建国等. 基于 AHP/DEA 的区域物流与经济协调性评价 [J]. 物流科技,2010 (1):68-71.

[17] 顾培亮. 系统分析与协调 [M]. 天津:天津大学出版社,1998.

[18] 郭湖滨. 区域物流与区域经济协同发展研究 [J]. 物流科技,2008 (7):83-86.

[19] 郭茜琪. 区际交易拓展:对政府与市场分野的思考 [J]. 中南大学学报,2008 (3):373-377.

[20] H. 哈肯. 高等协调学 [M]. 北京:科学出版社,1989.

[21] H. 哈肯. 协调学讲座 [M]. 西安:陕西科学技术出版社,1987.

[22] 海峰. 区域物流论——理论、实证与案例 [M]. 北京:经济管理出版社,2006.

[23] 海峰,武兰芬,张丽立. 发展区域物流推动区域经济 [J]. 科技进步与对策,2004,21 (9):71-73

[24] 郝黎仁,樊元,郝哲欧等. SPSS 实用统计分析 [M]. 北京:中国水利水电出版社,2005.

[25] 何黎明. 我国物流业"十一五"发展回顾与"十二五"展望 [R]. 在中国物流发展报告会上的讲话,2011.

[26] 胡守仁. 神经网络应用技术 [M]. 北京:国防科技大学出版社,1993.

[27] 黄福华,谷汉文. 物流发展关系研究 [M]. 北京:中国经济出版社,2009.

[28] 黄虎. 基于区域经济的区域物流需求分析及实证研究 [D]. 西南交通大学博士学位论文,2008.

[29] 蹇令香,许贵斌. 我国物流业对国民经济贡献率衡量的比较研究 [J]. 大连海事大学学报,2004,3 (30):5-18.

[30] 姜华. 区域物流系统的特征及其与区域经济系统的关系 [J]. 中国青年政治学院学报,2006 (3):87-90.

[31] 姜钰. 区域科技与经济系统协调发展研究 [D]. 哈尔滨工程大学博士学位论文,2008.

[32] 焦文旗．美国物流业的发展经验对我国的启示［J］．商业研究，2004（3）：162-164.

[33] 焦文旗．日本物流业发展的经验及启示［J］．经济论坛，2002（16）：44-45.

[34] 菊池康也．物流管理［M］．北京：清华大学出版社，1999.

[35] 李超锋．物流产业对广东经济增长贡献的计量分析［J］．特区经济，2007（11）：33-39.

[36] 李冠霖．我国物流产业的投入产出分析［J］．中国流通经济，2001（6）：15-18.

[37] 李嘉图．李嘉图著作与通信集［M］．北京：商务印书馆，1991.

[38] 李健，赵锟．论国外物流发展现状及启示［J］．交通标准化，2006（7）：150-152.

[39] 李京文等．混沌理论与经济学复杂性研究［M］．北京：科学出版社，1993（5）：35-48.

[40] 李莉等．物流产业对国民经济整体水平提升的相关性分析［J］．中国机械工程，2003（10）：884-887.

[41] 李全喜，金凤花，孙磐石．区域物流引力和地位模型的构建及应用研究［J］．经济地理，2010（10）：1619-1624.

[42] 李文顺，刘伟，周宏．1952～2002年中国物流增量和GDP增量的协整分析［J］．中国软科学，2004（12）：45-49.

[43] 李希成，林云．基于区域经济的协同物流系统研究［J］．中国储运，2007（1）：119-120.

[44] 李学工．论物流产业对国民经济的贡献［J］．北京工商大学学报（社会科学版），2003（6）：1-4.

[45] 林德全．区域经济规划的理论与实用方法［Z］．数量经济、技术经济资料（1986年专辑），1986：1.

[46] 刘明菲，李兰．区域物流与区域经济互动机理分析［J］．工业技术经济，2007，26（3）：40-42.

[47] 刘念．物流地理［M］．北京：机械工业出版社，2005.

[48] 刘生龙，胡鞍钢．交通基础设施与经济增长：中国区域差距的视角［J］．中国工业经济，2010（4）：14-23.

[49] 刘生龙，胡鞍钢．交通基础设施与中国区域经济一体化［J］．经

济研究，2011（3）：72-82.

［50］刘艳．基于 DEA 的区域物流供求关系研究［D］．北京交通大学硕士学位论文，2009.

［51］刘耀彬，宋学锋．城市化与生态环境耦合模式及判别［J］．地理科学，2005（8）：408-413.

［52］刘运，余东华．地方保护和市场分割的测度方法与指标体系研究［J］．东岳论丛，2009（1）：88-91.

［53］刘曾荣，李挺．复杂系统理论剖析［J］．自然杂志，2004（3）：149-151.

［54］栾贵勤，何操．区域经济概论［M］．上海：百家出版社，2002.

［55］罗铭，陈艳．交通—土地利用复合系统协调度模型研究［J］．武汉理工大学学报，2008，32（4）：585-588.

［56］马士华，林勇，陈志祥．供应链管理［M］．北京：机械工业出版社，2000.

［57］马晓强．产业发展动力论：基于虚拟资本与产业互动的视角［M］．北京：中国经济出版社，2008.

［58］孟昭华．关于协调学理论和方法的哲学依据与社会应用的探讨［J］．系统辩证学学报，1997，5（2）：32-33.

［59］明小波．电子商务与现代物流对区域经济结构和范围的影响［J］．企业经济，2006（3）：132-133.

［60］全继业．自主创新条件下 SMEs 耗散结构分析及其对管理的启示［J］．中国科技论坛，2007（5）：45-49.

［61］邵扬，骆振华，姚微娜．区域经济增长与物流的空间相关性分析［J］．商业时代，2010（9）：32.

［62］邵扬．物流业对中国经济的影响研究［D］．吉林大学博士学位论文，2009.

［63］生延超，钟志平．旅游产业与区域经济的耦合协调度研究——以湖南省为例［J］．旅游学刊，2009，24（8）：23-29.

［64］司光南．人口—经济系统的协调度分析［J］．统计与决策，2008（4）：48-50.

［65］宋华，胡左浩．现代物流与供应链管理［M］．北京：经济管理出版社，2000.

[66] 宋华. 日本的现代物流管理 [M]. 北京：经济管理出版社，2000.

[67] 宋则，常东亮. 现代物流业的波及效应研究 [J]. 商业经济与伦理，2008（1）：4-10.

[68] 苏东水. 产业经济学 [M]. 北京：高等教育出版社，2003.

[69] 苏开拓，李松庆. 基于 Topsis 法的城市物流与城市经济发展协调性评价研究——以广州市为例 [J]. 商业经济，2010（2）：89-90.

[70] 苏娜. 高技术产业与区域经济协调发展研究 [D]. 天津大学博士学位论文，2010.

[71] 孙倩，汤放华. 基于欧氏距离协调发展度聚类模型的区域协调发展状况研究——以湖南省为例 [J]. 城市发展研究，2012（1）：35-40.

[72] 汤铃，李建平等. 基于距离协调度模型的系统协调发展定量评价方法 [J]. 系统工程理论与实践，2010（4）：594-602.

[73] 唐建民. 区域物流在区域经济发展中的作用 [J]. 中国科技信息，2005（6）：88-89.

[74] [美] 唐纳德·J. 鲍尔索克斯，戴维·J. 克劳斯. 物流管理——供应链过程的一体化 [M]. 林国龙，宋柏，沙梅译. 北京：机械工业出版社，1999.

[75] 天津市统计局. 物流相关产业统计报表制度（2005年统计年报）[EB/OL]. 百度文库，2019-04-07.

[76] 田青，郑力，缪立新. 物流产业经济学 [M]. 江苏：南京大学出版社，2010.

[77] 王长琼. 物流系统工程 [M]. 北京：中国物资出版社，2004.

[78] 王济川. Logistic 回归模型——方法与应用 [M]. 北京：高等教育出版社，2001.

[79] 王坤. 我国物流产业政策选择研究 [D]. 北京交通大学硕士学位论文，2012.

[80] 王雷. 中国区际贸易壁垒及其对国际竞争力的影响 [J]. 财贸研究，2003（5）：22-28.

[81] 王维国. 协调发展的理论与方法研究 [M]. 北京：中国财政经济出版社，2000.

[82] 王伟，陈伟成等. 基于协同学理论的区域物流与区域经济协调度

度量研究[J]. 中国市场, 2010（4）: 6-8.

[83] 王文斌, 马祖军, 武振业. 物流产业与区域经济发展[J]. 经济体制改革, 2002（1）: 122-125.

[84] 王晓兰. 江苏省交通建设与区域经济协调发展的实证研究[D]. 南京理工大学硕士学位论文, 2007.

[85] 王新安, 解芳, 魏修建. 陕西物流发展水平评价指标体系、模型与发展对策研究[J]. 统计与信息论坛, 2009（5）: 68-74.

[86] 韦伯. 工业区位论[M]. 李刚剑等译. 北京: 商务印书馆, 1997.

[87] 吴殿廷. 区域经济学[M]. 北京: 科学出版社, 2009.

[88] 夏国恩, 金宏, 金炜东. 基于协方差函数的非线性主成分分析[J]. 统计与决策, 2001（2）: 21.

[89] 夏锦文. 日本物流业发展对我国的启示[J]. 中国流通经济, 2011（7）: 37-40.

[90] 夏燕菊. 区域物流对长三角地区经济增长的贡献度分析[D]. 上海师范大学硕士学位论文, 2008.

[91] 肖青, 张彩凤, 姜俞竹. 基于投入产出的辽宁省物流业经济影响分析[J]. 大连海事大学学报（社会科学版）, 2009, 8（2）: 65-67.

[92] 行伟波, 李善同. 本地偏好、边界效应与市场一体化——基于中国地区间增值税流动数据的实证研究[J]. 经济学季刊, 2009（4）: 1455-1469.

[93] 徐杰, 鞠颂东. 区域经济的发展对地区物流需求的影响——长江经济区发展对安徽地区物流需求影响的实证分析[J]. 数量经济技术经济研究, 2003（4）: 130-133.

[94] 徐青青. 现代区域协同物流系统研究[D]. 天津大学博士学位论文, 2003.

[95] 徐勇谋. 现代物流管理基础[M]. 北京: 化学工业出版社, 2003.

[96] 许树柏. 层次分析法原理[M]. 天津: 天津大学出版社, 1988.

[97] 亚当·斯密. 国富论[M]. 长沙: 中南大学出版社, 2003.

[98] 杨公朴, 夏大慰. 产业经济学教程（第一版）[M]. 上海: 上海财经大学出版社, 1998.

[99] 杨国川. 我国绿色物流发展中的制约因素及对策 [J]. 商业经济与管理, 2010 (2): 22.

[100] 杨志梁, 张雷等. 区域物流与区域经济增长的互动关系研究 [J]. 北京交通大学 (社会科学版), 2009, 8 (1): 38-40.

[101] 叶怀珍. 现代物流学 [M]. 北京: 高等教育出版社, 2003.

[102] 银温泉, 才婉茹. 我国地方市场分割的成因和治理 [J]. 经济研究, 2001 (6): 3-12.

[103] 余沛, 杜文, 池茂儒. 铁路运输与区域经济系统相关性与协调性定量评价 [J]. 铁道运输与经济, 2010, 32 (2): 14-17.

[104] 曾健, 张一方. 社会协同学 [M]. 北京: 科学出版社, 2000.

[105] 张佰瑞, 我国区域协调发展的评价研究 [J]. 工业技术经济, 2007, 26 (9): 90-93.

[106] 张梅青, 周叶, 周长龙. 基于共生理论的物流产业与区域经济协调发展研究 [J]. 北京交通大学学报 (社会科学版), 2012 (1), 27-35.

[107] 张群, 程肖冰. 现代物流与区域经济发展 [J]. 统计与决策, 2005 (12): 97-98.

[108] 张晓恫. Eviews 使用指南与案例 [M]. 北京: 机械工业出版社, 2008.

[109] 张毅, 陈圻. 中国区域物流业与经济发展协调度研究——基于复合系统模型与30个省区面板数据 [J]. 软科学, 2010 (12): 70-79.

[110] 张中强. 区域物流发展要素中的物流基础、经济基础协调发展研究 [D]. 中国矿业大学博士学位论文, 2008.

[111] 张中强. 区域物流协调发展 [M]. 北京: 中国物资出版社, 2010.

[112] 赵永亮, 徐勇, 苏桂富. 区际壁垒与贸易的边界效应 [J]. 世界经济, 2008 (2): 17-29.

[113] 郑霞忠, 陈述. 现代物流与三峡区域经济增长关联效应研究——以宜昌市为例 [J]. 中国流通经济, 2009 (10): 69-72.

[114] 中国物流与采购联合会. 中国物流年鉴 (2011) [M]. 北京: 中国物资出版社, 2011.

[115] 中国物流与采购联合会, 中国物流学会. 中国物流发展报告 (2010—2011) [M]. 北京: 中国长安出版社, 2011.

[116] 中国物流与采购联合会，中国物流学会．中国物流发展报告（2011—2012）［M］．北京：中国物资出版社，2012.

[117] 仲维庆．国外物流业发展经验与启示［J］．学术交流，2008（7）：107-110.

[118] 周君．区域物流业对地区经济增长的影响分析［J］．统计与决策，2006（2）：109-112.

[119] 周泰．区域物流能力与区域经济协同发展研究［D］．西南交通大学博士学位论文，2009.

[120] 朱坤萍．区域物流与区域经济发展的互动机理［J］．河北学刊，2007，27（2）：168-171.

[121] Arthur D. Little Inc. and Penn State University. Logistics in service industries［R］. Oak Brook, IL: The Council for Logistics Management, 1991.

[122] Basarab Gogoneata. An analysis of explanatory factors of logistics performance of a country［J］. The Logistics of Merchandise, 2001: 143-156.

[123] Behrens K. International integration and regional inequalities: How important is national infrastructure?［J］. Core Discussion Paper, 2004: 66.

[124] Bellman R., Zadeh L. A. Decision-Making in a Fuzzy Environment［J］. Management Science, 1970 (17): 141-164.

[125] Bloton D, Ross. Industrial structure and economic performance［M］. New York: Houghton Mifflin Company, 1993.

[126] Camuthers R., Bajpai J. N., Hummels D. Trade and logistics: An east Asian perspective.［A］//KrummK., Kharas H. East Asia integrates: A trade policy agenda for shared growth［R］. The World Bank, Washington DC, 2004.

[127] Charnes A., Copper W. W., Phodes E. Mesuring the efficiency of DMU［J］. European Journal of Operational Research, 1978 (2): 429-444.

[128] NCPDM. Council of Supply Chain Management Professional S. Supply chain management process standards: Enable Processes［R］. Oak Brook, IL: Council of Supply Chain Management Professionals, 2004.

[129] Donald J. Bowersox etc. 21st Century logistics: Making supply chain integration a reality［J］. Oak Brook, IL: Council of Logistics Management, 1999, 52 (1): 45-54.

[130] Dubois D., Prede H. Fuzzysets and systems: Theory and applications [M]. Orlando: Academic Press, 1980.

[131] Eiichi Taniguclu, Miehihiko Noritake, Tadashi Yamada, Torn Izumitani. Optimal size and location planning of public logistics terminals [J]. Transportation Research Part E: Logistics and Transportation Review, 1999 (35): 207-222.

[132] Engle R., Estimation F., Granger C. W. J. Cointegration and error correction representation, estimation and testing [J]. Econometrica, 1987 (55): 251-276.

[133] Haken H. Information and Self-organization [M]. New York: Springer-Verlag, 1998.

[134] Hao Bailin. Elementary symbolic dynamics and chaos in dissipative systems [J]. World Scientific, 1989: 155.

[135] Heejoo Ham. Tschangho John Kim. David Boyee. Assessment of economic impacts flow unexpected events with an integrationacommodity flow and multimodal transportation network model [J]. Transportation Research Pact A policy and Practice, 2005, 39 (10): 849-860.

[136] Heijden Rob E. C. M. Van Der. An evaluation methodology for city logistics [J]. Transport Reviews, 2000, 20 (1): 13-16.

[137] Johanson, Soren and Katarina Juselius. Maximum likelihood estimation and inferences on cointegration-with applications to the demand for money [J]. Oxford Bulletin of Economics and Statistics, 1990 (52): 169-210.

[138] Johanson, Soren. Estimation and hypothesis testing of cointegration vecotors in Gaussian vector autogressive models [J]. Econamatrical, 1991 (59): 1551-1580.

[139] Johanson, Soren. Likelihood-based inference in cointgratd vector autoregressive Models [M]. Oxford: Oxford University Pess, 1995.

[140] Jose Tongzon, Hong-Oanh (owen) Nguyen. China's economic rise and its implications for logistics: The australian case [J]. Transport Policy, 2009 (16): 224-231.

[141] Kearney A. T. Logistic excellence in Europe. [R]. European Logistics Association, 1993.

[142] Keith G. Debbage. Air transportation and urban-economicrestructuring: Competitive advantage in the US Carolinas [J]. Journal of Air Transport Management, 1999, 5 (4): 211-221.

[143] Kenneth Button, Samantha Taylor. International air transportation and economic development [J]. Journal of Air Transport Management, 2000 (6): 209-222.

[144] Kumur A. Economic reform and the internal division of labor in China: Production, trade and marketing [J]. Goodman, 1994: 17-23.

[145] Maciulis A. Vasiliauskas A V. Jakubanskas G. The impact of transport on the competitiveness of national economy [J]. Transport, 2009, 24 (2): 93-99.

[146] Mclcndcz O. Maria Femanda. The logistics and transportation problems of Latin American integration efforts: The andean pact, a case of study [D]. The University of Tennessee, 2002.

[147] Naughton B. How much can regional integration do to unify China's markets [J]. Paper on Conference for Research on Economic Development and Policy Research, Stanford University, 1999: 18-20.

[148] Nguyen O., Tongzog J. Trade-logistics nexus: Australia's trade with China and the implications for the Australian logistics Sector [C]. Dalian: 2008 IAME Conference Proceeding, 2008.

[149] Peter Klaus. Logistics research: A 50 years march of idea [J]. Logistics Research, 2009 (1): 53-65.

[150] Peter Kraljic. Purchasing must become supply manangement [J]. Harvard Business Review, 1983 (6): 110-115.

[151] Poncet S. Measuring Chinese domestic and international integration [J]. China Economic Review, 2003, 14 (1): 1-22.

[152] Prigogine I. I. Introduction to themodynamics of irreverscience processes (3rded) [M]. New York: Interscines Pub, 1967.

[153] Raluca Raicu, Serban Raicu, Mihaela PoPa. The influence of transportation network reliability on city logistics [A] //Taniguchi E., Thompson R. G. Recent Advances in City Logistics [M]. Elsevier, 2005.

[154] Ramokgopa L. N. City Logistics: Changing how we supply [C].

The 23rd Annual Southern African Transport Conference, 2004.

[155] Rozelle S., Papk A., Huang J., et al. Liberalization and rural market integration in China [J]. American Journal of Agricultural Economics, 1997, 79 (2): 635-642.

[156] Shao Yang, Zheng Jianguo. The panel co-integration analysis between the logistics industry and economics growth in China [J]. International Business and Management, 2011, 2 (2): 40-46.

[157] Shih F. Y., Wu Y. T. Three-dimensional euclidean distance transformation and its application to shortest path planning [J]. Pattern Recognition, 2004, 37 (1): 79-92.

[158] S. P. Cheng and Q. Y. Peng, Empirical analysis on the effect of Anhui logistics industry and economic development [J]. Jiaotong Standardization, 2006 (2): 186-189.

[159] Talley, Wayne. Linkages between transportation infrastructure investment and economicroprduction [J]. Logistics and Transportation Review, 1996, 32 (1): 145-154.

[160] Wang Zilong. The research on the structure and function of regional logistics network [J]. Journal of Nanjing University of Aeronautics & Astronautics, 2004 (3): 23-24.

[161] Wei-Bin Zhang. Economic geography and transportation conditions with endogenous time distribution amongst work, travel and leisure [J]. Journal of Transport Geography, 2007, 15 (6): 0-493.

[162] Yang Wang. Empirical research on the effects of logistics industry on economic [J]. i-business, 2010 (2): 87-91.

[163] Y. Li. Empirical analysis on the relation of modern logistics and economic development [J]. Science and Management, 2007 (4): 77-80.

[164] Young A. The Razor's edge: Distortions and incremental reform in the People's Republic of China [J]. Quarterly Journal of Economics, 2000, 115 (4): 1091-1135.

附录 1

附表 1-1　2017 年度中国物流企业 50 强排名

排名	企业名称	主营业务收入（万元）
1	中国远洋运输（集团）总公司	14084015.4
2	中国外运长航集团有限公司	7643274
3	冀中能源国际物流集团有限公司	7290000
4	厦门象屿集团有限公司	7144011.4
5	顺丰控股股份有限公司	5748269.8
6	河北省物流产业集团有限公司	2860090.8
7	天津港（集团）有限公司	2802000
8	山东物流集团有限公司	2745895.1
9	中铁物资集团有限公司	2374896.1
10	安吉汽车物流股份有限公司	1857100
11	德邦物流股份有限公司	1700000
12	中国物资储运总公司	1633150.6
13	高港港口综合物流园区	1546110
14	招商局物流集团有限公司	1319112
15	锦程国际物流集团股份有限公司	1200984.2
16	开滦集团国际物流有限责任公司	1141351.8
17	连云港港口集团有限公司	1030479
18	福建省交通运输集团有限责任公司	1030004
19	国药控股湖北有限公司	1027935
20	河北港口集团有限公司	1017616.4
21	厦门港务发展股份有限公司	899194.7
22	广州铁路（集团）有限公司	891000

续表

排名	企业名称	主营业务收入（万元）
23	中国石油化工股份有限公司管道储运分公司	846881
24	石家庄内陆港有限公司	813086
25	嘉里物流（中国）投资有限公司	811567
26	全球国际货运代理（中国）有限公司	768755
27	一汽物流有限公司	736841
28	江苏省如皋港现代物流基地	710984.6
29	重庆长安民生物流股份有限公司	683827.6
30	武汉商贸国有控股集团有限公司	678293
31	重庆港务物流集团有限公司	675508
32	中铁铁龙集装箱物流股份有限公司	610934
33	日照港（集团）有限公司	519161
34	云南能投物流有限公司	506100
35	日通国际物流（中国）有限公司	448884
36	北京长久物流股份有限公司	429620
37	广东省航运集团有限公司	399334
38	中都物流有限公司	392964
39	泉州安通物流有限公司	379237.4
40	江苏宝通物流发展有限公司	367391
41	上药控股江苏股份有限公司	366248.1
42	湖南星沙物流投资有限公司	363717.9
43	青岛日日顺物流有限公司	333502
44	云商智慧物流有限公司	332600
45	江苏苏宁物流有限公司	320999.5
46	南京长江油运公司	310668
47	南京港（集团）有限公司	309184
48	唐山港集团股份有限公司	303084.2
49	广州发展能源物流集团有限公司	301193
50	九州通医药集团股份有限公司	285439

附表 1-2　1997~2017 年中国四大区域 GDP 与物流产业名义值

单位：亿元

年份	Y 名义值（GDP）				X 名义值			
	东部	中部	西部	东北	东部	中部	西部	东北
1997	39058.81	16387.76	13864.61	7645.43	2796.5	984.7	770.94	477.49
1998	42329.77	17530.75	14647.38	8272.35	3116.26	1133.17	901.86	541.39
1999	45439.26	18139.19	15354.02	8738.66	3476.24	1258.09	1052.39	606.2
2000	51020.52	19790.98	15661.09	9743.25	4038.551	1447.35	1139.47	672.69
2001	56360.09	21531.17	18248.44	10626.56	4676.274	1588.02	1403.00	762.66
2002	62830.84	23522.42	20080.93	11586.5	5095.05	1761.23	1591.7	829.22
2003	73280.86	26348.46	22954.66	12955.16	5575.655	1974.79	1746.21	926.26
2004	88433.13	32088.3	27585.17	15133.87	6572.401	2346.19	2060.582	1099.47
2005	109924.64	37230.3	33493.31	17140.78	5649.11	2368.8	2088.78	1035.86
2006	128593.05	43217.98	39527.14	19715.17	6848.03	2689.91	2424.76	1127.57
2007	152346.38	52040.92	47864.14	23373.18	7851.46	3082.18	2746.64	1283.22
2008	177579.56	63188.03	58256.58	28195.63	9016.86	3559.47	3159.39	1420.8
2009	196674.41	70577.56	66973.48	31078.24	9643.62	3557.32	3631.21	1565.87
2010	232030.67	86109.38	81408.49	37493.45	11492.01	4086.51	4145.46	1770.05
2011	271354.75	104473.87	100234.96	45377.53	13780.99	5673.38	3258.31	2107.96
2012	295892.04	116227.75	113904.8	50477.25	14346.54	5292.73	5042.58	2358.09
2013	324765.03	127305.63	126956.18	54714.53	15444.99	5839.08	5513.25	2486.30
2014	350100.88	138679.65	137099.79	57469.1	15799.26	6407.66	5980.13	2690.10
2015	372982.67	146950.46	145018.92	57815.82	16710.19	6763.64	6942.99	2939.62
2016	410186.44	160645.57	156828.17	52409.79	17829.24	7146.22	7576.87	2561.66
2017	447835.47	176486.61	168561.57	54256.45	19854.64	7872.69	8109.14	2714.47

附录 2

附表 2-1 2008~2017 年我国四大区域物流系统指标基础数据

年份	地区	物流基本建设投资 X11（亿元）	公路里程 X12（公里）	铁路里程 X13（公里）	内河航道里程 X14（公里）	货运量（万吨）	货物周转量（亿吨公里）	邮电业务总量 X23（亿元）	物流产业总产值 X31（亿元）	物流产业增加值 X32（亿元）	交通运输仓储从业人员 X33（人）
2008	东部	6490.1	948995	17880.5	52049	984345	52223.6	12620.88	9016.86	1165.4	2806845
	中部	2464.8	1020994	18492.9	32624	714452	20732.2	4227.24	3559.47	477.29	1437227
	西部	3674.3	1421085	29535.4	62181	627611	16403	4897.3	3159.39	412.75	1541197
	东北	1501.1	339088	13778.4	7000	206427	9882.6	1893.03	1420.8	137.58	802615
2009	东部	8784.6	970830	19144	52686	1096970	60506.9	14161.57	9643.62	626.8	3269864
	中部	3957.1	1044440	19721.1	32710	770092	22279.9	4951.91	3557.32	-2.1	1519945
	西部	5641.1	1504532	32753.9	31288	680311	17732.6	5891.84	3631.21	471.8	1681146
	东北	1833.2	341017	13898.9	7000	224034	10565.9	2188.19	1565.87	145.1	813151

续表

年份	地区	物流基本建设投资 X11（亿元）	公路里程 X12（公里）	铁路里程 X13（公里）	内河航道里程 X14（公里）	货运量（万吨）	货物周转量（亿吨公里）	邮电业务总量 X23（亿元）	物流产业总产值 X31（亿元）	物流产业增加值 X32（亿元）	交通运输仓储从业人员 X33（人）
2010	东部	10176.2	995002	20351.1	52828	1237872	72153.4	16671.22	11492.01	1848.39	3355829
	中部	4767.4	1100921	20774.1	32723	899031	25939.5	5885.94	4086.51	529.19	1443093
	西部	7349.5	1568378	35965.3	31724	787197	20280.5	6890.94	4145.46	514.26	1679100
	东北	2456.6	343927	14088.1	6967	258527	12137.4	2530.39	1770.05	204.18	789718
2011	东部	9752	1008734	21692.2	52905	1383035	81224.3	7035.27	13780.99	1603.84	3130000
	中部	4872.5	1123499	21041.2	32723	1031146	30193.6	2429.38	5673.38	546.84	1315000
	西部	7565	1622784	36307.5	32018	921498	23327	2849.84	3258.31	741.08	1454000
	东北	1979.9	351372	14235.7	6967	295649	13825.4	1019.02	2107.96	337.91	729000
2012	东部	11149.24	1038600	22600	53100	1498074	82974.5	7948.82	14346.54	565.55	3164600
	中部	5390.19	1155400	22400	32800	1170365	34499.5	2729.95	5292.73	-380.65	1303800
	西部	8563.3	1685700	37400	32000	23948400	1030588	3231.7	5042.58	1784.27	1463300
	东北	2136.68	357900	15400	7000	8842400	326828	1108.79	2358.09	250.13	743400
2013	东部	13374.67	1076100	24900	53100	1450859	71014.46	9873.77	15444.99	1098.45	3938500
	中部	6362.91	1177400	23200	32800	1187966	35411.8	3348.76	5839.08	546.35	1682300
	西部	10189.12	1737300	39500	32800	2818.18	24310.1	3954.68	5513.25	470.67	2012400
	东北	2713.84	365400	15500	7000	312773	15581.7	1108.79	2486.30	128.21	829000

附录2

续表

年份	地区	物流基本建设投资X11（亿元）	公路里程X12（公里）	铁路里程X13（公里）	内河航道里程X14（公里）	货运量（万吨）	货物周转量（亿吨公里）	邮电业务总量X23（亿元）	物流产业总产值X31（亿元）	物流产业增加值X32（亿元）	交通运输仓储业从业人员X33（人）
2014	东部	14851.62	1102700	26600	53300	1509972	85236.87	11790.35	15799.26	354.27	4019900
	中部	7438.36	1193400	26100	32900	1305710	38082.4	3981.99	6407.66	568.58	1712000
	西部	13093.74	1793900	43600	33100	1149799	25880.2	4656.12	5980.13	466.88	206.51
	东北	3321.44	373900	15600	7000	330662	15750.6	1405.96	2690.1	332.01	817500
2015	东部	17567.09	1124000	28700	53300	1492405	82993.21	15521.54	16710.19	910.83	3990700
	中部	9034.87	1225000	27200	33000	1184349	34112	5160.02	6763.64	355.98	1716400
	西部	15012.52	1847600	47800	33500	1105941	24872.8	6040.28	6942.99	962.86	2034800
	东北	3219.83	380900	17100	7000	299832	14682.6	1703.17	2939.62	249.52	802000
2016	东部	18656.8	1135649	28935.2	53268	1742902	90038.63	5653.44	17829.24	1119.15	3947141
	中部	10238.4	1267456	27975.3	33078	1244835	35722.85	900.79	7146.22	382.58	1714691
	西部	18024.2	1905561	50236	33784	1165234	25996.12	643.71	7576.87	633.88	2049581
	东北	2965.8	387599	16845.4	6967	305693	15124.55	216.19	2561.66	-377.96	783933
2017	东部	21629.9	1151215	29631	53188	1733615	105955.36	7446.73	19854.64	2025.4	3895559
	中部	10370.6	1285438	28248	33078	1273949	38706.34	1241.04	7872.69	726.47	1729296
	西部	22177.8	1910788	51900	33784	1391151	29098.16	811.37	8109.14	532.27	2033288
	东北	3014.8	392590	17191	6967	322436	16049.54	264.45	2714.47	152.81	787768

注：由于对物流产业产值的统计缺乏统一的口径，本书用交通运输、仓储和邮政业、仓储和邮政业总产值来代替。
本书以交通运输、仓储和邮政业增加值来代替物流产业增加值。
本书以交通运输、仓储和邮政业城镇单位从业人员数代替物流产业城镇单位从业人员数。

资料来源：根据2009~2018年《中国统计年鉴》《中国物流年鉴》及中国国家统计局网站数据统计计算整理。

附表 2-2 2008~2017 年我国四大区域经济系统指标基础数据

年份	地区	GDP Y11（亿元）	第三产业产值 Y12（亿元）	工业总产值 Y13（亿元）	农林牧副渔总产值 Y14（亿元）	社会消费品零售总额 Y15（亿元）	居民消费水平 Y16（元）	地区财政收入 Y17（亿元）	固定资产投资总额 Y18（亿元）	进出口贸易总额 Y19（万美元）	第三产业产值占GDP比重 Y21	第三产业从业人员比重 Y22	固定资产投资占GDP比重 Y23	人均GDP Y31（元）	财政收入占GDP比重 Y32
2008	东部	180416.57	73707.42	83346.57	21269.2	60539.7	13404	33459.43	77735.5	222331674	0.41	0.41	0.43	41467	0.2
	中部	64040.53	21768.28	28330.7	15657.4	22152.8	6458	8807.47	36695.2	10959819	0.34	0.31	0.57	17773	0.15
	西部	60447.77	21172.86	23953.72	14860.3	19239	6027	10318.37	35948.8	11413413	0.35	0.32	0.59	16782	0.17
	东北	28409.05	9945.19	13350.3	6215.2	10240.4	8085	4714.3	18714	11620617	0.35	0.36	0.66	25500	0.16
2009	东部	196674.41	86749.21	86695.66	22257.1	71058.5	14528	37573.26	95548	193459528	0.44	0.42	0.49	45614	0.21
	中部	70577.56	25416.98	30683.51	16276.6	26409.7	7040	10079.2	49851.8	8315734	0.36	0.32	0.71	19828	0.15
	西部	66973.48	25992.29	26588.26	15137.4	23038.7	6622	12112.79	49686.3	9469110	0.39	0.33	0.74	19289	0.18
	东北	31078.24	12019.46	13529.96	6689.9	12171.7	8998	5439.96	23732.9	9509128	0.39	0.37	0.76	28094	0.16
2010	东部	232030.67	102851	102307.6	25246	83862.1	16451	46010.83	115854	259592125	0.44	0.42	0.50	50793	0.22
	中部	86109.38	29757.99	39334.65	18927.5	31329.7	8351	12742.78	62890.5	11984577	0.35	0.33	0.73	24249	0.16
	西部	81408.49	30013.27	34348.74	17653.1	27374.8	7637	15746.83	61892.2	12757735	0.37	0.34	0.76	23482	0.19
	东北	37493.45	13822.08	17326.85	7493.1	14431.8	10327	6725.65	30726	13065395	0.37	0.39	0.82	33677	0.17
2011	东部	271354.75	121727.2	118497.9	29222.9	97650.8	18923	50617	130262.9	313030386	0.45	0.50	0.48	57936	0.22
	中部	104473.87	35636.3	49043.93	21854.2	36957.1	9985.6	16992.3	70823.6	16398344	0.34	0.50	0.68	29317	0.17
	西部	100234.96	36424.54	43116.75	21094.5	32345.3	9187.8	21638.1	72104	18541189	0.36	0.60	0.72	28783	0.21
	东北	45377.53	16388.86	21217.25	9132.3	16965.3	12360	8981.6	32643.4	16216527	0.36	0.51	0.72	40680	0.19

续表

年份	地区	GDP Y11 (亿元)	第三产业产值 Y12 (亿元)	工业总产值 Y13 (亿元)	农林牧副渔总产值 Y14 (亿元)	社会消费品零售总额 Y15 (亿元)	居民消费水平 Y16 (元)	地区财政收入 Y17 (亿元)	固定资产投资总额 Y18 (亿元)	进出口贸易总额 Y19 (万美元)	第三产业产值占GDP比重 Y21	第三产业从业人员比重 Y22	固定资产投资占GDP比重 Y23	人均GDP Y31 (元)	财政收入占GDP比重 Y32
2012	东部	295892.00	136103.60	125944.70	18339.6	112285.70	206969	32697.08	1519.22	327129400	0.46	0.41	0.51	62533	0.11
	中部	116277.80	40807.24	53768.80	14019.8	43689.60	66783	10326.63	86614.80	19343500	0.35	0.33	0.74	32462	0.09
	西部	113904.80	42468.04	47811.94	14332.6	38889.10	127622	12762.79	89008.50	27495500	0.37	0.33	0.78	32426	0.11
	东北	50477.25	19150.79	22428.20	5681.6	19568.10	41876	4522.62	41042.50	16638500	0.38	0.38	0.81	45258	0.10
2013	东部	324765.00	155572.70	133015.60	19893.6	126380.10	228028	36752.57	179097.60	348346600	0.48	0.43	0.55	67834	0.11
	中部	127909.60	48519.99	56252.96	15014.8	49852.10	74220	12035.49	105740.20	21967500	0.38	0.35	0.83	35483	0.09
	西部	126956.20	50346.92	50663.26	15700.8	44351.50	143656	14444.94	109260.90	27815200	0.40	0.34	0.86	35909	0.11
	东北	54714.53	21874.94	23450.23	6347.8	22259.00	46810	5309.80	46540.00	17901500	0.40	0.38	0.85	49040	0.10
2014	东部	350100.90	170883.30	140680.40	20131.7	140947.90	250708	40814.27	206411.70	354198900	0.49	0.43	0.59	72420	0.12
	中部	138679.70	54558.46	59326.88	15350.7	56145.30	80790	13489.86	124249.80	24742800	0.39	0.33	0.90	38110	0.10
	西部	138099.80	56226.52	53467.53	16431.9	49849.90	161242	15874.99	129191.40	33438100	0.41	0.35	0.94	38799	0.12
	东北	57469.10	23832.34	23865.59	6421.9	24953.20	51138	5697.47	45899.41	17923800	0.46	0.38	0.80	51529	0.10
2015	东部	372982.7	189547.0	143172.30	21013.5	155489.00	275730	46466.23	232107.20	327557900	0.51	0.41	0.62	76460	0.12
	中部	146950.50	62302.19	58843.93	15863.9	62634.80	91019	14799.40	143117.60	25391900	0.42	0.32	0.97	40029	0.10
	西部	145018.90	62920.78	51666.34	17363.8	55124.10	176651	17213.76	140416.60	29151800	0.43	0.32	0.97	40410	0.12
	东北	57815.82	26356.25	21436.64	6613.8	27079.30	54766	5778.17	40806.13	13588400	0.46	0.37	0.71	51967	0.10

续表

年份	地区	GDP Y11 (亿元)	第三产业产值 Y12 (亿元)	工业总产值 Y13 (亿元)	农林牧副渔总产值 Y14 (亿元)	社会消费品零售总额 Y15 (亿元)	居民消费水平 Y16 (元)	地区财政收入 Y17 (亿元)	固定资产投资总额 Y18 (亿元)	进出口贸易总额 Y19 (万美元)	第三产业产值占GDP比重 Y21	第三产业从业人员比重 Y22	固定资产投资占GDP比重 Y23	人均GDP Y31 (元)	财政收入占GDP比重 Y32
2016	东部	410186.44	214810.86	173445.86	22811.7	171143.2	311844	50026.84	252922.8	2026593477	0.52	0.42	0.62	83648	0.12
	中部	160645.57	70913.15	72951.48	17429.5	69819.4	99495	15334.67	159705.7	157285881	0.44	0.33	0.99	43384	0.10
	西部	156828.17	70859.63	67355.7	19149.5	61488	193605	17265.16	157195.4	169752027	0.45	0.34	0.99	43264	0.11
	东北	52409.79	26055.57	26055.57	6577.64	29127	54849	4612.68	31263.7	80233238	0.50	0.37	0.60	48364	0.09
2017	东部	447835.47	240418.41	186285.72	22112.1	187569.8	341067	52495.27	268910.8	2291981000	0.54	0.43	0.60	90401	0.12
	中部	176486.61	80745.36	79937.91	16535.4	77474.6	111465	16339.87	166139.4	186352000	0.46	0.34	0.94	47553	0.09
	西部	168561.57	79931.06	69428.57	19837.5	68098.8	212492	17787.28	169715.2	209824000	0.47	0.35	1.01	54692	0.11
	东北	54256.45	28034.65	20258.91	6174.99	30762.2	58808	4846.99	31252.6	92856000	0.52	0.38	0.58	50094	0.09

资料来源：根据《中国统计年鉴》(2009~2018年)及中国国家统计局网站数据统计计算整理。